LES ACTEURS CONFESSIONNELS DU DÉVELOPPEMENT

Sous la direction de
Luc Chelly

Les Acteurs Confessionnels du Développement

L'Harmattan

5-7, rue de l'École-Polytechnique, 75005 Paris

http://www.editions-harmattan.fr

ISBN : 978-2-343-10951-0
EAN : 9782343109510

SOMMAIRE

INTRODUCTION

Ce livre résulte d'une étude à l'initiative de l'Agence Française de Développement (AFD) réalisée d'octobre 2011 à avril 2013 sur quatre pays : Egypte, Territoires Palestiniens, Burkina-Faso, Haïti et complétée par une approche portant sur l'Amérique Latine par une analyse de type documentaire.

Depuis plusieurs années, les ONG et plus spécifiquement les ONG Confessionnelles (ONGc) sont de plus en plus actives sur les questions de développement, et sont devenues des acteurs à part entière de celui-ci, que ce soit pour des actions de long terme, pour agir dans l'urgence ou encore dans le plaidoyer afin de défendre une idée, une cause. Dans le cas des ONGc, nous pouvons même préciser que ces dernières peuvent dans leurs discours défendre une religion, voire même en faire l'apologie. Dès lors, certaines pourraient être tentées de s'orienter vers des formes de prosélytisme religieux.

Les objectifs de l'étude

Il s'agit d'identifier les contributions d'ONGc dans les pays indiqués afin d'en évaluer les compatibilités avec celles de l'AFD. Ce sont les Acteurs Confessionnels (comprenant des ONGc) intervenant dans les pays retenus en fonction de leur religion d'origine, de leur implantation sur un territoire, de leur mode d'organisation et de leur fonctionnement qui font l'objet de cette étude.

En s'appuyant sur leurs principes et sur leurs valeurs (Témoignage-Plaidoyer, Action, Prosélytisme, etc.,…) dans le domaine du développement, nous avons recensé les facteurs singularisant ces Acteurs Confessionnels afin d'analyser leurs objectifs, leurs champs et leur mode d'intervention : actions sociales sur l'éducation, sur la santé, sur la famille y compris la place de la femme.

Et enfin, il s'agit aussi d'évaluer si la confession est un critère de recrutement des bénévoles et des salarié-e-s et d'apprécier la mise en œuvre de ce même critère vis-à-vis des bénéficiaires.

Comment expliquer la place des Acteurs Confessionnels du développement et plus spécifiquement des ONGc ?

Afin d'explorer les interactions entre religion et développement[1], Gilles Charbonnier souligne :

> « *Jusqu'à récemment, la religion, en tant que concept fondamental pour l'étude et la pratique du développement, était plutôt marginale dans les sphères universitaires et politiques. Comme la notion et les premières théories du développement étaient profondément ancrées dans la tradition des Lumières et de la modernité, la religion a été largement négligée par les études du développement. Cette mise à l'écart est cependant assez surprenante si l'on considère que l'aide au développement trouve son origine dans les entreprises missionnaires et autres initiatives d'inspiration religieuse de l'ère coloniale. Aujourd'hui, les organisations confessionnelles demeurent des acteurs incontournables du système de l'aide. (...) Le désintérêt pour la religion et la foi dans les études et les politiques du développement contraste ainsi singulièrement avec le rôle capital de la religion dans la vie quotidienne des individus et des communautés, tout particulièrement dans le monde en développement où la coopération internationale au développement déploie ses activités* ».

Le champ du développement a aussi été fortement investi par les ONG. Il n'existe pas à proprement parler de définition du terme ONG. En réalité, ce mot est apparu pour la première fois dans la Charte des Nations Unies en 1946, notamment dans l'article 71 du Conseil Économique et Social. Par la suite, ce sont les organisations internationales intergouvernementales, les bailleurs institutionnels qui ont défini ce qu'ils considéraient comme étant une ONG [2](Perrin, 2007). Toutefois, les acteurs humanitaires s'accordent à dire qu'une ONG est : une association nationale ou internationale, est

---

[1] Revue internationale de politique de développement, *Religion et développement,* POLDEV 2013, N°4 ;

[2] Perrin C., « L'impact de la culture sur les stratégies des ONG », Revue Internationale d'Intelligence économique, en coll. C. Assens, 2, Vol 3, pp 137-151, 2011

indépendante des gouvernements, s'inscrit dans une démarche participative et de solidarité et peut être internationale par ses actions.

Il faut distinguer les ONG humanitaires d'urgence qui interviennent dans des situations de catastrophes naturelles, lors de tout type de conflits. Elles agissent dans l'urgence par une prise en charge immédiate des populations locales en détresse. Les ONG de développement travaillent sur le moyen ou le long terme, dans des territoires précis, avec les populations locales sur des thématiques telles que : culture, économie, politiques sociales, éducation, agriculture… Dans une période de crise, de remise en question de l'universalisme de l'aide humanitaire et du développement et plus globalement, dans le contexte actuel de mondialisation et d'internationalisation, la question de la gouvernance s'impose en ce qu'elle doit être multilatérale incluant une multiplication des lieux et des acteurs impliqués dans la décision ou la co-construction du projet. Ainsi, elle doit aussi composer avec la question du fait religieux[3] et de ses acteurs.

« Sur la forme, les religions sont mieux adaptées à la mythologie individuo-globaliste que les États, grâce à la forme de l'ONG adoptée par nombre d'entre elles. »

Raphaël Liogier, *La guerre des civilisations n'aura pas lieu, Coexistence et violence au XXIème siècle,* CNRS Editions, 2016

I. MÉTHODOLOGIE

1. Une approche culturelle qui mobilise la pluralité des disciplines

La culture se définit comme étant l'ensemble des croyances et des valeurs autour desquelles se situent les individus qui habitent un pays. La culture s'applique à l'échelle d'un pays, d'une région, d'une ville ou d'une organisation. Les racines historiques, la culture du pays façonnent les organisations. Les associations et les ONG ne sont pas épargnées par ce phénomène comme en témoignent les différents ouvrages sur la question (Archambault, 1996, Brauman, 2006).

---

[3] Max WEBER (1864 – 1920), sociologue, a démontré dans « *L'éthique protestante et l'esprit du capitalisme* », (Paris, Gallimard, 2004 (1904)). le rôle central des traditions religieuses dans son travail sur les interactions entre l'éthique protestante et le développement du capitalisme. Ainsi, il s'agit avant tout d'appréhender et de comprendre l'influence et le rôle des religions dans les sociétés dites modernes.

Nous supposons que les différences culturelles ont un impact sur les relations entre les ONG et les différentes parties prenantes et au-delà, sur les perceptions qu'ont les ONG des projets de développement.

En effet, nous notons par exemple que lors de l'Assemblée générale des Nations Unies sur le VIH/SIDA en juin 2001, il était souligné « *le rôle important que peuvent jouer la culture, la famille, les valeurs morales et la religion dans la prévention de l'épidémie et dans les activités de traitement, de soins et d'appui, compte tenu des particularités de chaque pays et de la nécessité de respecter tous les droits de l'homme et les libertés fondamentales* »

En règle générale, une approche culturelle du développement devrait donc répondre à deux conditions, s'inspirant de la définition de la culture donnée par la Déclaration de Mexico (UNESCO) et que l'on peut résumer comme suit :

- Asseoir le développement sur les éléments liés aux traditions, croyances et systèmes de valeurs qui doivent être pris en compte, pour des raisons pratiques et éthiques propres à chaque société, dans la mesure où ils sont susceptibles de renforcer des changements nécessaires ou de les entraver ;
- Mobiliser les ressources culturelles des populations données, afin de bénéficier de leur adhésion, soutien et participation.

Dès lors, les politiques et les méthodes en matière de développement se doivent de tenir compte de cette approche culturelle, et ce, d'autant qu'elles seront plus efficaces, si elles sont culturellement appropriées, et donc, considérées comme acceptables et pertinentes, totalement comprises et hautement appréciées, c'est-à-dire culturellement intégrées par les personnes et les groupes considérés.

> *« Aucune société, aucune culture, avec son fourmillement et ses contradictions, n'est fondée sur une doctrine. »* [4]

> *« On parle donc de la civilisation chrétienne de l'Occident, on attribue son humanitarisme au christianisme. On se représente une société comme un grand Individu dont la pensée précède l'action. (...). Mais le facteur religieux rencontre alors les autres réalités, les institutions, les pouvoirs, les traditions, les mœurs, la culture séculière. »* [5]

---

[4] P. Veyne, *Quand notre monde est devenu chrétien,* Paris, Albin Michel, 2007

[5] *Idem*

Par ailleurs, il faut préciser que la question de la culture même si elle permet d'appréhender les questions identitaires, son lien avec la religion n'est pas toujours une relation d'interdépendance. En effet, même si ce sont deux notions très liées à travers l'histoire, elles ne forment pas, malgré tout, un binôme indissociable. Pour cela, il suffit de constater que les valeurs morales prônées par les religions ne sont pas toujours en adéquation avec les valeurs culturelles des zones géographiques ou pays d'implantation de ces mêmes religions.

« Non seulement la religion et la culture ne s'additionnent pas spontanément, mais leurs effets combinés sont toujours surdéterminés par des processus et des rapports de domination ou de pouvoir qui ne sont en fait ni l'un ni l'autre. » [6]

« Une religion est une des composantes d'une civilisation, elle n'en est pas la matrice, même si elle a quelque temps pu lui servir de désignation conventionnelle, être son nom : « la civilisation chrétienne » [7]

L'approche culturelle développée dans notre étude a pour objet d'analyser la signification du champ du « développement » abordé pour chacun des pays au regard de la religion de référence à partir d'une démarche compréhensive.

2. Une approche par pays

Un échantillon raisonné *VS* un répertoire

« L'influence que la science sur la société tient également à sa méthode : l'enquête – ou la nature hésitante et rigoureuse d'une recherche incessante dont l'objet est d'approcher une vérité. Pour John Dewey, penseur du pragmatisme, ce processus infiniment ouvert d'expérimentation et de découverte doit être considéré comme le modèle de l'organisation des relations sociales en démocratie. »

Albert Ogien, *Désacraliser le chiffre dans l'évaluation du secteur public*, Versailles, Ed. Quae,2013,

La démarche mise en œuvre croise à la fois les analyses qualitatives et quantitatives, mais aussi les singularités nationales et religieuses. L'axe majeur de ce travail porte sur les interactions entre les politiques de développement affichées et/ou réalisées par les ONGc et les valeurs religieuses développées par elles. Notre étude n'a

---

[6] E.Balibar E. Saeculum, Culture, religion, idéologie, Paris, Ed. Galilée, 2012

[7] *Idem*

pas pour but d'élaborer un recensement des ONGc sous la forme d'un répertoire, mais davantage, à partir d'un échantillon raisonné, de disposer d'éléments de compréhension sur les rapports entre les religions, les ONG et les champs du développement. Santé, éducation, famille ont constitué les axes principaux de recherche[8] avec un focus, lorsque cela était possible sur la place et le rôle de la femme.

Sur les pays concernés, une démarche d'enquête empirique a été mise en œuvre par les chercheurs. Ces enquêtes ont été réalisées à partir d'entretiens auprès des Acteurs des ONGc, d'observations de terrain et d'analyses documentaires afin d'appréhender les activités des ONGc présentes sur les territoires concernés.

La sélection des organisations s'est effectuée à partir de variables pertinentes telles que la zone géographique (capitale ou ville importante et sa zone périurbaine, zone rurale), le champ d'activité (éducation ; santé ; famille), la taille (internationale, nationale et locale) et enfin l'obédience religieuse affichée. Depuis la France, des entretiens semi-directifs ont été réalisés auprès de bailleurs de fonds et d'acteurs déterminants dans le champ étudié en matière de développement. Ces volets ont aussi été complétés par une analyse documentaire auprès des organismes suivants : DFID, GIZ, SIDA, USAID.

3. Présentation des chercheurs et de leur contribution

La recherche a été réalisée sous la direction scientifique et le pilotage conjoints de Luc Chelly, Directeur d'E. & C., Maîtrise de Philosophie (Paris-Sorbonne), intervenant Université Paris-Saclay-Evry, de Bouchra Zrida, Chargée de mission E. & C., Master 2, Sociologie de la Production et des Organisations, Université Paris-Saclay-Evry, et d'Estelle Durand-Girardin, Sociologue, Chargée de recherche ATEC-LERFAS, Tours. L'équipe comprend des chercheur-e-s de différentes disciplines travaillant sur les territoires concernés

- Pour le Burkina Faso, Magloire Some, Docteur en Histoire, spécialisé en histoire religieuse contemporaine, Université Ouagadougou 1 Joseph Ki-Zerbo et Denise Badini, maître-assistante au Département d'Histoire et archéologie de l'Université de Ouagadougou et spécialiste d'histoire religieuse.

[8] Ces thématiques sont celles choisies et proposées dans le Cahier des charges élaboré par le commanditaire.

- Pour l'Egypte, Sophie Bava, socio-anthropologue, chercheuse à l'IRD-LPED-AMU, Aix-Marseille, Caroline Barbary, doctorante en sociologie politique, Agathe Etienne, juriste en Droits des étrangers, chargée de programme à « Forum Réfugiés ».
- Pour Haïti, Benjamin Fernandez, Docteur en Sciences Sociales.
- Pour les Territoires Palestiniens, Laurent Bonnefoy, Chargé de recherche CNRS – CERI/Science Po, François Ceccaldi, doctorant, EHESS, Associé à la chaire d'Histoire contemporaine du monde arabe, Collège de France et Xavier Guignard, doctorant, Paris 1/Ifpo.
- Pour l'Amérique Latine, Silvia Macedo, Docteure en Anthropologie Sociale et Ethnologie à l'EHESS.

Parallèlement aux enquêtes réalisées sur les ONGc des différents pays retenus dans le cadre de cette étude, nous avons effectué des entretiens auprès d'acteurs du développement, et notamment, de bailleurs de fonds.

II. LES ACTEURS DU DÉVELOPPEMENT

1. Les bailleurs de fonds : carte d'identité et stratégie

Acteurs	Personne Contactée	Publics visés	Missions/Stratégies
Banque Mondiale Organisation internationale et laïque Financement aux pays pauvres pour le développement	conseiller - ONG - Paris	Pays pauvres	- Réduire la pauvreté et les conflits dans le monde -Initiative d'investigations et de relations avec les organisations confessionnelles pendant les mandats du président James Wolfensohn (1995-2005) dont la plus majeure baptisée : "*Shaping the Agenda - Faith and Développent*" caractérisée par trois axes thématiques du dialogue "religieux": 1. jeter des ponts : renfort et valorisation des partenariats 2. adopter "une vision plus "complète", "globalisée" et "intégrée" du développement" 3. Transformer le dialogue en initiatives et en actes concrets - Pour James Wolfensohn, les ONG religieuses ont :"*le plus important système de diffusion au monde"*. (entretien avec Katherine Marshall, 2006) - 1998 : Création de deux organes religieux rattachés à la Banque Mondiale : le World Faiths Développent Dialogue (WFDD) et le Développement Dialogue on Values and Ethics (DDVE) - 2006 : Détachement du WFDD de la Banque Mondiale pour devenir une ONG au sein de l'Université de Georgetown - 2011 : Fermeture du DDVE (source : Religion et Développement, Revue internationale de politique de développement) - Cette démarche de dialogue et d'ouverture a été peu suivie après le départ de James Wolfensohn car l'opinion générale de la banque est basée sur un développement laïc. - 2012 : La banque ne travaille pas directement avec les ONGc et il n'y a pas de contrôle direct sur l'orientation des fonds, seule l'exécution des programmes compte.

DFID Grande Bretagne Agence Britannique de développement	Department for International Development (DFID)	Tout pays en crise et en développement	- Vision pragmatique du rôle des ONGc - Reconnaissance de l'importante contribution des ONGc dans le développement international. - 1997 : Lancement d'une interface entre foi et développement qui conclut à des contrats-cadres avec Islamic Relief, World Vision et Christian Aid - 2005-2010 : Programme de recherche de 5 millions Livres Sterling sur la religion et le développement - 2011 : Création par Andrew Mitchell d'un groupe de travail sur les principes du partenariat confessionnel afin de renforcer la collaboration du DFID avec des groupes confessionnels. - Ce groupe a produit un document intitulé « *Faith Parthnership Principles : Working Effectively with Faith Groups to Fight Global Poverty* » (novembre 2011) qui définit trois grands principes : 1. la transparence : les groupes confessionnels, le DFID et leurs employés doivent se montrer ouverts quant à leur mission, leurs croyances, leurs valeurs, leurs politiques et leurs pratiques ; 2. le respect mutuel des rôles, contributions et valeurs ajoutées distincts des groupes confessionnels et du DFID dans le développement ; 3. la compréhension de la complexité de la foi dans le domaine du développement et du partenariat avec des groupes confessionnels *(Faith Partenership Principles Working Group*, 2012)
Banque Européenne d'Investissement Organisation européenne	Responsable Credit, Palestine	Tout pays qui souhaite un prêt avantageux (sous forme d'obligation) pour des projets de développement	- Vision pragmatique du rôle des ONGc avec une reconnaissance d'un réel engagement et de travail. - Beaucoup de contacts et dialogues avec elles notamment dans le cadre de ses relations avec la Société Civile (Quaker Council for European Affairs, ChristianAid, etc.). - Mais pas de financement dû aux statuts de celle-ci. Partenaire dans les projets économiques du développement, mais financement par les ministères.

SIDA Suède Agence suédoise de coopération pour le développement international	Publication officielle : *The rôle of religion in develop-ment coope-ration »*	Réduire la pauvreté dans le monde	- Plus grand donateur scandinave -Gestion de contrat-cadre avec 4 organisations chrétiennes : Diakonia, le Conseil suédois des missions, l'Eglise de Suède et PMU Interlife - ONG et ONGc qui reçoivent un financement de l'agence doivent : 1. être enracinées dans des valeurs démocratiques 2. respecter le Code de conduite de la Croix-Rouge 3. éviter le prosélytisme 4. ne pas s'opposer aux droits sexuels et reproductifs des femmes y compris le droit à l'avortement - 2012 : SIDA introduit de nouvelles dispositions contractuelles à ses partenaires : 1. ne pas s'opposer aux "valeurs suédoises" (La Suède est une société démocratique et laïque) 2. ne pas s'opposer aux "droits humains internationaux"
GIZ Allemagne Le premier fournisseur mondial de services de coopération internationale pour le développement durable.		Expertise pour le développeme nt durable et l'éducation dans plus de 130 pays.	- Entreprise fédérale qui appuie le gouvernement allemand à atteindre ses objectifs dans le domaine de la coopération internationale pour le développement durable. -Approche holistique fondée sur les valeurs et les principes défendus dans la société allemande

USAID Etats – Unis Agence Américaine pour le dévelop-pement			- Promotion des intérêts américains de politique étrangère dans l'expansion de la démocratie et du libre marché, tout en tendant une main secourable à ceux qui luttent pour mieux vivre. « *C'est cette compassion qui est la marque distinctive des Etats-Unis dans le monde entier* ». (*www.usaid.com*) - Rôle de premier plan dans la planification et la mise en œuvre des programmes à la suite de la chute du mur de Berlin en 1989 - 1996 : *Charitable Choice*, loi sur la reforme de la protection sociale qui ne permet plus aux représentants du gouvernement de refuser aussi facilement aux organisations un financement qui associe prestation de service et activité religieuse - 2001 : *Faith-Based and community Initiative,* série de décrets émis par George W. Bush qui ont secoué la doctrine du "largement sectaire" (pervasively sectarian[9]) soutenu par la Cour Suprême des Etats Unis. - 2002 : Création du Center For Faith-Based and Community Initiatives au sein de l'USAID pour prendre en compte les décrets -2004 : Nouvelles règlementations sur la "*partici-pation des ordres religieux aux programmes de l'USAID*" qui interdisent à USAID de discriminer les organisations qui associent développement ou activités humanitaires et activités religieuses, telles que le culte religieux, l'instruction religieuse ou le prosélytisme - 2009 : Changement de nom du Center For Faith-Based and Community Initiatives par White House Office of Faith Based and Neighbourhood Parterships par le président Obama, il a promis d'étendre le mandat du bureau au-delà du soutien apporté aux organisations offrant des services sociaux, et faisant des efforts pour la réduction du nombre d'avortements, de promouvoir une parentalité responsable et d'engager les chefs religieux du monde dans un dialogue interconfessionnel (Gilgoff, 2009)
AFD France Agence Française de Développement		Aide et expertise au dévelop-pement	L'objectif est : - de renforcer des partenariats avec des ONGc -d'assurer le positionnement de la France vis-à-vis d'autres pays impliqués dans le développement - vérifier que ces A.C. ne font pas de prosélytisme.

[9] A partir de cette doctrine, les gouvernements fédéraux et l'Etat n'ont pas le droit de financer des organisations religieuses engagées dans des activités évaluées comme sectaires.

Les ONGc présentées ci-dessous sont celles en relation directe et immédiate avec les terrains d'intervention de l'AFD. Y sont comprises des associations et/ou des acteurs locaux des organisations de type paroissiales, des réunions d'habitants impliqués dans des actions dites de développement. En amont, ce sont ces ONGc qui dialoguent et négocient avec les bailleurs de fonds – et avec les donateurs privés - et elles déterminent leurs relations avec ces derniers en fonction de leurs stratégies, de leurs objectifs et des terrains identifiés pour y mettre en œuvre leurs politiques en matière de développement. Sachant que les Objectifs du Millénaire pour le Développement déterminent pour une part les stratégies des différents acteurs intervenant sur ce champ.

2. Les Objectifs du Millénaire pour le Développement

Les Objectifs du Millénaire pour le Développement (OMD), sont au nombre de huit adoptés en 2000 à New York par 193 États membres de l'ONU, et au moins 23 organisations internationales, qui ont convenu de les atteindre pour 2015, recouvrent de grands enjeux humanitaires : la réduction de l'extrême pauvreté et de la mortalité infantile, la lutte contre plusieurs épidémies dont le SIDA, l'accès à l'éducation, l'égalité des sexes et l'application du développement durable.

Les 8 objectifs[10] :

1. Réduire l'extrême pauvreté et la faim.
2. Assurer l'éducation primaire pour tous.
3. Promouvoir l'égalité et l'autonomisation des femmes.
4. Réduire la mortalité infantile.
5. Améliorer la santé maternelle.
6. Combattre les maladies.
7. Assurer un environnement humain durable.
8. Mettre en place un partenariat mondial pour le développement.

En quoi ces objectifs peuvent-ils constituer des leviers et/ou faire écho à ceux des acteurs confessionnels que nous avons rencontrés ?

"Je crois que nous allons beaucoup plus loin que ces objectifs. Nos actions ne s'inscrivent pas dans le champ de tous les objectifs (car nous n'intervenons pas, par exemple, dans les domaines de la santé ou de l'éducation formelle), mais elles sont plus ambitieuses, en ce sens

---

[10] Nations Unies, Note d'information du Secrétaire général, *« Passer à l'action pour réaliser les Objectifs du Millénaire pour le Développement »*, Juillet 2008.

qu'elles reposent sur le postulat (et le projet politique) de l'universalité des droits." (Xavier Ricard, CCFD).

3. Le champ associatif et les ONGc

• Quelques éléments de connaissance

Il n'existe aucune définition juridique claire, ni en droit français, ni en droit international, de la notion d'ONG. En France, les ONG sont créées soit sous le statut d'association, soit sous celui de fondation. La différence majeure entre ces deux régimes réside dans le fait qu'une association est un regroupement de personnes alors qu'une fondation est l'affectation d'un patrimoine à une cause par une personne morale ou physique. Les ONG françaises ont à 98% un statut d'association régi par la loi du 1er juillet 1901.

Les ONG sont des associations régies par la loi de 1901, sans but lucratif, où le désintéressement vis-à-vis de l'argent est fortement revendiqué. De plus en plus nombreuses depuis la seconde moitié du XXème siècle, elles bénéficient d'un rapport particulier aux États et à leurs gouvernements. Les ONG à la différence des États ou des organisations internationales ne sont pas des acteurs publics, mais privés. En France par exemple, les relations de complémentarité relative aux projets de développement, entre les organisations humanitaires et les gouvernements, sont rares, tandis que dans les pays d'Europe du Nord, l'association entre l'État et les ONG est inhérente au processus même de coopération.

Il faut distinguer les ONG nationales de celles internationales. Les premières sont des groupements d'origine privée sans but lucratif, regroupant des particuliers, citoyens d'un même pays, pouvant être affiliés ou non à une ONG internationale. Les associations internationales regroupent des ONG nationales de différents pays et peuvent former des équipes de volontaires de diverses nationalités dans un même pays : ce sont par exemple Médecins du Monde.

« Les ONGc sont des organisations formelles dont l'identité et la mission découlent directement des enseignements d'une ou plusieurs traditions religieuses et qui opèrent sur une base non lucrative indépendante, volontaire afin de promouvoir et de mettre en œuvre collectivement des idées sur le bien public, au niveau tant national qu'international. »[11]

---

[11] Bruno Duriez, François Mabille et Kathy Rousselet, *Les ONG confessionnelles, religions et action internationale*, Paris, L' Harmattan, 2007

Les ONG internationales s'inscrivent dans l'espace mondial à travers leurs contacts institués avec les pays en développement. En règle générale, les organisations de l'hémisphère nord ont un devoir d'assistance auprès des populations civiles du sud qui sont en danger, même si de plus en plus d'ONG nationales du "sud" ont vu le jour ces deux dernières décennies, et même si l'action humanitaire se développe dans les pays de l'O.C.D.E. Les organisations humanitaires passent outre le problème des frontières et des différences religieuses, raciales, idéologiques ou politiques. Elles ne doivent pas s'occuper des intérêts économiques ou culturels des grandes puissances occidentales. Toutefois, il est souvent difficile pour ces volontaires d'échapper aux contraintes des rapports de force.

Le volontaire est une personne qui, de façon réfléchie, acquiert une conscience de solidarité le poussant à l'action vis-à-vis d'autrui, afin d'améliorer sa qualité de vie. On distingue trois types de volontariat à l'intérieur des ONG :

- L'action sociale et humanitaire comme le travail en faveur des malades et/ou blessés, ainsi que la distribution de nourriture. Il s'agit de l'action de première urgence.
- Le *self-help* et le développement concernent l'alphabétisation, l'éducation, la promotion des arts et des sciences, la formation professionnelle (afin de rendre le bénéficiaire capable de gagner sa vie ou de l'améliorer financièrement).
- Les causes d'intérêt public pour des groupes qui sont, par leur nature même, dans des situations conflictuelles. Il peut s'agir de la défense des droits de l'homme pour des personnes défavorisées, mais encore d'une assistance aux prisonniers, aux accusés, afin de défendre leurs droits civiques, de la défense des minorités (raciales, femmes, enfants, paysans sans terre...) ou de travaux relatifs à la protection de l'environnement.

> *« Une caractéristique centrale de la mission des nombreuses ONGc est la reconnaissance de la nature spirituelle de l'individu et de la source divine de l'engagement, qui fournissent un projet pour le développement de l'individu et de la société. »*[12]

Le volontaire doit faire œuvre de justice sociale, de solidarité et d'égalité entre les personnes, de respect de la dignité humaine... Par ailleurs, le volontaire doit acquérir des connaissances pour son action,

---

[12] Bruno Duriez, François Mabille, Kathy Rousselet, *Les ONG confessionnelles, religions et action internationale,* L'Harmattan, Paris, 2007

sur les réalités nationales et locales du lieu de mission, avant d'être confronté au terrain.

Qui sont les Acteurs Confessionnels du Développement, ONGc

« C'est la dimension organisationnelle – à savoir les larges réseaux de congrégations, d'organisations et d'individus – *qui distingue les ONGc des autres ONG. À la différence de ces dernières, les ONGc s'attachent souvent à des infrastructures déjà existantes, à partir desquelles elles puisent leurs ressources humaines et financières, rassemblant les individus en fonction de leur devoir moral plutôt qu'en fonction de la pure rationalité. »*

« Les ONGc ne représentent pas des entités isolées fondées sur des valeurs (comme le sont de nombreuses ONG séculières), mais se situent plutôt dans un réseau mondial d'institutions religieuses et spirituelles qui légitiment leurs valeurs. Cela rend ces organisations capables d'utiliser un pouvoir culturel et symbolique afin d'exercer une influence sur les pratiques politiques. Alors que les ONG séculières utilisent volontiers le recours à l'éthique comme moyen de mobiliser l'opinion publique, les ONG religieuses sont plus directement capables de soulever des questions morales et de recourir au discours religieux, alimentant par là-même un sens du devoir moral, de l'indignation ou de la révolte, qui rendent les changements possibles. »[13]

• Des ONGc rencontrées en France

Des acteurs associatifs présents sur le territoire français ont été rencontrés afin d'explorer la problématique et de confronter par la suite les perceptions et représentations des acteurs en fonction des zones géographiques et donc aussi des stratégies mises en place par les ONG. Il faut ici prendre en compte que ces organisations assurent un rôle déterminant entre les bailleurs de fonds et les acteurs de terrain à partir d'objectifs et de stratégies en cohérence. On peut donc estimer qu'elles sont les relais qui garantissent les valeurs forgeant les politiques de développement.

Dans le tableau suivant, nous en présentons les principaux enseignements.

---

[13] *Idem*

Acteurs	**Religion**	**Public visé**	**Pays d'interven-tion**	**Stratégie**
SIDI France Société d'investissement et microcrédit	Catholique SA du CCFD	Micro entrepreneurs	Afrique, Asie, Amérique Latine	- Proposer un appui financier et technique aux structures de Financements de Proximité, qui offrent des services financiers adaptés aux populations exclues des circuits bancaires traditionnels. ***« Prosélytisme d'action et pas de provocation »***
Médecin du Monde France Société d'investissement et microcrédit	Laïque	Pays en crise Pays pauvres		- Éduquer sur la contraception et travailler sur les droits de l'homme. "***La démographie est un enjeu stratégique et militaire***"
Vision du Monde « World Vision » Canada Parrainage d'enfants	Chrétienne	Pays en crise Pays pauvres		- Dans l'aide au développement : 1500 programmes dans le monde en 2010, - Transmettre des compétences et l'expertise : 4 domaines principaux : accès à l'eau potable, alimentation, éducation et santé. - Pas de réponse quant aux questions sur le genre - Pas de relation avec d'autres ONG - Financement à 90% de dons privés

Coordination Sud France Coordination des associations caritatives françaises	Laïque	Institution mondiale de dévelop-pement		Action de plaidoyer et de représentation des ONG françaises dans le monde
Secours Islamique France France et origine britannique Urgence et *in fine* développement	Islam	Pays en crise	Afrique, Proche-Orient, France	3 secteurs de d'action de priorité : -Eau/assainissement -Sécurité alimentaire -Enfance -Financement à 90% de dons privés - Relations et partena-riats avec d'autres ONG et ONGc - Pas de position sur la question des femmes

Secours catholique France		Catho-lique	Pays en difficulté ou en crise Réduire la pauvreté	Implan-tation mondiale	- 164 Caritas au monde (partenaires) Stratégie globale mondiale : 4 pôles et 2 transversaux qui s'adaptent au contexte des pays Priorités : - lutter contre la pauvreté par actions durables - Prévenir les crises humanitaires -Participer à l'émergence de la fraternité mondiale ***"Contribution de l'église"*** - Financement - Partenariat avec ONGc - Incorporation des diocèses dans le plaidoyer - Position délicate de l'église sur la contraception, mais travail avec les partenaires qui ont une stratégie indépendante et qui prennent en compte les réalités du terrain - Relation avec les pouvoirs publics

CCFD France		Catholique	Partenariat avec les sociétés civiles pour le dévelop-pement		-Développement par la transformation sociale : 1. appui aux processus 2. appui aux actions 3. appui relationnel 4. appui politique Inspiré par la ***"Théologie de la libération"*** - Eloignement non officiel des valeurs de l'Eglise du Vatican - Financement à 90% de dons - Travaille avec des partenaires d'autres confessions (SIF) - Evite la question de la planification familiale. Mais soutien discret sur le préservatif.
EFAP		Protestant			- Réseau de partenaire mondial sous forme de plateforme - Activité principale : l'éducation, bourses de recherches - Transmission du "*savoir-être*" - Travaille plus dans le développement que le caritatif - Bénéficiaires universels, mais acteurs principaux protestants - Financement à 90% de dons - Pas de doctrine formalisée pour la contraception et l'émancipation des femmes - Contre la "Théologie de la Prospérité" - Préoccupation sur la question « église et pouvoir »

ATD Quart Monde		Laïque, mais fondée par le Père Joseph Wresinski	« ***Créer une association ouverte à tous courants philoso-phiques, apparte-nances reli-gieuses*** »	27 pays, dont l'Australie	-Pas de programmes prédéfinis. Adaptation aux terrains d'implantation : renforcer la vie familiale, focalisation sur la petite enfance, pré-scolarisation, éveil, santé
ACO, Action Chrétienne d'Orient		Protes-tante, partenariat avec d'autres églises chré-tiennes.	Filles et jeunes filles d'origine chrétienne de familles pauvres et/ou désunies	Proche et Moyen-Orient	-scolarisation, apprentissages professionnels, formations à la médiation et au dialogue *vs* violence.

Les ONG confessionnelles en Égypte comme alternative ou entité de l'État social ?

Bava Sophie,
socio-anthropologue IRD-LPED-AMU,

Barbary Caroline,
doctorante en sociologie politique, Sorbonne Panthéon, Paris I,

Etienne Agathe,
consultante.

Cette étude commandée par Entreprendre et Comprendre à la demande de l'AFD a été menée en Égypte de janvier à mars 2013 par une équipe de recherche habituée des terrains égyptiens. La partie sur les acteurs confessionnels chrétiens a été réalisée par Sophie Bava et Agathe Etienne et celle concernant les acteurs confessionnels musulmans a été entièrement menée par Caroline Barbary, mais l'équipe a travaillé de concert.

1. Appartenances religieuses au Caire et acteurs confessionnels en débat

L'histoire des religions en Égypte est liée aux épopées, aux invasions et aux migrations dans cet espace à la croisée des routes entre l'Afrique, l'Europe et l'Asie, l'espace nilotique. L'Égypte pharaonique, l'Égypte romaine et grecque, l'Égypte de la conquête arabe et des conversions à l'islam, celle de l'instauration du royaume fatimide au 10^{éme} siècle, royaume qui donnera naissance à la ville du Caire et à sa célèbre université Al Azhar, pôle du savoir musulman et instance politique de référence de l'islam en Égypte. Puis ce fut au tour de Saladin qui affronta les croisés puis aux Mamelouks d'instaurer leurs dynasties… Nous ne pouvons pas retracer en quelques lignes une histoire si riche où les peuples et les religions se croisent et se rencontrent. Aujourd'hui, selon différentes sources statistiques officielles et scientifiques[1], il y aurait en Égypte environ 90 % de musulmans et 10 % de chrétiens. Parmi les musulmans, les sunnites sont majoritaires et parmi eux existent également différentes appartenances confrériques. Du côté des chrétiens, les coptes orthodoxes sont majoritaires, mais on peut noter la présence de coptes protestants ou catholiques, de catholiques, de protestants, d'évangélistes, de juifs, de grecs orthodoxes, d'anglicans… En tout 17 dénominations sont répertoriées par le Synode du Nil[2]. Terre des évangiles et foyer du christianisme, l'Égypte, passée sous domination arabo-musulmane au VIIe siècle, présente aujourd'hui une très grande diversité de communautés chrétiennes, coptes (ou « autochtones ») et étrangères.

En effet, coptes orthodoxes, coptes catholiques et coptes protestants (ou évangéliques) cohabitent avec plusieurs Églises chrétiennes orientales (Maronites, Chaldéens, Melkites…), mais également, particulièrement depuis le XIXe siècle, avec de nombreux ordres missionnaires (dominicains, franciscains, comboniens…), venus d'Europe ou d'Amérique du Nord – sur lesquels s'appuieront en partie les réfugiés et migrants africains dans la deuxième partie du XXe siècle afin de bénéficier de services sociaux et spirituels divers ou encore dans l'objectif de développer leurs propres églises. Dans la deuxième moitié du XIXe siècle, lorsque les Européens entament les travaux de construction du canal de Suez, des communautés protestantes, anglicanes et catholiques européennes (ingénieurs, ouvriers, politiques, financiers...) viennent se greffer à cette nébuleuse chrétienne préexistante. À propos des différents ordres catholiques missionnaires et mendiants présents en Égypte, Michel Cuypers, chercheur à l'IDEO nous explique qu' « initialement, nous parlions de missionnaires ; ils étaient tous des Européens qui quittaient leur pays pour développer le christianisme là où il n'y en avait pas ou bien là où existaient des schismes[3] ». Par exemple, en 1872, la communauté protestante venue d'Europe (suisse, allemande et française) décide de

[1] Voir également : Denis E., 1999, « Cent ans de localisation de la population chrétienne égyptienne. Les éléments d'une distanciation entre citadins et villageois », *Astrolabe*, n° 2, pp. 225-40, https://hal.archives-ouvertes.fr/hal-00591299 (février 2016).)

[2] Le synode du Nil est l'église évangélique copte, dénommée aussi église évangélique d'Égypte.

[3] Entretien IDEO (Institut des Etudes Dominicaines), Le Caire, mars 2009.

se réunir et de poser les bases de ce qui deviendra l'Église Évangélique du Caire (EEC), aujourd'hui unique église francophone de rite protestant en Égypte, membre de l'Action Chrétienne en Orient (ACO), et composée presque essentiellement de fidèles africains que nous avons rencontrés à plusieurs reprises. Toute cette nébuleuse confessionnelle donnera naissance à de très nombreuses associations caritatives chrétiennes. Il faut également noter la présence de quelques personnes clefs dans le développement des associations caritatives chrétiennes comme Sœur Emmanuelle qui développa de nombreux projets autour de la population des chiffonniers du Caire et dont est issue l'association ASMAE.

Selon Julie Picard, qui a effectué sa thèse de doctorat auprès des communautés chrétiennes accueillant les migrants africains en Égypte, « les pratiques du christianisme sont licites et autorisées, mais la liberté de culte subit en réalité de multiples entraves. Un symbole fort est celui de l'architecture (Mayeur-Jaouen, 2003) et du volume sonore, toujours plus élevé, des appels musulmans à la prière transmis par haut-parleurs. Les autorisations pour rénover ou faire construire un bâtiment chrétien sont délivrées par décret présidentiel ; une distance minimale avec la plus proche mosquée est à respecter (tandis que l'inverse n'est pas demandé) et les procédures peuvent ainsi durer pendant des années à cause de divers obstacles administratifs (plus nombreux souvent que les éventuelles plaintes du voisinage musulman). Deux églises sur trois seraient actuellement construites en Égypte sans autorisation (environ 1 000 sur 1 500) et, dans les quartiers récents de banlieue urbaine ou de villes nouvelles, la plupart des cultes s'improvisent au sein de ces constructions « illégales » ou dans des bâtiments d'habitation privés (Valognes, 1994) pour les groupes les plus isolés comme les migrants et les réfugiés par exemple. Plusieurs lois interviennent en réalité dans les procédures légales afférentes à tout changement de religion et les conversions à l'islam sont largement plus aisées que de l'islam vers toute autre religion (Guirguis, 2007)[4]. En matière de mariage, de divorce, de garde, d'héritage ou d'adoption, le droit, inspiré de la char'ïa[5], est

[4] Les conversions de coptes à l'islam, pour des raisons matrimoniales notamment, se sont multipliées et atteindraient près de 15 000 cas annuels (Mayeur-Jaouen, Voile, 2003 : 174). Voir aussi Abécassis F.

[5] La Constitution de 1956 inscrit l'islam comme religion d'État.

largement favorable aux musulmans[6]. Il est également obligatoire de mentionner sa religion sur carte d'identité. Malgré cette « guerre d'usure religieuse » (Guindy in Guirguis, 2007), la minorité copte existe donc comme elle hésite, entre tentation du repli, élan du Renouveau et affichage identitaire discret. Le pape Chenouda III a largement participé à la réaffirmation de la piété et de la ferveur religieuse copte (culte des saints et de la Vierge, pèlerinages, retraites, mouleds, multiplication des images et des reliques…). Depuis les années 2000, les médias et la presse écrite notamment, admettent tout de même que des problèmes d'ordre confessionnel existent et insistent sur la nécessité d'une gestion locale de ceux-ci (Delhaye, 2008). Sous la pression des revendications et des gouvernements occidentaux, des réformes « de façade » sont ponctuellement menées comme en 2002, lorsque le Noël copte a été déclaré fête nationale chômée pour tous. En dépit des récentes tentatives de division interreligieuse, l'exacerbation des tensions intercommunautaires et la mort de plusieurs dizaines de personnes lors de différentes manifestations de coptes au Caire ou près d'Assouan à la fin de l'année 2011, la minorité religieuse a pleinement participé à la révolution de janvier 2011 et à la chute du gouvernement de Moubarak[7]. La Croix et le Croissant ont été décrits comme unis lors des premiers mouvements de révolte et la « traditionnelle » répression militaire égyptienne a fait des victimes aussi bien chez les chrétiens que chez les musulmans. Ne se sentant plus protégés par l'ex-gouvernement, les chrétiens doivent désormais lutter dans ce contexte post-révolutionnaire à la fois contre le laxisme militaire et la montée des extrémismes musulmans (les membres du mouvement salafiste sont d'ailleurs plus craints que les Frères Musulmans) qui pourrait à nouveau amenuiser leurs droits. » (Picard, 2013[8]) D'autre part comme nous le verrons les barrières administratives sont toujours plus tenaces.

Selon Sarah Ben Nefissa (1995, 2002), l'État, Al Azhar et la hiérarchie copte représentent les lieux de décision concernant les

[6] Par ailleurs, Chenouda III a lui aussi « contourné » la constitution égyptienne en interdisant dès les années 1970 le divorce aux coptes orthodoxes et leur remariage, sauf pour adultère.

[7] Les attentats ou les incendies d'églises en Égypte n'ont pas débuté avec la Révolution ; sous Sadate et particulièrement depuis le début des années 2000, les tensions se sont accrues et multipliées.

[8] Picard J., *(Im)mobilités, Ancrages Urbains et rôle du Religieux, Le Caire des Migrants Subsahariens Chrétiens*, 2013.

questions sociales en Égypte, un modèle basé en grande partie sur le caritatif religieux. Les associations musulmanes représentent la première catégorie d'associations enregistrées en Égypte, notamment depuis le désengagement progressif de l'État (années 1970) ; cependant, elles restent organisées sur des bases religieuses et communautaires et se caractérisent par de complexes imbrications aux sphères politiques et administratives (Ben Nefissa, 2002). Dirigées de près ou de loin par des membres de l'élite politique, ces associations peinent à s'affirmer en tant que « contre-pouvoir » et participent au mouvement d'islamisation de la société. D'une manière générale, la politisation croissante de la question confessionnelle et le recours régulier à l'article 2 de la Constitution égyptienne – établissant l'islam comme religion d'État et la *charî'a* comme source principale de la législation – exacerbent les phénomènes de concurrence religieuse et associative ; et ce, malgré l'article 46 de la même Constitution qui stipule la liberté de croyance. À partir du milieu des années 1990, les associations musulmanes se sont orientées vers une islamisation par le bas, via des associations de quartiers, les associations professionnelles et les syndicats. Parallèlement la société civile s'organise elle aussi et oriente des actions dans le secteur social. Dans les années 2000, plus d'un quart des associations (4000) sont des associations à référent islamique et leur secteur de prédilection est le social et le caritatif comme les services sociaux, éducatifs et sanitaires. Face au non-engagement de l'État dans ce secteur, les associations caritatives et les ONG confessionnelles de toutes origines se partagent le terrain. Les associations chrétiennes se sont principalement mobilisées dans les mêmes secteurs auprès des *zabalin* comme Sœur Emmanuelle (ASMAE), auprès des chrétiens pauvres comme le font toutes les associations liées aux églises coptes, mais aussi auprès des réfugiés et des migrants ce qui en fait leur originalité.

En effet à partir des années 1960-70, plusieurs vagues migratoires de déplacés et de migrants forcés, venant du Sud et plus particulièrement de la Corne de l'Afrique et du Soudan, vont se succéder sur le sol égyptien. Les guerres civiles et les conflits qui éclatent aux frontières de l'Éthiopie, de l'Érythrée et de la Somalie, combinés à des crises alimentaires à répétition, provoquent le départ de nombreux migrants, d'abord vers le Soudan puis vers l'Égypte, étape devenue stratégique depuis l'implantation de la section du Haut Commissariat aux Réfugiés (HCR) au Caire en 1954. S'appuyant sur une juridiction en matière d'immigration plus souple qu'en Europe, mais aussi parfois sur des relations sociales ou familiales, des réseaux de formation (universités, formations religieuses) et des réseaux économiques et religieux pour certains, comme les réseaux de travail domestique, ces migrants sont nombreux à atteindre chaque jour la ville du Caire (Bava, Picard, 2010).

Au centre de toutes les négociations entre le HCR, l'OIM (Office International des Migrations) et le gouvernement égyptien, Caritas, créé en juin 1967[9] en Égypte, a tout de l'acteur incontournable du développement en se positionnant comme un des piliers de la redistribution de l'aide aux populations défavorisées. Partenaire privilégié de ces institutions, Caritas coordonne un nombre important de projets (accès aux soins, écoles communautaires, aide alimentaire et financière) également à destination des réfugiés.

En partenariat avec d'autres ONG, d'origine confessionnelle la plupart du temps comme CRS (Catholic Relief Service) et Refuge Egypt, mais aussi avec AMERA pour les questions juridiques, Caritas capte une majorité du public des réfugiés ou des migrants en attente d'asile (*asylum seekers*). Ils sont spécialisés dans l'accès aux soins et les programmes de santé, le soutien psychologique, et ont mis en place douze écoles communautaires au Caire. Bien entendu, ils ne travaillent pas de manière individuelle et coordonnent ces projets grâce à l'expertise d'autres associations de la société civile et des espaces religieux. Pour exemple, nous pouvons évoquer la clinique Caritas installée au sein de l'école catholique de Sakakini (centre Saint-Lwanga), mais aussi l'école communautaire du centre combonien du Sacré Cœur (Combonian school) et les cours du soir pour les adultes à la cathédrale All Saints à Zamalek. Nous pourrions également évoquer la Maadi Community Church (MCC) fondée par la communauté expatriée étatsunienne dans les années 1950 dans la banlieue aisée de Maadi, au sein de l'Eglise anglicane St John's Church fondée en 1931. MCC a développé son caractère international et interdénominationnel en accueillant dès les années 1990 une partie de la communauté soudanaise présente au Caire (culte en arabe, en anglais et dans certaines langues des pays d'origine et assistance sociale). Suite à la croissance et à la diversification des migrations africaines dans la ville, MCC a ouvert au début des années 2000 un autre culte destiné à tous les Africains non-soudanais et/ou anglophones. Cette question de

---

[9] L'association Caritas-Égypte a été créée en juin 1967 à l'occasion d'une aide d'urgence pour les milliers de gens de la région du Canal de Suez pendant le conflit israélo-arabe.

l'accueil des réfugiés et des migrants semble par contre « inconciliable » avec les préoccupations des ONG musulmanes du pays[10], davantage tournées vers la population locale.

Des associations caritatives aux ONG confessionnelles (ONGc)[11] il n'y a qu'un pas, mais un grand, celui de l'influence et de la pression des organismes et bailleurs internationaux dans le cadre des politiques d'ajustement structurel et celle des pays du Golfe dans une logique de développement des pays du monde arabe. Cette double pression crée une offre de financement à laquelle répondent les ONGc musulmanes et chrétiennes. En se proposant comme ressources, elles viennent en appui aux gouvernements qui ne savent pas comment gérer (ou ne veulent pas gérer) les « nouvelles » questions sociales, mais ne remettent pas en question les systèmes politiques établis. Ces ONGc ou d'origine confessionnelle s'installent comme nous le verrons pour remédier ou renforcer la « non » présence de l'État sur le terrain du développement (santé, éducation, lutte contre la pauvreté, femmes et familles), mais prennent une place de plus en plus significative dans « l'encadrement » voir le contrôle de la société civile égyptienne, une société civile qui s'organise malgré les pressions du gouvernement.

2. Réglementation du travail associatif en Égypte : la loi 84-2002 et la place des ONGc dans le cadre juridique égyptien

Promulguée dans un contexte autoritaire, la loi 84/2002 [12] est restrictive. Non seulement elle contrôle la société civile, mais elle

---

[10] Contrairement à la Syrie par exemple, le Croissant Rouge ne dispose pas en Égypte de programme spécifique destiné aux migrants africains.

[11] Nous considèrerons la définition des ONGc selon K.Martens (2002) citée dans l'ouvrage de B.Duriez, F.Mabille et K.Rousselet (2007) : « organisations formelles dont l'identité et la mission découlent directement des enseignements d'une ou plusieurs traditions religieuses et qui opèrent sur une base non lucrative, indépendante, volontaire afin de promouvoir et de mettre en œuvre collectivement des idées sur le bien public tant au niveau national qu'international. »

[12] Selon Rachel de Plaen, dans Egypte : la société civile sous contrôle : « La loi 84/2002 définit les règles de fonctionnement des organisations non gouvernementales présentes en Egypte. Elle donne des droits importants au ministère des Affaires sociales, dont ceux de refuser des fonds perçus de l'étranger, d'approuver ou de dissoudre le conseil d'administration d'une organisation. Cette loi a souvent été décrite par les organisations égyptiennes comme une entrave à la liberté d'association. La loi 84/2002 exige que toutes les ONG et associations égyptiennes et étrangères actives dans le pays s'enregistrent auprès du Ministère des Affaires sociales, comme cela existe dans de nombreux pays. L'enregistrement est

l'étouffe. Malgré la révolution du 25 janvier 2011, la société civile se trouve aujourd'hui enchaînée par les prérogatives de cette loi. Dans une publication du Centre Tricontinental (CETRI), Rachel de Plaen, nous donne un aperçu de cette loi : « Elle définit les règles de fonctionnement des organisations non gouvernementales présentes en Égypte. Elle donne des droits importants au Ministère des Affaires sociales, dont ceux de refuser des fonds perçus de l'étranger, d'approuver ou de dissoudre le conseil d'administration d'une organisation. Cette loi a souvent été décrite par les organisations égyptiennes comme une entrave à la liberté d'association. La loi 84/2002 exige que toutes les ONG et associations égyptiennes et étrangères actives dans le pays s'enregistrent auprès du Ministère des Affaires sociales. L'enregistrement est souvent attribué de manière arbitraire, sans justification de l'autorisation ou de refus. Par cette loi, il est aussi interdit pour les organisations non gouvernementales de mener des activités politiques ou syndicales en Égypte. Cela peut sembler logique, mais l'application de cette dimension est particulièrement contraignante pour les organisations de défense des droits de l'homme et de défense des droits des travailleurs par exemple. C'est pour cette raison que beaucoup de ces organisations se sont enregistrées en tant que compagnies privées […] ». En effet, malgré une constitution qui garantit les libertés publiques, l'État s'octroie une marge de manœuvre sur le travail des associations. En somme, l'enregistrement, le fonctionnement ou le financement d'une association sont soumis au contrôle ainsi qu'à l'appréciation des autorités compétentes. Celles-ci sont ainsi libres d'intervenir ou même de dissoudre une association. D'autre part, les associations ne peuvent pas recevoir de financements étrangers sans l'accord des autorités compétentes, sous peine de sanctions pénales, et parfois d'emprisonnement. Enfin, la loi interdit aux associations d'exercer des activités contraires à l'« ordre public » ou l'« unité nationale ». Selon le directeur de Caritas, c'est « une loi policière et avant d'envoyer un dossier on doit le reproduire en 6 exemplaires dont un pour la sécurité

---

souvent attribué de manière arbitraire, sans justification de l'autorisation ou de refus. Par cette loi, il est aussi interdit pour les organisations non gouvernementales de mener des activités politiques ou syndicales en Egypte. Cela peut sembler logique, mais l'application de cette dimension est particulièrement contraignante pour les organisations de défense des droits de l'homme et de défense des droits des travailleurs. » [article en ligne] http://www.cetri.be/La-societe-civile-sous-controle?lang=fr

civile […]. Il y a trois domaines dans lesquelles les associations ne peuvent pas travailler : la politique, la religion, le sexe[13] ».

Contrairement aux organisations qui font du militantisme pour la constitution d'un État plus démocratique (notamment les organisations pour la défense des droits humains), les associations confessionnelles qui s'occupent du social et plus particulièrement du caritatif dominent aujourd'hui l'espace de la société civile en Égypte. En général, elles interviennent dans le domaine du développement et obtiennent ainsi plus facilement leurs financements, en intervenant principalement sur les questions d'éducation et de santé puisqu'elles ne sont pas sensées troubler l'ordre politique. Elles pâtissent tout de même de la lenteur de l'administration égyptienne dans le contrôle des financements en provenance de l'étranger et doivent souvent attendre plusieurs mois le versement d'un financement, après que celui-ci ait été validé par les autorités (Ministère des Affaires sociales, Sécurité, etc.)

3. Problématique générale des ONGc sur le terrain égyptien. Quelques pistes de réflexion

La problématique autour de l'alternative à l'État et du prosélytisme nous tient à cœur, mais le contexte social égyptien n'est pas celui de l'Europe et la question de la laïcité ne retiendra pas notre attention de la même manière car elle est peu signifiante et se pose très rarement comme idéal, la question de la cohabitation des religions étant davantage centrale. Les acteurs du social parlent plutôt de citoyenneté et de participation à la société civile, et en ce sens, les acteurs politiques et religieux ont toujours participé par le passé et au présent à la vie sociale de leur pays. Les acteurs confessionnels ne se posent pas comme une alternative à l'État social, mais bien comme une entité de l'État social : « les besoins sont énormes et nous ne sommes pas les seuls » nous dit-on au Coptic Evangelical Organization for Social Services (CEOSS). C'est pour cela que nous soulignons l'importance du lien avec le Ministère des Affaires sociales et les problèmes que les associations rencontrent pour obtenir les financements qui leur ont été dédiés par des organismes internationaux. L'État veut garder la main sur le social en contrôlant les aides extérieures, on nous parle aussi de « protectionnisme social » dans certains entretiens. D'autre part si le prosélytisme est classique dans le milieu confessionnel, nous noterons

[13] Entretien réalisé au siège de Caritas avec le Dr Magdy Garas le 31/01/2013.

que d'un lieu à l'autre et d'une association à l'autre nous avons ressenti des différences profondes, et l'affichage des signes religieux d'appartenance est loin d'être une généralité. Ainsi la distinction repérée par Benedetti (2006) entre acteurs confessionnels, les séculiers et les militants, nous paraît tout a fait opérable sur le terrain égyptien même si cette distinction a pour nous des causes préalables différentes.

Le type de financement par exemple en est une cause majeure. Ainsi, plus une ONG confessionnelle est financée par des organismes internationaux laïcs, plus les termes et les affichages religieux disparaissent de la scène qu'ils investissent. Pourtant, il n'en reste pas moins que les choix et le traitement du social opérés par les acteurs confessionnels diffèrent des objectifs et des choix portés par les acteurs non confessionnels. Prenons la question des femmes par exemple. Pour tous les acteurs confessionnels, la question de la femme est inséparable de la question de la famille. L'avortement est interdit en Égypte et on ne parle jamais de contrôle des naissances, tout ceci n'est en aucun cas remis en question ou alors individuellement et discrètement. La professionnalisation des activités économiques des femmes est par contre un secteur sur lequel les acteurs confessionnels s'engagent (Caritas, CEOSS), mais il ne faut pas interpréter cela comme une volonté d'émancipation des femmes, les deux ne sont pas pour eux liés. Voilà typiquement une question qui ne sera jamais traitée de la même manière par un acteur confessionnel, même dit « laïc » ou dont seule l'origine est confessionnelle, et un acteur non confessionnel ; ce thème en est un parmi d'autres car la vision de la société n'est pas la même pour l'un et pour l'autre.

Nous devons aussi différencier les associations liées à des communautés influentes nationalement et internationalement et les autres peu aidées, qui ne ramassent que les miettes de l'aide au développement. Ainsi, si une grosse ONGc s'affiche et intervient de manière séculière, par ailleurs sur le terrain les petites associations confessionnelles qui seront sous-traitées par l'ONGc détentrice du financement sont elles plus militantes et entretiennent une société religieuse. Pour les acteurs religieux, la charité c'est la normalité, et la soumission ainsi que la référence à l'autorité religieuse sera toujours présente, bien que certaines autorités aient plus de poids que d'autres. Nous avons ainsi interviewé des associations religieuses et d'autres congrégations qui mènent des actions très importantes dans la société égyptienne mais qui restent dans l'ombre et survivent difficilement face à des financement qui vont principalement vers d'autres confessions plus représentées et donc mieux financées. L'appartenance religieuse a donc un poids dans la délégation des financements internationaux. Nous l'avions déjà vu sur la question des institutions religieuses et des migrations en Égypte, ce sont en effet les catholiques qui remportent la mise, les autres chrétiens attendent la redistribution. Nous nous sommes ainsi demandé, dans cette logique hiérarchique confessionnelle, qui est vraiment sur le terrain ? Qui décide, qui finance, qui travaille et qui contrôle ? C'est cette hiérarchie qui nous a questionné mais que malheureusement nous ne pourrons dénoncer puisque les plus financés sont aussi ceux qui répondent le mieux aux attentes des organismes internationnaux, mais aussi de l'AFD, et que leurs actions sont séculières et lisses. D'autre part, dans un pays où l'État social est inexistant, il nous paraît délicat de produire certaines informations qui pourraient avoir des conséquences sur la vie des plus démunis.

En Égypte, la question sociale, dont celle du développement, est donc religieuse en majeure partie (ou alors gérée par des organismes internationaux comme le HCR ou l'OIM sur la question des réfugiés et des migrants), c'est à dire sollicitée et portée par les institutions religieuses (ONGc, associations, communautés, églises, mosquées) de toutes confessions confondues, financées par des organismes internationaux. L'État reste cependant le seul décideur et le seul garant de sa faisabilité. D'autre part, malgré les changements politiques et sociaux impulsés par la révolution de janvier 2011, les ONGc reconnues ne peuvent être contestataires ou se servir du religieux à des fins politiques. Qu'en sera-t-il demain ?

4. Du côté des acteurs confessionnels chrétiens en Égypte

Plus de la moitié des ONGc rattachées aux structures de l'Organisation des Nations Unies (ONU) dans le monde sont chrétiennes. En Égypte, le rayonnement des acteurs chrétiens du développement est néanmoins variable. Plusieurs églises outre les églises coptes dites « traditionnelles », et d'autres notamment évangéliques comme MCC, sont présentes de manière durable et ont une importance au niveau local ; elles œuvrent auprès des fidèles chrétiens les plus pauvres et pour certaines auprès des migrants africains pour qui l'Église devient lieu de refuge et de ressources. En ce qui concerne les ONGc, leur influence et leurs activités dépendent de leur statut et de leurs financements. Les ONGc chrétiennes internationales (Caritas, CEOSS) jouissent d'une réelle visibilité dans le milieu des acteurs du développement et de l'humanitaire en Égypte, ainsi qu'auprès des bénéficiaires. Les ONGc chrétiennes locales n'ont pas moins d'efficacité et savent s'appuyer pour fonctionner sur les personnes ressources qui fréquentent les églises auxquelles elles sont souvent rattachées (Sakakini à l'église du Sacré Cœur, Refuge Egypt à la cathédrale All Saints, orphelinats, etc.) ; le réseau de fidèles devient alors réseau de bénévoles et/ou de volontaires.

Les principaux domaines d'intervention sont la santé, l'éducation, la famille et dans une moindre mesure la formation (dans une optique de « *capacity-building* »). C'est une forme d'assistance particulière qui est privilégiée par les ONGc chrétiennes, celle de couvrir les besoins premiers, élémentaires (se nourrir, s'habiller, se soigner, avoir accès à l'éducation) qui est dans le langage des ONG à rapprocher davantage de l'approche basée sur les besoins (« *needs-based approach* ») que de l'approche par les droits (« *rights-based approach* ») (Grabska K., 2006). Cependant, certaines ONGc bien ancrées au niveau national se tournent vers des projets ayant une visée à long terme pour leurs bénéficiaires, comme c'est le cas de l'ONG copte CEOSS qui ouvre des programmes de formation dans des domaines professionnels spécialisés et qui se préoccupe aussi des questions autour de l'interculturalité et de l'inter-religieux. Ces ONGc se réfèrent ainsi à la tendance internationale concernant les engagements de l'Église notamment depuis le Concile œcuménique de Vatican II (1962-65), où l'on a pu observer une reconversion sociale et humanitaire de ces institutions qui est allée de pair avec une « laïcisation » affichée de leurs actions et le développement du dialogue inter-religieux.

> *« Nous sommes séculiers, nous ne faisons pas de discriminations religieuses. La moitié des enseignants sont des musulmans ici, ce n'est pas la question que nous posons. Nous ne demandons pas aux gens de changer de religion, c'est le même Dieu pour tout le monde. Le contexte est difficile ici... Nous n'avons pas de problèmes avec le gouvernement, mais il nous surveille. Il est inquiet car nous accueillons des Irakiens chiites et il a peur des conversions... Avec les autres Églises, il n'y a pas de compétition, nous coopérons. »*[14]

[14] Entretien avec M., St Andrew's Refugee Services, Le Caire, juin 2010.

Dans leurs tentatives d'adaptation aux transformations du monde moderne, à la sur-consommation du terme de laïcité, ces organisations se réclament d'une éthique chrétienne de l'accueil, d'une morale universelle et humaniste et d'un engagement avant tout social[15], qui plus est en terre d'islam, où leurs marges de manœuvre restent limitées. Si en Europe certaines organisations d'inspiration chrétienne sont passées des œuvres caritatives à un engagement plus politique et militant, les responsables chrétiens au Caire n'ont apparemment d'autre choix que de poursuivre dans la *needs-based approach.* Cette tendance est valable pour les ONG égyptiennes en général, dont le but immédiat n'est finalement pas d'atténuer les inégalités structurelles, mais plutôt de tenter d'alléger les souffrances des plus pauvres (Abdelrahman, 2004 ; Samy, 2009).

Enfin nous noterons qu'au milieu de la diversité de leurs programmes d'actions sociales il y a toujours un programme ou un département plus rattaché à l'exercice de la foi, aux études bibliques, à la publication de textes religieux. Au delà, en interrogant les petites congrégations en terre d'islam sur leur vision et leur rapport avec les ONGc, nous pouvons souligner, en nous appuyant sur leur discours, que si les « laïcs » s'approprient de plus en plus les ONGc pour avoir un lien avec les personnes les plus pauvres, les ONGc, afin de répondre aux attentes des bailleurs, semblent s'éloigner des publicset notamment des fidèles en suivant une certaine « mode humanitaire » composée d'un esprit « laïc » empreint de valeurs chrétiennes, mais plus loin du terrain.

La capacité d'action des acteurs chrétiens dépend en grande partie de leur statut en Égypte. Ainsi la majorité sont enregistrés auprès du Ministère égyptien des Affaires sociales et sont alors contrôlées régulièrement, contrôle pouvant se solder en une injonction de fermer un programme[16], voire l'organisation elle-même. D'autres ONGc profitent d'un cadre légal pluriel comme CRS qui est enregistré auprès du gouvernement égyptien comme une ONG internationale ; Caritas qui est enregistrée comme une ONG égyptienne, bien que son siège soit au Vatican ; l'Église du Sacré Coeur est également référée au

---

[15] Voir aussi PRUDHOMME, Claude (2007), « De la mission aux ONG de solidarité internationale. Quelle continuité ? » in *Les ONG confessionnelles. Religions et action internationale*, Duriez et al., 2007, pp. 55-69.

[16] Cela fut notamment le cas pour le CEOSS qui avait entamé un partenariat avec le HCR pour le dialogue interculturel entre égyptiens et migrants et réfugiés, et qui fut contraint de fermer ce programme, sous la pression du gouvernement.

Vatican, mais elle n'est pas inspectée par les autorités égyptiennes, contrairement à Caritas et au CEOSS. Ce cadre légal difficile à saisir et assez précaire s'ajoute à l'ambiguïté du statut même des ONGc, qui se situent à la frontière entre l'humanitaire religieux et l'humanitaire séculier.

Les ONGc chrétiennes au Caire semblaient en outre bénéficier d'une certaine stabilité dans leurs budgets, ce qui n'est plus le cas depuis la révolution. Si les bailleurs de fonds « traditionnels » du développement (Banque Mondiale, organismes des Nations Unies et notamment Haut-Commissariat aux Réfugiés) sont présents auprès des ONGc, celles-ci trouvent une grande partie de leurs fonds auprès de bailleurs ou de mécènes ayant eux-mêmes une origine ou des valeurs chrétiennes.

5. Au Caire, des ONGc et des hommes

Afin d'affiner cette problématique, nous vous proposons d'entrer plus au coeur de cette recherche, à travers une ethnographie de quelques ONGc et associations chrétiennes.

A. CEOSS – Coptic Evangelical Organization For Social Services

Le CEOSS est une des plus grosses ONG du pays. L'entretien s'est tenu le 29 janvier 2013 au siège du CEOSS dans le quartier de El-Nozha El-Gedida avec le Dr. Andrea Zaki (président du CEOSS, pasteur et vice-président du protestantisme en Égypte), le Dr. Ibrahim Makram, le Dr Wafaa Williams et une salariée en charge des questions interculturelles. L'entretien a été organisé dans une grande salle ou nous attendaient boissons et chocolats. Nous avons été reçues par l'équipe de direction et les responsables de programmes pendant plus de deux heures. Leurs interventions et l'ordre d'intervention étaient préparés et nous avons eu du mal à les faire s'éloigner de leurs présentations, de leur récitation de programmes et de méthodes. Les questions en français ont été posées en arabe par Caroline et leurs interventions se sont déroulées en anglais. Les locaux du CEOSS affichent peu de signes religieux si ce n'est les décorations de Noël car nous sommes venues peu de temps après le Noël copte.

On est ici dans une gestion entrepreneuriale de l'humanitaire qui s'appuie sur des modèles internationaux. Les membres du CEOSS utilisent en grande majorité les termes codifiés et internationaux du développement et sont insérés dans des réseaux de formations et de rencontres d'ONG à l'international, notamment via l'ONU. Le Dr. Makram nous propose ainsi une démonstration sur l'utilisation du concept de « citoyen » en se référant à un modèle proposé en 2000 et codifié en 2005 suite à des workshops internationaux animés par des experts.

Histoire du CEOSS et organisation : une association caritative à dimension entrepreneuriale

En 1950 est apparu un comité dans l'église protestante presbytérienne en Égypte. Ce comité au sein de l'église protestante égyptienne servait tout d'abord à « diffuser le développement dans le Sud de l'Égypte ». En 1960, l'église a demandé à fonder une ONG car Nasser interdisait ces activités à l'Égypte. Une demande a donc été déposée au Ministère des Affaires sociales. Le CEOSS a été fondé dans le Synode du Nil puis est devenu indépendant dans les années 1960.

Mode d'organisation, organisation interne et ressources humaines

Le CEOSS compte 750 salariés, tous chrétiens (70% des salariés sont orthodoxes ou catholiques, 30% sont protestants), 5000 bénévoles à 90% musulmans et trois millions de bénéficiaires par an, à 90% musulmans. Ils sont présents dans dix gouvernorats.

« Nous sommes une ONG confessionnelle, mais nous offrons nos services à tous. Nous sommes parmi les plus grandes ONG en Égypte, avec Caritas, Gamat-e-Saïd, Upper Egypt Association... Il est interdit de s'afficher avec une orientation politique de la part d'une ONG, et ce depuis la loi de 1984, rappelée en 2000. Mais, nous pouvons faire de la sensibilisation. Par exemple, nous pouvons publier des livres. Nous avons une base séculaire ET religieuse, afin de gagner une légitimité auprès de tous. »

Missions et objectifs

« Notre premier objectif est d'apporter une solution à la pauvreté, le deuxième de donner des modèles à l'État et aux hommes d'État pour montrer qu'il y a des modèles d'action sociale qui marchent. »

Au CEOSS, les services sont rendus aux chrétiens et aux musulmans, selon 3 axes :

- 1/ Développement : aide aux sociétés pauvres et marginalisées.
- 2/ Culture : dialogue religieux/civil, construction de la paix, éducation civique et éducation sexuelle.
- 3/ Développement des ressources.

Activités, mode d'intervention, stratégies[17]

Secteur du développement

Le secteur du développement contribue à améliorer la qualité de vie pour les citoyens pauvres et marginalisés, dans les communautés du secteur de travail au Caire, à Giza, Qalyubeya, Beni Suef et Minia. Ceci est particulièrement important à la lumière de la transformation et des changements politiques, sociaux et économiques qui ont lieu dans le pays. Au travers de ses programmes de développement, les employés du « Development Sector » contribuent à l'*empowerment* de citoyens pauvres, pour faire valoir leurs droits et assumer leurs responsabilités sociales, culturelles, économiques et politiques. Le secteur travaille à mettre en œuvre les principes de démocratie, d'égalité et de justice sociale, à travers l'application d'un modèle de développement intégré, qui est flexible, reproductible et durable. Le focus se fait sur des programmes spécifiques ou des groupes de personnes pauvres et marginalisées, et sur la réalisation d'un impact réel sur la qualité de vie.

Détails des programmes

- Soutien institutionnel
- Aide humanitaire
- Education et éducation civique
- Réadaptation pour les personnes en situation de handicap
- Enfants à risque
- Santé
- Programme d'ophtalmologie
- Hôpital Horus
- Agriculture
- Bétail, volaille et pêche

[17] D'après les documents fournis par l'association.

- Environnement et logement
- Projet de développement urbain (quartier ouest de Minia)
- Projet d'éducation de la jeunesse égyptienne et à l'environnement
- Développement économique
- Etudes bibliques pour les chrétiens

Secteur des petites et micro entreprises

Ce secteur (*Small and Micro Enterprise Sector (SME)*) a pour but de combattre la pauvreté et le chômage en dispensant de petits prêts et en offrant des opportunités d'emploi dans la société égyptienne. Le secteur SME offre des services financiers en termes de petits et micro-crédits et des services non financiers comme des compétences pour aider les clients à développer et améliorer la performance de leur activité.

Secteur du développement culturel

L'ancien premier ministre italien Silvio Berlusconi a prononcé les phrases suivantes en commentant ce qui a été accompli par les Égyptiens à travers la révolution qui a étonné le monde entier. « La révolution du 25 janvier n'était pas seulement la fin d'un régime, mais aussi le début d'une nouvelle ère d'espoir pour tous les égyptiens, qui cadre avec leurs aspirations et correspond aux besoin de cet âge ». En 2011, le forum du dialogue interculturel (*Forum Intercultural Dialogue (FID)*) a continué son travail pour soutenir une culture du dialogue et de la coexistence, et pour promouvoir la tolérance et le pluralisme dans la société égyptienne, aussi bien que pour encourager de nouvelles directions positive durant la période de transition qui suivra la révolution de janvier, y compris :

- encourager l'Égypte à continuer de prendre la route vers la démocratie
- attirer et étreindre la jeunesse de la révolution car elle était le moteur de la transformation dans cette communauté
- contribuer au dialogue national qui se tient pour discuter des défis posés à ce stage et comment tendre vers une réelle démocratie en Égypte
- faire émerger d'importantes questions liées au future de la communauté en Égypte.

Dar El Thaqafa – Maison de la Communication

C'est le secteur de la publication et de la reproduction d'ouvrages selon plusieurs catégories : théologie, commentaire, spirituel, doctrinal, social et psychologie, femme et famille, jeunesse. Il comprend un département de la production et des ventes.

Secteur de gestion de crise et construction de la paix

Le CEOSS a travaillé à accompagner les communautés vers la construction de la paix dans la region. Le CEOSS a aussi travaillé à promouvoir la compréhension des causes et des types de conflits. Le CEOSS a offert des outiles de construction de la paix qui encouragent l'autonomie dans la gestion de conflits et pousse la société vers la cohabitation.

Présentation générale des programmes par Ibrahim Makram :

« Le Ministère des Affaires sociales opère un contrôle sur les programmes et le financement, mais le CEOSS reste indépendant. Les financements doivent passer par le Ministère.

L'objectif du CEOSS est d'apporter une solution à la pauvreté d'un côté, et de donner un modèle de réussite à l'État de l'autre. ***1,5 millions de bénéficiaires. 150 ONG partenaires*** *: nous les formons puis ils exécutent. Nous créons des conventions avec les ministères pour faciliter les services. Puis, nous créons des comités, avec tout le monde, avec des indications et des orientations en retour pour le Ministère.*

D'un autre côté, nous fonctionnons par désignation, élection par les bénéficiaires, selon une approche par les droits de l'homme (« human rights approach for development *»). Nous commençons par une étude de terrain pour connaître les besoins, puis nous intervenons de différentes manières :*

1/ capacity-building *pour les organisations ou les appareils étatiques*

2/ demandes d'interventions sur des questions de santé, d'enfance

3/ développement des ressources.

La participation des scientifiques et des académiques est importante, nous nous appuyons sur eux et sur les droits de l'homme pour l'étude de terrain. À partir de cela, création du programme et signature de contrats avec les partenaires. Il existe également un comité élu, qui a un mandat limité pour la mise en œuvre du programme.

Nous avons un partenariat avec la Banque Mondiale. Par exemple, sur un projet d'organisation du travail avec les agriculteurs, que nous aidons à pouvoir exporter vers l'Europe (« empowerment *»). Ces agriculteurs reçoivent un financement de l'UE et les ambassadeurs des pays de l'UE sont venus visiter le projet. Autre exemple sur les quartiers spontanés où nous luttons contre le chômage et avec l'utilisation de la technologie. Depuis la révolution, il y a eu des changements :* empowerment *des femmes, dialogue inter-religieux. »*

À propos du micro-crédit et des programmes pour les femmes, Wafaa Williams :

« Les crédits sont donnés pour un groupe de 5 femmes qui s'assemblent pour financer mutuellement leurs projets. Le CEOSS donne l'argent puis les 5 femmes remboursent et sont donc garantes les unes par rapport aux autres.

Ce projet existe depuis 2000 et on travaille dans 6 gouvernorats. Il y a 17 branches et 150 salariés en tout dans ces branches. 47 000 personnes ont un crédit, dont 70% de femmes. Le taux de remboursement est de 99,8%. Montant moyen de 500 à 1500 EGP puis de 1500 à 50 000 EGP max (soit de 55€ à 170€ puis de 170€ à 5700€). Le but est l'indépendance économique de ces femmes car 70% d'entre elles sont déjà indépendantes socialement (mari décédé par exemple…).

En tant qu'organisation chrétienne, le CEOSS a une mission spéciale, ***que les pauvres aient une vie meilleure****. Le fait de prêter cet argent et de donner une formation aux femmes, c'est ce qui nous distingue des autres ONG.*

Pour ce qui est du programme de santé reproductive : planning familial, MST, excisions et autres traditions. Le CEOSS est précurseur dans la lutte contre l'excision en Égypte. Sur ces questions, nous travaillons avec le Ministère de la Santé et des comités de santé dans la société civile. »

Sur les programmes de dialogue interculturel

« Le forum existe depuis 20 ans pour la coopération pacifique dans la société égyptienne. Les valeurs sont le pluralisme et la cohésion sociale. Nous travaillons avec la jeunesse, les leaders religieux, le Ministère des Droits religieux, Al-Azhar, les églises. Tous ces acteurs sont regroupés dans un forum puis les leaders transmettent aux populations, aux fidèles.

Nous avons également un programme vers les professeurs, le milieu académique, les jeunes et les médias, les jeunes artistes ; un programme de décentralisation (le capital descend vers les gouvernorats), un programme international (dialogue dans le monde arabe, dialogue monde arabe et européen, échange de jeunes entre Égypte et Allemagne, etc.).

Le but est de construire la confiance entre les peuples et de changer les mauvais préjugés. »

Principes, valeurs

Œuvrer pour lutter contre la pauvreté et donner des modèles à l'État. Valeurs chrétiennes mises en avant ; « en tant qu'organisation chrétienne nous avons une mission bien spéciale, que les pauvres vivent mieux. »

Implantation géographique et populations visées

Ils sont présents au Caire dans plusieurs quartiers et dans 10 gouvernorats répartis du Nord au Sud de l'Égypte. Il y a un siège au Caire et un à Menia.

Relation à l'État et avec la religion majoritaire

« Nous ne remplaçons pas l'État, nous ne sommes pas une alternative, nous faisons des modèles dont l'État peut se servir. 55% des égyptiens vivent sous le seuil de pauvreté, nous avons 300 ans de travail devant nous ». Leur ONG mélange laïc et confessionnel disent-ils, mais toujours avec des contradictions : « nous sommes une organisation laïque et religieuse et on ne peut pas être qualifié comme ONG confessionnelle car de toute façon dans le cadre de la loi c'est interdit de s'afficher comme association religieuse. (...) Nous sommes apolitique mais religieusement nous pouvons intervenir.

Depuis la révolution les rapports avec l'État ont été redéfinis avec des courants nouveaux, les problèmes du chômage qui augmente, la cohabitation entre musulmans et chrétiens, la question des femmes, d'autres dimensions nouvelles aujourd'hui et d'autres définitions au dialogue chrétiens et musulmans, vers le dialogue ensemble. »

Partenariats, financements, budget de fonctionnement

« *Nous sommes tout à fait indépendants et les financements internationaux passent directement par le Ministère* ».

Financements

Selon le rapport financier, les recettes de l'ONG en 2011 étaient de 63.039.240 LE soit 7.111.723 €. Les sources de financements sont réparties comme suit :

27 % : Secteur de l'autosuffisance et Maison de la Communication
27 % : Contribution aux financements locaux
2% : Contributions matérielles locales
7% : Revenus et intérêts bancaires
33% : Fond de donateurs limités
4% : Fond de donateurs non limités.

Les dépenses, pour la même année, étaient de 55.536.039 LE soit 6.311.411 €. La répartition des dépenses s'est faite comme suit :

47% : Financement des programmes
28% : Secteur d'autosuffisance et maison de la communication (ouvrages)
15% : Administration générale
7% : Frais d'amortissement et autres dépenses
3% : Marketing et relations internationales

Partenaires

Fondations et corporations

- Ford Foundation
- The Sawiris foundation

ONG et organisations religieuses

- Acting for life
- Action Chrétienne en Orient
- Agriculture Exports and Rural Incomes (AERI)
- American Baptist Church
- Bible lands
- Bread for the World
- Care Egypt
- CAWTER / Tunisia
- Center for Environement and Development Arab Region and Europ (CEDARE)
- Center for Development ans Populations Activities
- Christian Aid
- Christian Blind mission
- Church of Scotland
- Church World Service
- Coady International Institute

- Comité Catholique contre la Faim et pour le Développement (CCFD)
- Cook Communications Ministries
- Danmission
- The Danish Mission Council (DMCDD)
- Diakonia
- Enterprise Development International
- Evangelical Lutheran Church in America
- Evengelischer Entwicklungsdi
- Evangelisches missionwerk
- Evangelisches Omroep
- Feed the Minds
- Habitat for Humanities International
- Hands Along the Nile
- Inter-Church Organization for development cooperation
- Langham partnership International
- Mennonite Central Committee
- Misereor
- OxfamNovib
- Partners in Technology Exchange
- Presbyterian Church (USA)
- Swedish Alliance Mission
- Swiss Catholic Lenten Fund
- United Church Of Christ
- United Methodist Committee on Relief (UMCOR)
- United States Institute of Peace (USIP)
- World Association for Christian Communication (WACC)

Agences multilatérales et gouvernementales

- UNICEF
- PNUD
- UNESCO
- HCR
- UNIDO
- USAID
- Banque Mondiale
- …

B. SETHI – Support Education for Training and Inclusion (programme de Caritas)

L'entretien a eu lieu au siège de l'association au collège De La Salle le 30 janvier 2013 avec Nadia Abdallah (médecin et responsable du Département Réhabilitation Familiale). C'est le pasteur Daniel, pasteur ivoirien de l'Eglise Evangélique au Caire (EEC) qui nous a mis en contact avec Mme Abdallah de SETI, qui nous a présenté leur centre et ses différents programmes et qui a répondu à nos questions. L'entretien s'est déroulé en français et s'est terminé avec la présentation d'un film de publicité sur l'ONG. Personne dans le personnel rencontré ne portait de signe religieux et ceux-ci étaient aussi absents des locaux.

Profil

Le centre SETI est un programme affilié à Caritas Internationalis au sein du secteur pour le développement des personnes avec handicap et leurs familles. C'est un centre déclaré au Ministère des Affaires sociales

Histoire : SETI, une branche de Caritas Égypte

Caritas est présente en Égypte depuis la guerre de 1967. SETI a commencé son travail en 1986, avec Handicap International. Caritas Égypte, qui a le statut d'organisation non-gouvernementale, travaille avec plusieurs partenaires internationaux sur des programmes d'aide sociale, en particulier pour les enfants, les femmes, les réfugiés, les personnes présentant un handicap physique et des difficultés d'apprentissage, les toxicomanes et les personnes exposées au virus du SIDA. Parmi ses activités, des projets en matière de santé et d'alphabétisation et des plans de micro-finance pour permettre aux populations de retrouver leur autonomie. Caritas Égypte soutient également des projets de développement social, comme par exemple l'aide au logement.

Mode d'organisation, organisation interne et ressources humaines

« *Le Père Nabil est le plus haut placé, mais le personnel et les bénéficiaires sont mixtes. Nous n'intervenons jamais dans les églises, toujours dans des centres. Nous sommes une minorité en Égypte, les chrétiens* ».

Le centre compte 109 salariés et leurs actions sont établies selon différents programmes :

- Département de la formation et de la sensibilisation.
- Département de l'information et des ressources : des programmes de formation appropriés à différentes spécialisations et différents niveaux sont conçus pour les éducateurs, psychologues, parents, volontaires… dans le but d'améliorer la qualité de leur travail avec les personnes handicapées et de les aider à adopter une approche à base familiale et communautaire. Soutien technique et conseils sont fournis pour aider les chercheurs dans ce domaine, ainsi que les centres désirant offrir un service aux personnes handicapées. Des programmes de conscientisation sont aussi organisés pour les étudiants d'écoles et d'universités, les professionnels en divers secteurs pour les sensibiliser en vue de modifier leur attitude envers les personnes handicapées.
- Département de l'éducation et de l'inclusion : cette unité conseille et guide les familles vers les services disponibles ou les conseille pour suivre un programme de réhabilitation à domicile. L'unité d'intervention précoce fournit un service de réhabilitation pour l'enfant handicapé et sa famille dès sa naissance et jusqu'à l'âge de 3 ans. Quant à l'unité de capabilisation familiale elle fournit une formation individuelle ou en groupe à la famille de l'enfant handicapé de 4 à 12 ans.
- Département de la réhabilitation familiale.
- Département de la réhabilitation communautaire : les membres de la famille et de la communauté dans les quartiers pauvres ou éloignés sont formés afin de les rendre capables de fournir les services déjà décrits à la personne handicapée dans son environnement, avec l'aide des ressources disponibles dans la communauté.
- Département de la réhabilitation professionnelle : les jeunes gens sont formés aux métiers qui conviennent à leur capacités dans le but de les rendre capables de trouver un emploi, de travailler dans des projets lucratifs leur permettant de gagner leur vie et de devenir des membres productifs de la société.

Missions et objectifs

En 1987, Caritas Égypte établit le Centre SETI pour faire face au problème du manque de services adaptés aux personnes atteintes de handicap mental. Le nom SETI signifie Support, Education and Training For Integration. Le centre SETI vise à améliorer la qualité de vie du plus grand nombre de personnes handicapées, surtout celles appartenant aux classes sociales les plus défavorisées ou marginalisées. Pour cela, une approche peu coûteuse est adoptée, invitant l'interaction entres les capacités des organisations présentes dans la société et les ressources des communautés locales. Cette approche est donc orientée vers la famille et la communauté.

Activités, mode d'intervention, stratégies

Dans les centres SETI, on travaille avec les enfants handicapés et leurs parents. Au départ on travaillait seulement avec les handicapés mentaux puis maintenant avec tous les handicaps. SETI a commencé par être un centre de formation pour les familles puis a été créé le département de la réhabilitation familiale, avec un intérêt pour les parents et les enfants. La première rencontre se fait sans rendez-vous, dans la salle d'attente de SETI. Il y a environ 400 nouvelles familles par an. Puis, un RDV est pris avec l'enfant et les parents/la maman, et a lieu dans une chambre, pas dans un bureau, avec une équipe constituée d'une sociologue (assistante sociale) et d'une maman, ou un médecin et une maman. Les familles viennent en général par bouche à oreille. Ce sont principalement les mères qui viennent et moins les pères : « c'est la maman qui protège l'enfant, même du père » ; il y a certaines mères qui mentent sur le handicap car le père risque de divorcer… Mais l'inverse existe aussi.

SETI a également une présence dans les hôpitaux : « les hôpitaux nous connaissent et nous envoient les nouveaux nés handicapés, ou bien ils ont suivi notre formation et savent comment faire ». Les tests existent pour détecter la trisomie, mais souvent c'est un peu tard. « Ici aussi il faut dire que la culture en Égypte c'est la culture que tout ce qui vient de Dieu est bon. Donc on ne doit pas, nous, intervenir, pour dire « on veut pas cet enfant », même si on le sait ». En Égypte, l'avortement médical est légal seulement pour la rubéole.

« En général, les problèmes autour du handicap relèvent du manque de diffusion de l'information et du manque de communication. Même de la part du médecin qui souvent ne veut pas annoncer le handicap pendant la

grossesse ou à la naissance alors que le travail avec l'enfant dès la naissance est plus efficace.

Le problème en Égypte est que les gens vivent dans le passé. À l'école, on ne parle pas de handicap. Les méthodes ne changent pas. À cela s'ajoute le problème des classes surchargées, qui font que l'enfant qui est handicapté ne peut pas être correctement suivi. »

Les centres de rééducation à base communautaire (CBR) travaillent dans les quartiers populaires pour informer la population et pour sensibiliser les autorités locales, pour pérenniser l'action après que SETI arrête d'intervenir. Sept à huit CBR sur Le Caire-Giza. Les CBR sont présents sur tout le territoire. Caritas travaille avec les femmes en Haute Égypte. L'équipe est en formation continue, environ une fois par mois.

Principes, valeurs

Aider les personnes pauvres et handicapées et leur famille à vivre mieux en société. Ils s'appuient sur des valeurs chrétiennes, mais aussi sur la déclaration des Nations Unies pour les Droits des Personnes Handicapées.

Implantation géographique et populations visées

SETI compte 3 centres : Soha (Haute Égypte), Le Caire (Collège De La Salle ; Shobra pour la formation professionnelle) ; Alexandrie. Il existe un répertoire de tous les services au Caire, au 6 Octobre, à Giza et en Haute Égypte pour répartir les gens, parmi les 400 nouvelles familles par an, vers les services les plus proches de chez eux s'il n'y a pas de centre SETI.

« - Ces services peuvent être étatiques ou privés. Il y a peu de centres publics et certains centres privés sont plutôt fréquentés par les riches étrangers. Les autres centres sont gérés par les associations égyptiennes plus ou moins bien et d'autres centres sont très bien gérés par les églises.

- Y a-t-il des familles musulmanes ? Et parmi les employés ?

- Des familles musulmanes viennent par bouche à oreille, reconnaissent le travail de SETI qui marche et l'investissement des gens à SETI. Nous ne sommes pas présentés comme chrétiens, mais ils savent que nous sommes chrétiens. Nous refusons qu'il y ait un signe soit musulman ou chrétien, pour donner la chance à tous ceux qui viennent (...). Sinon, ça n'en finit pas ! Si l'on commence à mettre des croix, ils nous mettrons des

versets du Coran. Il y a des musulmans parmi les employés, pour pouvoir influencer toutes les familles, que tout le monde soit à l'aise, qu'il n'y ait pas de favoritisme. Nous avons aussi des collègues musulmans qui travaillent avec nous pour l'accueil notamment. Le personnel est mixte : chrétiens, orthodoxes, protestants, catholiques, musulmans,... toutes confessions confondues. »

Relation à l'État et avec la religion majoritaire

Les seules relations à l'État qui sont mentionnés concernent la difficulté à obtenir le reversement des financements qu'ils ont obtenus de l'étranger par le Ministère des Affaires sociales qui les bloquent depuis la révolution et le changement de gouvernement. Mme Abdallah souligne aussi que les chrétiens sont une minorité qui agissent comme tel en s'ouvrant aux autres.

Partenariats, financements, budget de fonctionnement

Les séances sont payantes, mais symboliquement.

« Nos financements viennent de Caritas-Allemagne en particulier et du gouvernement Allemand. Aujourd'hui, depuis la révolution on rencontre des problèmes de financement, l'argent arrive au Ministère, qui doit signer et accepter l'entrée d'argent. En ce moment, ils ne disent pas qu'ils ne veulent pas l'argent entrant, mais ils ne signent pas. Et donc, ils ne reversent pas l'argent. Cela dure depuis un mois. Le Président a rencontré les associations pour dire « je suis là », mais on ne sait pas ce qu'il a en tête. Peut-être qu'il veut diminuer les activités chrétiennes, que tout soit donné pour les Frères Musulmans, avoir une meilleure base, que les gens du peuple l'aime. D'ailleurs, quelques ONG musulmanes aussi ont des problèmes. On ne sait pas ce qu'il se passe : peut-être que le Président fait ça [ne pas donner à certaines ONG musulmanes] pour brouiller les pistes, pour ne pas que l'on puisse dire que le problème ne touche que les chrétiens. »

Partenariats (selon les programmes annuels)

- Partenariat avec ASMAE (association sœur Emmanuelle. Agir pour l'enfance défavorisée) dans le cadre d'un travail avec des psychomotriciens et le financement des camps de vacances.
- Le Secours Catholique et le GIZ ainsi qu'un partenariat avec l'Université du Caire pour les stages des psychologues notamment et avec des médecins et des avocats pour le travail sur les lois internationales sur l'enfant.

- Deutsher Caritascverband en coopération avec le gouvernement Allemand.
- Délégation Européenne en coopération avec PLAN International et Save the Children-UK
- USAID
- AIFO.

C. CARITAS

Rencontre et entretien avec Lucia Salgueiro, française, membre de Caritas Égypte, le 31 janvier 2013 qui nous amène à Giza dans le quartier des pyramides visiter un centre Caritas pour les enfants des rues. Les entretiens ont eu lieu pendant le transport et la visite puis après au siège de Caritas à Shubra avec le directeur adjoint Magdy Garas. Au départ sur la demande du père Nabil, M. Garas devait nous accompagner, mais il a dû partir au Ministère des Affaires sociales afin de négocier encore le déblocage de leurs budgets.

Histoire

Caritas est présente en Égypte depuis la guerre de 1967. Caritas Égypte, membre de Caritas Internationalis, a le statut d'organisation non-gouvernementale et travaille avec plusieurs partenaires internationaux sur des programmes d'aide sociale, en particulier pour les enfants, les femmes, les réfugiés, les personnes présentant un handicap physique et des difficultés d'apprentissage, les toxicomanes et les personnes exposées au virus du SIDA. Parmi ses activités, des projets en matière de santé et d'alphabétisation et des plans de micro-finance pour permettre aux populations de retrouver leur autonomie. Caritas Égypte soutient également des projets de développement social, comme par exemple l'aide au logement. 1600 salariés pour Caritas Égypte (temps-plein et mi-temps)

Mode d'organisation, organisation interne et ressources humaines

Le centre des enfants des rues se situe dans le quartier Pyramide à Giza et accueille les enfants la journée, il existe depuis 2005. La discussion a eu lieu tout au long de la visite avec les enfants et les travailleurs sociaux du centre. Le centre est un projet de Caritas Égypte avec ses partenariats et financements propres. Dans la même ruelle et en face du centre des enfants des rues, il y a un centre médico-social tenu par des sœurs et un centre de formation professionnelle pour adultes, tous gérés par Caritas.

Dans le centre pour enfants des rues :

« on accueille des publics de toutes confessions, de 4 ans à 18 ans. Le personnel est interconfessionnel (...) sinon on ne pourrait pas travailler en Égypte. On ne peut pas se dire 'je suis une organisation confessionnelle chrétienne, on ne veut que des chrétiens'. Le but, c'est le développement. »

Missions et objectifs

« Notre but c'est pas de garder les enfants dans le centre. Le but final c'est la réintégration. La réintégration en famille. Si on y arrive, les réintégrer à l'école : il y en a qui n'y sont jamais allé, il y en a qui l'ont quitté et pour eux, on a possibilité de faire des classes de remise à niveau. Il y a possibilité de faire une formation professionnelle, on a fait il y a 2-3 ans un partenariat avec l'institut Don Bosco : 10 jeunes ont pu bénéficier d'une formation en électricité (...) Il y a une grande différence entre les écoles égyptiennes et les écoles françaises et étrangères. Les différences de prix d'inscription sont incroyables. Les écoles chrétiennes ont trouvé un bon filon mais elles sont obligées de prendre des salaires plus élevés car elles embauchent des français pour enseigner. »

Activités, mode d'intervention, stratégies

Comment les enfants arrivent ici ?

« Les enfants qui viennent ici sont amenés par le bouche à oreille, souvent par les enfants déjà ici ou par la hotline qui a été mise en place, un numéro d'urgence que l'ont peut appeler si l'on voit un enfant en détresse. Il y avait avant une unité mobile qui faisait des maraudes, mais elle a été plusieurs fois attaquée donc on a arrêté. Les attaques n'étaient pas d'ordre religieux, mais on a vu se développer une certaine violence dans la rue, de la délinquance pure et simple, gratuite, sans visée particulière. C'est un phénomène d'insécurité global, on ne peut pas tout mettre sur le compte de la manipulation, même s'il y en a une partie. Avec la révolution, la précarité s'est installé, beaucoup de gens ont perdu leur boulot. [...] Ce centre existe depuis 2005. Nous avons des contacts avec certains enfants qui ne sont plus pris en charge par le centre. On a monté un projet avec l'un d'entre eux pour qu'il se prenne en charge lui-même. Il y en a un autre qui travaille chez nous, qui s'occupe de la propreté du centre, et qui sert de témoignage pour les autres. La majorité

des enfants arrivent du milieu rural. Maintenant on a également une deuxième génération : les plus âgés des enfants des rues ont eu des enfants, et sont toujours dans la précarité. »

Les enfants habitent ici aussi ?

« Certains enfants sont logés ici. Si des enfants sont intégrés à l'école, leur famille est encore un peu instable, on leur offre l'hébergement pour qu'ils puissent aller à l'école. On fait ça quand on sait qu'un enfant est proche de réintégrer l'école. C'est un moyen de ne pas perdre le bénéfice du travail. »

Le Centre héberge aussi des ateliers de fabrication pour les enfants et une boutique afin qu'ils puissent vendre leur créations.

Visite de l'atelier – boutique

« On vend à des gens qui viennent visiter, on participe aussi à des évènements, on fonctionne par bouche à oreille. Il n'y a pas de lieu de vente, c'est ce qu'il faudrait qu'on arrive à faire. Ca c'est un atelier plus pour les filles : couture, bijoux, collage... » et ainsi elle nous présente les différents ateliers.

« Il y a en moyenne 20-25 enfants qui passent ici tous les jours. Et 4 – 5 enfants au shelter. Il y a beaucoup de violences ici, ce sont des enfants qui n'ont pas de repères. Ca fait partie du travail des travailleurs sociaux, de canaliser ça par le sport, les activités artistiques... qui permettent de canaliser cette violence, surtout si c'est quelque chose qu'ils aiment, c'est pour cela qu'on leur laisse le choix. »

Comment sont-ils perçus dans le quartier ?

« Au début, les gens avaient très peur. Surtout avec le shelter. Maintenant, ils connaissent le travail, il n'y a pas de problèmes. C'est un travail de longue haleine, il faut se faire connaître. »

Visite de l'atelier adulte

« Réparation et recyclage de l'électroménager usé, défectueux. Travail sur le bois, sur du mobilier (chaises...). C'est vendu sur des petits évènements. Les adultes ne vendent pas eux-mêmes leurs produits, c'est ce que l'on voudrait développer : créer un petit commerce, trouver un endroit qui accepte la diffusion, ce qui serait plus simple car ça ferait quelque chose en plus à gérer. » Il y a aussi un atelier pour les femmes de fabrication de bijoux, quand on arrive certaines remettent le niqab car on

est accompagnées par des hommes. L'animatrice nous explique son travail « On achète les perles, les matières premières... puis elles font ici ou bien depuis chez elle, pour pouvoir ensuite vendre leurs productions. »

Principes, valeurs

Qu'est-ce que met Caritas derrière la notion de développement ?

« L'idée de développement est récente, c'est un terme qui a fleurit récemment, avant c'était juste pallier à la pauvreté. Caritas vient d'ailleurs de « charité », c'est basé sur l'aide au prochain. Dans chaque pays, Caritas a sa propre histoire et maintenant, il y a une volonté de re-fédérer les différentes Caritas. Chaque Caritas est indépendante, mais rend des comptes à Caritas Internationalis. L'action dans les villes est différente de l'action en Haute-Égypte, où c'est plus de l'aide médicale. Au Caire, tous les programmes sont des programmes de développement, de formation. Tous nos centres médico-sociaux ont un volet de formation, de promotion féminine. Le développement, c'est donner des outils à la population pour qu'elle puisse se prendre en charge elle-même. L'idée du développement durable c'est que ça n'est pas juste quelque chose qu'on injecte. Pour une grosse organisation comme la nôtre, l'avantage de travailler avec les petits CBS dans les petits villages, c'est de transférer la connaissance, les outils au niveau local. L'aide d'urgence au départ a permis de mettre les pieds dans un pays, dans une région, puis de développer, de gagner la confiance de la population. »

Implantation géographique et populations visées

Implantation dans des quartiers populaires ou en milieu rural. Dans le cadre de ce centre le public visé est les enfants des rues.

Relation à l'État et avec la religion majoritaire

Quelles sont vos relations avec l'État égyptien ?

« Elles ne sont pas mauvaises avec l'État lui-même. L'argent qui ne passe pas c'est plus une question de personnes qu'un problème avec l'État. On est dans une période instable où personne ne veut prendre ses responsabilités. On a des bons rapports avec les ministères : de l'éducation, de la santé... ».

Est-ce que ces ministères s'appuient sur vous comme des compléments ou pour se substituer à eux ?

« Depuis 20-25 ans, il n'y avait rien sur le terrain. C'étaient les différentes associations qui prenaient en charge le domaine social. »

Critiques et relations avec les associations musulmanes ?

« Oui. Critiques sur le terrain, par rapport à un centre... Pas dans la presse. Ce sont des gens qui ne comprennent pas le but de notre travail, qui ne savent pas ce qui se passe. Quand on leur explique après, ça se passe bien. Les associations musulmanes font un peu le même travail que nous. Tous ces centres ont été financés plus ou moins par les mêmes bailleurs : l'UE, l'UNESCO, etc. Les programmes de formation sur certaines questions de terrain sont organisés par ces bailleurs et rassemblent les associations de tous bords. Ici, pas d'études bibliques... Caritas est une association mondiale, il y a 133 Caritas dans le monde. Elle s'est implantée ici en 1967 après le conflit israélien et n'est pas venu pour faire du prosélytisme, mais pour un soutien d'urgence, un souci de développement. »

Partenariats, financements, budget de fonctionnement

Partenariats officiels avec des ONG musulmanes ?

« Oui, surtout quand on travaille sur certains projets comme au Fayoum (nouveau projet), où l'on travaille avec quatre CBS dont 4 musulmanes. On reçoit le financement des grosses institutions, on gère la gestion du projet, mais après la mise en place des activités se fait avec les partenaires locaux. Tout ce qui est financier, pour des questions financières et des raisons de transparences, il faut qu'il y ait des accords, qui sont souvent annuels. Peut-être Caritas bénéficie ici de son histoire, c'est un nom qui est connu (...) Travail avec les églises, avec le CEOSS. Il n'y a aucun a priori sur la diversité chrétienne. Il n'y a pas d'objectif chrétien – pas chrétien – catholique... Tous les acteurs sont les bienvenus. »

Question des financements ?

« Difficulté des financements extérieurs, donc il faut développer les financements locaux. Les églises avec les populations chrétiennes, les mosquées avec les musulmans sont proches de la population. Les chrétiens vont s'ils ont un problème se tourner d'abord vers l'église : les églises ont souvent un petit service, un hôpital... La première bouée de secours, c'est l'église. Il y a peut-être aussi un problème, je vais pas dire

de récupération, mais, y a peut-être après aussi une façon de dire ben voilà, tu es en difficulté... ».

CARITAS – Bureau de Shubra

Rencontre avec le Dr Magdy Garas, co-directeur de Caritas Égypte qui après notre visite dans le centre des enfants des rues nous reçoit pour une discussion informelle dans son bureau au siège de Caritas à Shubra.

« De 1977 à 2000, j'ai travaillé au secrétariat international de Caritas à Rome. Environ 3 millions de personnes travaillent pour Caritas dans le monde. En Égypte, environ 40 000 associations impliquées dans le développement. Les ONG ont un rôle à jouer. Ici au Caire, on trouve des structures pour des gens de Minia, Assiut etc. pour s'occuper de leurs problèmes : il y a des structures associatives pour défendre les droits et besoins de personnes habitant dans le Sinaï etc. Nous nous sommes intégrés dans 4 domaines de l'humanitaire : éducation, santé, développement intégral et secours d'urgence. Le développement intégral, par exemple c'est : nous sommes dans un village, nous nous occupons de la formation, la santé, le micro crédit, l'alphabétisation (...) Tous nos clients qui nous fréquentent vont aussi avec d'autres partenaires. Car l'assistanat, assister, c'est très mauvais. Les gens ne changent pas d'un point de vue psychologique et pédagogique. » Il reçoit un appel téléphonique.

« C'est incroyable... Nous avons en ce moment un challenge en ce qui concerne les financements. Il faut que la ministre attende la réponse de la sécurité pour tout ce qui concerne l'argent. Puis la ministre donne son approbation et après le secrétariat envoie à la zone l'administration qui gère tout le gouvernorat du Caire puis le gouvernorat du Caire donne au secteur concerné. Ca créé des situations comme nous ne pouvons pas payer les salaires pendant vingt jours car nous attendons l'argent. Pour les demandes de financements, avant d'envoyer au Ministère des Affaires sociales, il faut envoyer 6 exemplaires, dont un important à la sécurité. Ca c'était sous l'égide de Moubarak. Maintenant, c'est pire peut-être. Parce que nous par exemple à la Sécurité nous sommes liés au Ministère de l'Intérieur, qui est lié directement au Président. La Sécurité générale, comme on l'appelle en Égypte, est partout (éducation, renseignements...). Nous par exemple, nous ne pouvons pas travailler dans 3 domaines : la politique, la religion et le sexe. C'est interdit de travailler, mentionner, animer dans ces trois domaines. C'est valable depuis la création de la société associative, depuis la loi de 1939. La première loi était la loi concernant les enfants des rues, c'était pendant la présence des français en Égypte en 1798, sous Bonaparte. » Magdy Garas fait ensuite un retour

sur l'Histoire, la présence éclairée des français en Égypte, l'inaction des mamelouks…

Quels changements avec la révolution ?

« Ce n'est pas tout négatif. Ce que je trouve extraordinaire, c'est l'évolution dans les médias, l'expression médiatique. Je suis contre la violence, mais je suis pour qu'on discute intellectuellement, scientifiquement, de manière respectueuse. […] Ce sont les jeunes qui ont mené la révolution, ils ont utilisé tout ce qui est technique, c'était fabuleux. Puis il y a tous les mouvements confessionnels et je n'accepte pas le fait de mélanger la politique et la religion, ça n'est pas correct, c'est faux ! On peut être différents et collaborer ensemble. » À nouveau, retour sur l'Histoire, les dominations sur l'Égypte, le canal de Suez…

Actions de Caritas

« Nous avons un programme à Ramses, pour la formation professionnelle. Pour la drogue, nous avons une clinique ouverte. Nous avons une hotline pour les enfants des rues. Malheureusement maintenant, avec les problèmes des manifs, les gens ont peur. On travaille dans plusieurs gouvernorats : Sohag, Minia, Louxor, Fayoum, Alexandrie, etc. Et puis nous gérons une bonne collaboration avec d'autres associations. Nous ne travaillons pas à sens unique où l'on manipule, non. On cultive la collaboration et les partenariats en Égypte. C'est difficile, parfois ils n'ont pas la formation technique pour présenter les comptes financiers, etc. Nous nous sommes aussi contrôlés, on ne peut pas dépenser n'importe quoi. On doit aviser le ministère de A à Z de notre stratégie. »

Le ministère s'est déjà opposé à votre action ?

« On a eu des problèmes à partir de 2011. Avant, jamais, et ça fait 45 ans que nous sommes en Égypte. Ils ne nous ont pas gênés dans notre stratégie, mais sur le plan financier. La religion quelques fois, c'est une façade. Quand on a un idéal il faut le vivre, et ça change tout, les comportements... et comment on est crédible dans notre travail et nos contacts. La religion, ça n'est pas vraiment une lutte. »

D. MCC – Maadi Communauty Church

Entretien avec le Pasteur Steve au bureau de la Maadi Community Church (MCC) Maadi le 28 janvier 2013. Nous avions déjà rencontré le pasteur Steve lors de nos précédentes recherche en Égypte, mais depuis le contexte politique général à changer ce qui a eu pour conséquence de redéfinir leur mission, mais aussi de l'autoriser à parler des rapports entre les religions. Le pasteur a profondément peur d'être accusé de quelconque prosélytisme ou de conversions et les programmes sociaux ne sont pas le fait de l'église directement, mais de programmes que l'église accompagne financé par l'extérieur, mais dont la gestion est faite par MCC. Nous rencontrons à nouveau le Pasteur Steve accompagné de Josy, chargée des programmes de développement de MCC et du lien avec les partenaires (Development and Outreach), dans les bureaux de MCC près de l'église St Jonh Baptist. Dans l'entretien le pasteur utilise le vocabulaire religieux et pas celui de développement pour désigner les partenaires : « ministère » et pas « ONG ».

Profil

La Maadi Communauty Church est une communauté chrétienne installée dans le quartier de Maadi au Nord, quartier résidentiel au Sud du Caire

Histoire

Fondée par la communauté expatriée étatsunienne dans les années 1950 dans la banlieue aisée de Maadi, elle a développé son caractère international et interdénominationnel en accueillant dès les années 1990 une partie de la communauté soudanaise présente au Caire (culte en arabe, assistance sociale). Membre de l'église de St John's intégrée à la partie épiscopale et anglicane du diocèse égyptien, cette communauté accueille toutes les dénominations et le pasteur actuel est un américain évangéliste. Elle s'est établie sur le site de St John's Church, église anglicane fondée en 1931. Suite au gonflement et à la diversification des migrations africaines dans la ville, elle a ouvert au début des années 2000 un autre culte destiné à tous les Africains non-soudanais et/ou anglophone. En 2000 également elle a été reconnue comme une église évalngélique protestante en Égypte sous le nom de « Evangelical International Church ». En Dans le même temps, MCC a instauré plusieurs groupes de discussion et d'échanges (*life groups* à domicile) ainsi qu'un centre de formation et d'études bibliques très majoritairement fréquenté par les Africains. Pour 50 LE (environ 6 e) par mois, les étudiants peuvent suivre différentes formations allant de quatre mois à deux ans, pour obtenir le statut de *leader* de groupe ou un diplôme de pasteur.

Mode d'organisation, organisation interne et ressources humaines

Au sein de MCC il y a trois ministères : « enfance, jeunesse, femmes et famille ».

Retour sur le fonctionnement de MCC

« Il y a sept ans, il y avait beaucoup de programmes chapeautés par MCC et c'était très peu organisé. Je suis arrivé en 2008 et je me suis occupé de cette organisation, nous avons revu à la baisse nos activités en définissant des objectifs. Il y a trois ans nous avons tout reconfiguré pour que cela soit faisable et que ça tienne debout. Dans les programmes pour les réfugiés, les Africains, il y avait un problème dans la manière dont était géré l'argent. Les Africains n'ont pas la même notion de l'argent que les occidentaux. C'était une erreur en tant qu'église d'agir ainsi, nous faisions des dons sans savoir comment l'argent était dépensé. C'est une vision occidentale et c'est une faute occidentale aussi. Maintenant, nous n'avons plus que sept partenaires sur lesquels nous nous concentrons. Par exemple, il n'y a plus de programmes médicaux parmi les projets que nous aidons. Dorénavant, nous ne contrôlons plus nos partenaires, ils ne reçoivent pas l'argent de l'église, ce sont eux qui lèvent leurs propres fonds. Beaucoup de membres de l'église sont d'ailleurs dans les ONG partenaires. Ici, c'est un lieu spirituel pour les gens, auquel ils viennent. Par exemple, Skip Krupa qui vient à MCC travaille avec Eye on the child (EOC), qui font du conseil familial et travaille sur la maltraitance des enfants. C'est une femme égyptienne qui gère le programme. » En fait MCC fonctionne comme une banque qui récupère les dons donnés aux partenaires et les gère.

« Il y a 17 salariés, 5 leaders de ministères (moi ; un directeur administratif ; un ministère pour la jeunesse, les enfants et les femmes ; un ministère du culte ; un ministère pour les Africains) qui combinent des activités d'enseignement, de relations interpersonnelles et d'administration, 4 assistants (à mi-temps) et 4 ou 5 employés de soutien (réceptionniste, directeur des finances, trésorier... ce sont des Égyptiens qui tiennent ces postes). Il y a aussi 5 employés pour la propriété qui sont africains.

Missions et objectifs

Au-delà des activités propres de l'église (messes, et mise à disposition des locaux pour diverses congrégations), MCC est investie dans l'assistance aux populations pauvres et marginalisées, notamment les migrants et réfugiés africains.

Activités, mode d'intervention, stratégies

MCC rassemble des fidèles issus majoritairement de la communauté américaine présente au Caire et plus spécifiquement dans le quartier expatrié de Maadi. Avec le temps, l'église s'est mise à accueillir d'autres congrégations, composées d'expatriés, mais aussi d'africains ne disposant pas de lieux de cultes à proprement parlé, permettant la rencontre de plusieurs populations et dénominations.

Peu à peu, l'église s'est mise à soutenir des associations et projets de développement, pour la plupart sur une base communautaire, sans s'engager directement auprès des populations concernées. « Nous n'allons pas nous même à la rencontre de la communauté. [...] C'est l'une des limitations avec laquelle nous essayons de vivre. Ce n'est pas juste une question de conversion des musulmans, mais c'est aussi la question d'être dehors parmi la population en tant que visages blancs, tellement que cela attire la suspicion. Pour nous, c'est mieux de travailler avec des locaux qu'avec la population Nous n'allons pas dans la communauté. »

<u>Quel type d'actions réalisent vos partenaires ?</u>

« La majorité fait un travail d'aide humanitaire (« relief work »), soutien scolaire, assistance médicale, garderie d'enfants (....). Par exemple, la Maadi Women's Guild est une association caritative égyptienne, composée essentiellement de bénévoles. Leur travail est plus proche de celui d'une ONG, pas d'une école biblique (« Bible School »). Elles travaillent avec des orphelinats, avec les sourds, en faisant par exemple du soutien matériel aux sourds. Elles sont proches de l'église mais ça n'est pas la même chose. »

<u>Comment intervient concrètement l'église alors ?</u>

« L'église est le lien entre les partenaires. Nous organisons des évènements avec eux (brocante...), pour les aider à se financer. Les fonds de notre magazine « The messenger » vont à la Maadi Women's Guild. Mais il n'y a pas de financement direct de l'église vers les partenaires.

Les partenaires nous aident à trouver les gens, à les rendre spirituels, religieux, pour les aider à devenir de meilleures personnes. »

Principes, valeurs

MCC est une église évangélique. « Les partenaires nous aident à trouver les gens, à les rendre spirituels, religieux, pour les aider à devenir de meilleures personnes. » Leur vision du monde consiste à être « un oasis, un refuge et un renouvellement pour les gens grâce à l'amour du christ ». C'est cette force qui les pousse à agir au sein de la « branche développement et travail social de proximité ».

« Nous croyons sincèrement que Dieu a appelé notre église pour étendre notre amour à la communauté réfugiée qui est très importante au Caire-en particularité les Soudanais et nous le faisons par le renforcement de leur base spirituelle, la formation des leaders, l'assistance aux pauvres par la formation professionnelle, l'aide à l'emploi à la santé et à l'instruction des générations suivantes. »

Implantation géographique et populations visées

Caire et environs. Population des réfugiés africains. MCC se trouve à Maadi, dans le sud du Caire. MCC rassemble une population expatriée occidentale, mais aussi de migrants et réfugiés africains, beaucoup travaillant pour la communauté expatriée du quartier (gardiens, femme de ménage, nourrices, etc.).

Les partenaires de MCC sont essentiellement des petites structures animées par la communauté locale du quartier, comme la Maadi Women's Guild. Celle-ci essaie d'ouvrir ses programmes vers les femmes égyptiennes et pas seulement africaines. Des étudiants américains, fidèles de l'église, vont chez certaines partenaires pour enseigner. « Le public de l'église est devenu de plus en plus international, il y a moins de nord-américains. Avec la révolution, beaucoup d'expatriés, surtout américains, sont partis. Les public est devenu moins riche, ce qui pose aussi des difficultés financières. »

Relation à l'État et avec la religion majoritaire

« L'un des projet de MCC est la Maadi Community School, qui assure l'éducation religieuse chrétienne pour des enfants d'origine internationale, avec des enseignants également internationaux. L'inscription est assez chère. Le directeur est anglais. MCC agit ici aussi comme une banque. Il n'y a pas d'enfants musulmans scolarisés dans

cette école, le gouvernement n'aimerait pas cela, ce serait un problème pour l'école et le pays. Le gouvernement a peur des conversions, sauf bien sûr si c'est vers le côté musulman. L'école essaie actuellement d'obtenir un statut. Le gouvernement les inspecte de près, mais aujourd'hui ils savent que l'école n'est pas une menace.

Le gouvernement veut garder certaines règles en faisant ces contrôles, notamment pour veiller aux problèmes foncier, de terrain, mais ils veulent surtout s'assurer que ceux qui tiennent l'école ne font de mal à personne, ne se mélangent pas à la population locale.

Il y a un an, il y avait eu des personnes travaillant pour des ONG retenues en Égypte, accusées d'avoir influencé les élections, de manipuler l'Égypte. Je ne crois pas que cela soit vrai. Cela reflète la réticence d'avoir une influence extérieure dans le pays. (...) Le gouvernement ne veut pas que les étrangers interviennent. Il y a un bouleversement entre chrétiens d'occident et islam. »

Quels ont été les changements avec la révolution ? Et comment cela s'est passé au déclenchement des évènements ?

« Avant, il y avait toujours une petite dizaine de policier pour la messe du vendredi. Depuis la révolution, il n'y en a plus qu'un, ou deux... Il y a deux ans, quand la révolution a commencé, nous avons commencé à collecter des sacs de nourriture pour les distribuer. Mais nous avons été mis dehors, écarté du quartier : les gens ne voulaient pas que des étrangers soient là, interviennent. On a donc distribué les sacs via l'église Qasr Dubara, l'église copte à côté de la place Tahrir. »

Partenariats, financements, budget de fonctionnement

Les partenaires de MCC travaillent dans le secteur de l'aide humanitaire. MCC a revu ces cinq dernières années son organisation interne et la manière de travailler avec ses partenaires. Afin de résoudre des problèmes de gestion des fonds sans transparence par certains partenaires, MCC a réduit leur nombre, reconnaissant l'écueil de l'église de vouloir donner sans compter aux démunis. « Maintenant, nous n'avons plus que sept partenaires sur lesquels nous nous concentrons. Par exemple, il n'y a plus de programmes médicaux parmi les projets que nous aidons. Dorénavant, nous ne contrôlons plus directement nos partenaires, ils ne reçoivent pas l'argent de l'église, ce sont eux qui lèvent leurs propres fonds. Beaucoup de membres de l'église sont dans les ONG partenaires. Ici, c'est un lieu spirituel pour les gens, auquel ils viennent. »

Partenaires

- African Hope Learning Center
- Eastern Europe Gateway
- Maadi Community school
- Maadi women's guild
- Petrescue bible institute
- Prison Ministry
- Sudanese community church

Le soutien est donc davantage spirituel et matériel, de l'ordre de la solidarité religieuse souvent. L'église fait le lien entre les partenaires et organise des évènements (brocante…) pour les soutenir, les rendre visibles. Ce changement est également dû à l'origine occidentale de MCC.

> *« Les partenaires reçoivent des dons de donateurs individuels, parfois d'instituts chrétiens, comme le Bible Institute. (...) S'il y a de l'argent qui rentre chez les partenaires, MCC le reçoit et le garde car ils ne sont pas légaux, [ils ne sont pas enregistrés, n'ont pas d'existence formelle]. Puis nous leur donnons l'argent lorsqu'ils en ont besoin. Ce système marche bien car, je déteste dire cela, c'est un leadership occidental. (...) Il y a deux ans, quand la révolution a démarré, nous avons commencé à collecter des sacs de nourriture pour les distribuer. Mais nous avons été mis dehors, écarté du quartier : les gens ne voulaient pas que des étrangers soient là, interviennent. On a donc distribué les sacs via l'église Qasr Dubara, l'église copte à côté de la place Tahrir. »*

De quelle manière alors intervient MCC auprès de ses partenaires, s'il n'y a pas de financement ?

S'il y a de l'argent qui rentre chez les partenaires, MCC le reçoit et le garde car ils ne sont pas légaux, [ils ne sont pas enregistrés, n'ont pas d'existence formelle]. Puis nous leur donnons l'argent lorsqu'ils en ont besoin. Ce système marche bien car, je déteste dire cela, c'est un leadership occidental. »

Est-ce que ces partenaires sont composés d'occidentaux exclusivement ? Et en ce qui concerne les publics ? Les donateurs ?

« La Maadi Women's Guild [18] tourne ses programmes vers des égyptiennes, pas que des africaines. [...] Il y a des étudiants américains, fidèles de l'église, qui vont chez les partenaires pour enseigner. Le public de l'église est devenu de plus en plus international, il y a moins de nord américains. Le public est devenu moins riche aussi. Les partenaires reçoivent des dons de donateurs individuels, parfois d'instituts chrétiens, comme le « Bible Institute ». Il y a maintenant des problèmes de financement (depuis la révolution) : il y a moins de gens riches, occidentaux en Égypte, et globalement moins de fidèles. La situation n'est pas la même que pour les catholiques : eux ont de l'argent qui vient de l'Église au niveau international, beaucoup d'argent. Mais ici, ça n'est pas pareil [...]. Nous n'allons pas nous même à la rencontre de la communauté. [...] C'est l'une des limitations avec laquelle nous essayons de vivre. Ce n'est pas juste une question de conversion des musulmans, mais c'est aussi la question d'être dehors parmi la population en tant que visages blancs, tellement que cela attire la suspicion. Pour nous, c'est mieux de travailler avec des locaux qu'avec la population. Nous n'allons pas dans la communauté. C'est comme Qasr Dubara : ce n'est pas un partenaire officiel, mais nous avons une relation de partenariat avec eux. Nous n'allions pas avec eux car ils savaient que si nous allions avec eux, cela compromettrait ce qu'ils étaient en train de faire. »

Le gouvernement, et surtout le gouvernement Mubarak, voulaient éviter le plus possible qu'il y ait des contacts entre étrangers et égyptiens.

Financements : en général par des dons particuliers et du mécénat communautaire et des ONG chrétiennes.

Y a-t-il des financements du gouvernement américain pour MCC ?

« Non, le gouvernement ne nous finance pas. Qasr Dubara a demandé de l'argent du gouvernement américain, mais ce n'est pas possible, ils s'en fichent. Je suis juste un citoyen américain, ils ne m'aident pas car je suis pasteur, ils n'aident pas pour acheter un terrain ici pour l'église par exemple, non. L'Église et l'État sont très séparés aux États-Unis.Il y a eu un rassemblement de 70.000 chrétiens au Moqatam, ils étaient tous égyptiens. Le gouvernement ne veut pas que les étrangers interviennent. Il y a un bouleversement entre chrétien d'occident et islam. »

[18] Voir entretien à la suite.

E. Sacré cœur et comboniens

Rencontre et entretien avec le Père Justin dans son bureau dans l'annexe de l'Église du Sacré Cœur, Sakakini – 29 janvier 2013. Le bureau du père Justin[19] est encombré de tableaux religieux, d'images, d'objets et de livres pieux. Nous connaissons l'action de cette congrégation depuis quelques années et nous avions déjà réalisé des entretiens avec le père Simon et le père Victor auparavant. Nous avons voulu que cette congrégation, même si elle n'est pas une ONGc, figure dans ce rapport afin d'appuyer notre réflexion sur un terrain ou la répartition des actions sociales entre les acteurs confessionnels est vaste. Ainsi des petites congrégations ont toujours été actives tout en obtenant très peu de financement autres que les mécènes d'une même communauté. Leur avis sur les grosses ONGc est intéressant également. L'église de Sakakini est historique et connue dès le Soudan pour les réfugiés et les migrant du Sud. Son action a fait connaître la question des réfugiés africains en Égypte et a initiée le développement d'actions en direction des réfugiés.

Profil

Congrégation missionnaire chrétienne.

Histoire

La congrégation des « Missionnaires comboniens du Coeur de Jésus » a été fondée au XIXe par le premier évêque italien d'Afrique centrale, Daniel Comboni. Visant initialement la libération des esclaves et l'évangélisation du Soudan. Installée au Caire depuis le XIXème siècle, la congrégation intervient aujourd'hui au service des populations les plus pauvres en Égypte. Elle a une école célèbre tenue par les sœurs dans le quartier de Zamalek ainsi que Dar Comboni, un lieu de formation pour les hommes de religion chrétiens, notamment pour ceux s'intéressant à l'islam. L'église et les activités sociales et l'école de Sakakini datent de 1976 et officiellement de 1984. Ils sont

[19] Le père Justin est jeune, il a étudié à l'université de philosophie au départ, puis en étudiant un livre sur les Comboniens il les a contacté puis rejoint en 1997, à Kisangani, où il a commencé à étudier avec eux. En 2000, il a été envoyé à Kinshasa pour étudier la théologie, puis est ensuite allé au Kenya pour étudier l'anglais. Ensuite il a été envoyé en Égypte à Sakakini. Il voulait aller en Asie au départ (Philippines, Hong-Kong, Taïwan ou Macao), mais Il y a peu de comboniens en Asie, environ 30 comboniens.

obligés d'enseigner l'islam mais on les laisse relativement tranquille car l'école des sœurs de Zamalek est reconnue en Égypte.

Mode d'organisation, organisation interne et ressources humaines

Dans les écoles tous les professeurs sont Soudanais et dans le centre de langue il y a des professeurs égyptiens et même des élèves d'Al Azhar qui viennent suivre les cours.

En dehors des écoles ils ont un centre pour les langues (anglais, français) et des cours d'informatique. Les sœurs salésiennes et les sœurs du sâcré cœur viennent aussi de temps en temps pour aider les familles. À la paroisse les activités sont religieuses, mais pour l'école et les autres actions sociales « on ne demande pas la religion ».

Il y a aussi des sorties avec les scouts. L'école coûte de 100 à 400 LE l'année (12 à 48 €) avec les livres et le matériel compris.

Missions et objectifs

Encadrer et aider les familles réfugiées et leurs enfants car il y a toujours des arrivées, mais peu de personnes qui repartent car depuis l'indépendance du Sud Soudan, le HCR de délivre plus de visa de réfugié aux Soudanais du Sud et donc ne donne plus d'aide ni de réinstallation possible à l'extérieur. Des aides sont données pour un retour au Sud Soudan, mais selon lui « il n'y a pas beaucoup de retours des ressortissants Sud-soudanais vers le Sud-Soudan malgré l'indépendance. Par contre, il y a toujours de nouvelles arrivées, mais il n'y a plus de réinstallations des Soudanais par le HCR. »

Activités, mode d'intervention, stratégies

Effectifs des écoles

Ecole du Sacré Cœur à Sakakini : 750 élèves, 30 professeurs

Ecole à Maadi : 187 élèves, 18 professeurs

Ecole à Nasr City/Arba wa nus : 478 élèves, 26 professeurs

Maternelle : 160 enfants, 6 éducateurs

Centre à Zeitoun : pour les Soudanais, pères salésiens et filles de la charité, sœurs canossiennes (Taïwan, Inde, etc)

Certains enfants des gens du gouvernement ou enfants de militaires vont à l'école de Zamalek avec les sœurs comboniennes.

À propos des femmes ?

« Il y avait un groupe avant, qui faisait de l'artisanat, mais il ne fonctionne plus car les femmes n'arrivaient pas à vendre l'artisanat confectionné ».

Principes, valeurs

Valeurs chrétiennes charité et aide aux plus démunis.

Implantation géographique et populations visées

Le Caire avec implantation dans différents quartiers : Sakakini, Maadi, Nasr, Arba wa nuss, Helwann, Zamalek…

Relation à l'État et avec la religion majoritaire

Changements avec la révolution ?

« On continue à faire des activités comme on veut, avant on avait plus de problème avec les policiers et les gens du quartier, aujourd'hui moins de problèmes car personne ne s'occupe de rien ». Il parle par contre de plus d'insécurité pour les africains, il évoque des kidnapping au sein de la communauté réfugiée.

Partenariats, financements, budget de fonctionnement

« Les financements sont plus compliqués à obtenir, notamment à cause de l'indépendance du Sud-Soudan. Les financements proviennent surtout de Caritas, CRS et Missio (Allemagne). Aujourd'hui, Caritas ne financent plus vraiment car ils préfèrent intervenir et aider dans le pays d'origine ». De plus Il nous explique que certaines familles d'expatriées sont parties depuis la révolution et qu'ils ont encore moins d'argent. Ils envoient des courriers partout pour essayer d'avoir un peu d'argent pour le fonctionnement.

Mercredi 26 mai 2010, Sacré-Coeur de Sakakini. « Le Père Victor un autre regard sur les ONGc Chrétiennes au Caire[20]

Nous croisons le Père Victor – d'origine italienne, la soixantaine et Combonien. Il a travaillé 20 ans au Darfour puis à Assouan. Nous discutons une petite demi-heure avant qu'il ne parte à Maadi : à

[20] Entretien réalisé par J.Picard.

l'Église de la Sainte-Famille, où se déroule chaque mercredi soir et vendredi soir, une réunion de diverses associations/groupes soudanais comme la chorale, l'association des Légions de Marie, le groupe de catéchisme....

Pour le père Victor, les ONGc s'éloignent de la vocation de l'église et en s'éloignant de l'Église ils perdent le contact avec le public et la réalité. Les églises seront pour lui toujours là alors que les ONGc passent de projets en projets mais oublie l'essentiel.

<u>À propos du financement de vos activités, recevez-vous des aides de l'extérieur, d'associations, d'ONG comme Caritas... ?</u>

« Ici, nous n'avons aucun lien en ce moment avec Caritas. Ils sont un peu présents au Soudan, à Assouan... Nous avons de bonnes relations avec eux, à Assouan nous avions fait quelques réunions ensemble. Mais ils ne font rien pour l'Église catholique. Ce serait possible de faire des choses pourtant, mais il n'y a aucun projet. Nous n'avons aucun « sponsor » en ce moment, ni du gouvernement, ni de dehors, ni de l'Église. Nous sommes en train de demander. Les dons des fidèles, c'est pratiquement rien ; ma famille en Italie aide un peu, mais l'Église catholique ou Rome pas du tout. Moi j'ai un problème avec les organisations : il faut les encourager à voir la situation réelle de vie, également pour les chrétiens du Soudan. Il faut être clair, il ne suffit pas de demander de l'argent, il faut qu'ailleurs, en Europe et en Italie, on comprenne la situation. Quelques fois, les associations font preuve d'ouverture avec les autres religions et après, au final, les chrétiens d'Europe ou d'ici ne reçoivent rien. Les musulmans ont 100 possibilités de recevoir. Les chrétiens, les catholiques, c'est seulement l'Église. Mon souci à moi, c'est l'information. Même en Europe, certaines organisations ont posé des problèmes. Il faut savoir que la plupart des gens qui y travaillent ne sont pas chrétiens et du point de vue religieux, il n'y en a pas beaucoup qui pensent aux étrangers catholiques en Europe par exemple. On pense aux protestants, aux musulmans (comme à Rome). Il y a sûrement des possibilités avec ces organisations et c'est l'information qui compte. [il devient plus vague en parlant de politique]. La mode, les magazines, pour tout la tendance est à gauche en ce moment, à l'ouverture... mais ça a posé problème, en Italie notamment. Il y a des organisations qui sont bien, mais qui font trop de propagande, qui profite de la jeunesse, de l'Église, des hommes politiques aussi... »

Et CRS ?

« Oui Catholic Relief Service, ce sont des protestants, enfin des Américains... Je les ai connus un peu au Darfour et nous n'avons jamais rien reçu. Et ça se dit être une organisation pour tous encore une fois. La Croix Rouge et toutes ces organisations, ont toutes été créées par des chrétiens, à partir d'idées catholiques, mais on les trouve toujours loin, loin, loin de l'Église... pour qu'elles soient indépendantes. Du coup, elles n'ont pas les vraies informations et risquent de tomber dans les mains de fondamentalistes ! Elles doivent avoir besoin d'être en contact avec ceux qui sont là. Ils peuvent faire de grands projets et partir ensuite. L'Église, elle, sera toujours là. Par exemple, les organisations vont comme ça quelque part et ne connaissent même pas la langue (locale)... »

F. Orphelinat de sœur Marie

Rencontre et entretien avec les Volontaires de l'ACO, .Jean-Sébastien et Olga, le 1er février 2013 à Zamalek dans un café.

Action Chrétienne en Orient (ACO) et Égypte : un pasteur (le pasteur Daniel Konan, un pasteur méthodiste ivoirien qui est au Caire depuis cinq ans et qui nous a également accompagné dans notre étude), deux volontaires et une coopération avec le CEOSS.

Olga donne des cours de français. Jean-Sébastien travaille au jardin d'enfants avec les filles, il donne des cours de maths (en arabe) et des cours de français. Ils interviennent l'après-midi après l'école.

Profil

L'orphelinat n'est pas un véritable orphelinat c'est plutôt un internat pour les filles.

Histoire

Présentation de l'internat/orphelinat

Dans l'internat géré par Sœur Marie, il y a 75 filles. Elles viennent de toute la région, de Minia, Assiut, etc. Elles arrivent par bouche à oreille des sœurs et prêtres de leurs villages, du réseau chrétien égyptien. En général, c'est l'église du village qui les envoie ou bien le prêtre ou bien une soeur catholique/protestante/copte qui connaît la soeur gestionnaire de la maison. En plus, ces dernières années on reçoit les filles par fratrie, c'est à dire si on a la fille aînée, donc on accueillera les cadettes et les cousines. Sachant qu'il y a de plus en plus de demande car la maison tourne depuis un moment et la renommée de la soeur grandit. Elle est obligée de dire non dans la plupart des cas, car la maison ne peut pas accueillir plus que 75 personnes. Les filles viennent ici pour échapper à un milieu social et familial éclaté, à un milieu économique très difficile. L'enseignement est uniquement scolaire, rien sur les femmes, les questions féminines. Il n'y a pas de structuration de projets de vie car ces filles sont jeunes, elles arrivent à cinq ou six ans. L'adaptation est difficile au départ et peut prendre plusieurs mois. D'autres paroisses viennent faire des animations. Il y a un autre volontaire qui est là depuis 5 ans, en plus d'eux deux.

Il y a un dispensaire au rez-de-chaussée de l'orphelinat.

Mode d'organisation, organisation interne et ressources humaines

« Cinq salariés locaux dont la directrice, un homme à tout faire, deux jeunes femmes (les anciennes de l'orphelinat) qui secondent la directrice dans les tâches ménagères et un chauffeur. Je ne saurai pas dire si les quatre dernières personnes sont des salariés permanents et légaux ou bien ils sont employés au noir. En plus, il y a des gens qui viennent régulièrement. Ce sont un menuisier, des femmes pour faire du pain, des femmes pour faire de la cuisine, des professeurs pour des cours particuliers etc. Leur statut se rapproche de celui des vacataires.

On est six volontaires/bénévoles étrangers à l'orphelinat. Deux VSI (volontaires pour la solidarité internationale) envoyés par l'ACO/Défap. Une ancienne VSI de la DDC qui reste depuis six ans à l'orphelinat sur sa propre initiative et son propre financement. Une volontaire américaine envoyée par l'église américaine qui s'occupe de l'anglais. Et deux bénévoles français venus cette année sur leurs propres frais pour six mois. Pour la pension, ce sont les mères des filles qui viennent faire à manger.

Le nombre de volontaires/bénévoles n'est pas permanent et varie d'année en année. Par exemple, la DCC n'a envoyé personne cette année. Les deux bénévoles français quittent l'Égypte dans une semaine. Le Défap n'envoie normalement qu'une seule personne. Donc, cette année est un peu exceptionnelle et on profite des derniers jours où on est aussi nombreux.

Mission et objectifs

« Comme mentionné lors de notre entretien, l'orphelinat (qui n'en est pas un) a pour principal objectif de venir en aide à des familles en grande

difficulté économique et/ou socialement déconstruites (familles mono-parentales, familles recomposées, parents désengagés, grandes difficultés relationnelles dans le foyer...). Du coup, les filles retrouvent un cadre de vie sain et équilibré en même temps qu'une éducation scolaire qui tient la route et leur ouvrira peut être les portes à des études supérieure, à un travail et dans la plupart des cas à un mariage avec un homme issu du même milieu, mais de situation stable et choisi par la fille, sa famille ou présenté par la soeur. D'un point de vue du prosélytisme, cela n'est guère possible en Égypte pour les chrétiens (la conversion d'un musulman vers le christianisme est extrêmement rare et se fait en général dans le secret absolu, même vis à vis de sa propre famille) et de toute façon, les filles arrivent par des réseaux chrétiens donc le sont déjà. De plus, dans ce pays, la plupart des gens vivent leur religion à fond, sont croyants, la plupart du temps pratiquants et puis pour les chrétiens, communauté assez discriminée, la religion et la foi sont une force et une façon de se préserver. »

Activités, mode d'intervention, stratégies

Olga travaillait avec le Synode du Nil dans un collège français payant, le New Ramses College, toujours avec l'ACO. Elle n'a pas apprécié que ce collège soit payant alors que le Synode a beaucoup d'argent. Elle préfèrerait que l'ACO envoie un volontaire ou donne de l'argent à un endroit où il y en a moins.

<u>Jusque quand les filles restent-elles à l'internat ?</u>

« Les filles restent jusqu'au mariage en principe, de l'orphelinat (qui est l'internat) jusqu'au collège. Les mariages sont « arrangés ». Pour JS, c'est une culture arabe plutôt que religieuse : « il y a beaucoup de choses sur lesquelles on pense que c'est musulman, mais c'est plutôt une culture arabe, pratiquée aussi en milieu chrétien. Les plus jeunes des filles de l'orphelinat vont à l'école à St Vincent de Paul où Sœur Marie obtenait des tarifs très bas jusqu'à il y a deux ans. Il y a eu un changement de direction et les filles payent maintenant comme tout le monde. Pour le collège, c'est ailleurs. Les écoles gouvernementales sont aussi payantes, mais beaucoup moins.

<u>Y a t'il seulement des filles chrétiennes à l'internat ?</u>

« À l'internat, il n'y a que des filles chrétiennes. C'est aussi dans la force des choses, il n'y a pas de mélange même si on ne sent pas la tension. Un lien fort est gardé après la fin de la scolarité des filles. Sœur Marie

devient une deuxième maman. Les filles bénéficiaires sont au nombre de 75.

Formation professionnelle des filles ?

« Il y a des ateliers de couture « à la maison » (à l'internat), mais pas de diplôme officiel. Si une fille est en échec scolaire, la sœur propose un retour dans la famille ou une formation en couture. Il y a un problème dans l'éducation publique : les professeurs donnent des cours de mauvaise qualité à l'école pour pouvoir l'après-midi donner des cours payants en dehors de l'école. »

Comment est abordée la question des femmes ?

« Sur les questions démographiques, c'est culturel, il faut faire des enfants. Le planning familial existe dans le vocabulaire et dans le programme gouvernemental, mais il n'est pas mis en œuvre ou en tous cas, pas chez les chrétiens. »

Principes, valeurs

« La religion n'est pas partout. Mais quand même il y a la prière du matin et avant chaque repas. Le jeudi, les filles vont à l'église. Il y a des cours de catéchisme à l'école. Et un prêtre de l'IDEO (Institut Dominicain d'Etudes orientales) vient à l'internat. Il y a un lien fort avec les dominicains. Sinon, tout marche par des relations personnelles, il n'y a pas vraiment de rencontres inter-religieuses ou interconfessionnelles. »

Implantation géographique et populations visées

Filles chrétiennes issues de milieu populaire en milieu rural égyptien. L'internat est au Caire dans le quartier de Shobra.

Partenariats, financements, budget de fonctionnement

« L'internat n'a pas le droit de recevoir de dons de l'étranger. Toute subvention étrangère est gardée pour moitié par le Ministère des Affaires sociales. Il y a seulement des dons individuels de l'étranger. L'internat marche beaucoup grâce aux dons, mais ce ne sont pas des dons officiels. Les sources officielles sont le gouvernement avec 2000 livres par an pour toute l'institution (si je ne trompe pas, la somme peut être de 3000 mille, mais pas plus) et l'église à laquelle est rattaché l'orphelinat. Cette dernière paie les factures de gaz et d'électricité, et autres taxes et impôts officiels.

En réalité, c'est le réseau de relations de la soeur qui agit et donne des sous pour faire tourner la maison, c'est à dire pour la nourriture, la scolarité des filles, les fournitures scolaires, les habits, la literie, les produits ménagers et un tas d'autres choses. Ce réseau est composé de ses amis personnels, sa famille, sa congrégation, des étrangers qui sont au Caire et ont envie de s'investir, en plus du Défap, de la DCC et de l'église américaine qui envoient des volontaires. »

Relations avec les autres confessions

« Elles sont nulles avec l'islam. Sinon, elles sont fortes entre les catholiques, les protestants et les orthodoxes. Par exemple, la soeur gestionnaire est catholique, les filles accueillies viennent des trois branches du christianisme, l'église gestionnaire est protestante. » JS ne ressent pas la tension religieuse entre chrétiens et islam dont tout le monde parle. Chez les chrétiens il y a une grande victimisation. Il n'est pas très pratiquant à la paroisse. JS connaît ASMAE mais pas d'autres ONGc. Son avis sur le Synode du Nil : « C'est juste un grand mot, du papier : en réalité, c'est chaque paroisse dans son coin ». Il y a des fêtes de temps en temps ou les gens se côtoient.

6. Du côté des acteurs confessionnels musulmans

Si les associations culturelles et scientifiques ont commencé à se constituer à partir de 1821, le premier comité de « solidarité avec les pauvres citoyens musulmans » fut créé en 1878, et en 1912 vient la Game'ïa char'ïa. Amani Qandil interprète ces années de retard par la suffisance des institutions traditionnelles ayant réussi à répondre aux besoins et aux demandes sociales, notamment les mosquées, le système de *waqf*, ou encore les *soufis* en tant qu'organisations avec des bases populaires (Shukr 1995). C'est surtout à partir des années 1920 que les associations à référent islamique connaîtront une importante avancée, notamment avec Hassan Al Banna qui constitue d'abord l'association des « jeunes musulmans » puis en 1928 il fonde « les frères musulmans ». Si ces associations se calent sur la moralité et les préceptes de l'islam, leur émergence se comprend dans une logique de résistance aux orientations politiques et sociales de l'ère libérale de l'Égypte. En effet, en fondant la première association des jeunes musulmans, Al Banna entendait protéger la nation de l'invasion culturelle occidentale qui venait perturber les mœurs et les traditions de la société égyptienne, notamment avec les campagnes d'évangélisations chrétiennes. Le pilier de l'association des Frères-musulmans était donc l'éducation. Ainsi dès le début, Al Banna fonde une école qui vise à enseigner le Coran et son interprétation.

Ces associations se sont développées tout au long du 20ème dans des climats politiques et sociaux parfois favorables à leur effervescence, sinon entravant voire prohibant leur existence. En effet, pendant la période libérale (1923-1952), les associations civiles ont connu une large croissance. On est passé de 195 associations en 1923 à 508 en 1952. Dans ce climat libéral, les associations confessionnelles n'ont pas peiné à se développer du moment que la loi interdisait juste le recours à la violence, sans interdire la fondation des associations sur la base d'une religion. Cependant, suite à l'assassinat de l'ancien premier ministre égyptien, Mahmoud an-Nuqrachi Pacha, l'association des Frères-musulmans est dissoute en 1948 et Al Banna sera exécuté en 1949. Si cet évènement marque un premier recul des associations musulmanes, un véritable blocage s'élargira au niveau de toutes les autres associations avec le nouveau régime de Nasser. En 1956, Nasser promulgue la décision n°384, relative à l'abrogation des articles réglant la constitution des associations. Toutes les associations sont dissoutes, ensuite réformées selon les principes dictés par le nouveau régime. La bureaucratie de l'État Nassérien marque une rupture dans l'histoire des associations civiles en Égypte. Si Sadate, à partir des années 1970 encouragera le travail associatif, notamment avec les acteurs confessionnels musulmans, jamais le monde associatif ne jouira des mêmes espaces de liberté connues pendant la période libérale.

L'intervention de l'État n'a pas empêché la croissance des associations civiles et en 1991, 34% des associations sont islamiques (Shukr 1995 : 26). L'essor des associations confessionnelles ou non confessionnelles va de pair avec la montée des politiques néolibérales qui ont progressivement effacé le rôle de l'État. En d'autres termes, si les associations musulmanes ont été formées au début du 20ème siècle pour lutter contre les différentes formes du colonialisme, elles deviennent dès le régime des officiers un dispositif régulant l'absence de l'État dans certains domaines, mais c'est avec Sadate puis Moubarak que ces associations jouent la carte du caritatif pour accompagner de concert l'hégémonie du néolibéralisme.

En se penchant sur l'étude des ONGc musulmanes, on ne peut pas faire l'impasse de leur rapport avec la politique égyptienne d'un côté et l'islam politique d'un autre. Selon Imad Siam (Shukr 1995), l'islam politique est un mouvement qui s'est construit selon l'idée du changement à partir du bas, autrement dit un processus de *bottom-up.* Siam inscrit les associations musulmanes dans ce même processus de changement. Cette analyse se confirme à travers l'histoire des Frères-musulmans. Bien que Hassan Al Banna, en fondant l'association des Frères-musulmans, revendique le retour à la religion et la purification de l'âme, son objectif ultime était de parvenir à restaurer le Califat. Sa méthode est organisée en plusieurs étapes. Tout d'abord, purifier l'âme de l'individu, souillée par la culture de l'Autre étranger, en revenant aux percepts et aux enseignements de l'Islam. Une fois purifié, l'individu doit fonder une famille (*« osra »)* qui a pour but d'œuvrer dans la société et la changer. Une fois cette société musulmane réalisée, le retour au Califat sera restauré automatiquement. Bien entendu, cette vision « utopique » de la bonne société musulmane est critiquée, revue et ré-interprétée au long des futures générations des Frères-musulmans. Cependant, la mission d'un Frère-musulman est d'œuvrer toute sa vie pour l'accomplissement de cette bonne société, et cela ne peut pas se réaliser sans lien avec le politique. Ainsi, Al Banna se présente aux élections parlementaires en 1942 puis en 1944. Il faut dire que malgré l'échec d'Al Banna à se faire élire à cause des pressions subies du gouvernement, il a réussi à mobiliser une large base pour son soutien.

Cette base n'aurait pas pu exister en l'absence des associations des Frères musulmans qui se sont propagées un peu partout dans les villes puis les campagnes égyptiennes dans les années 1940. Ce cas de figure reste d'actualité dans l'Égypte d'aujourd'hui. Il ne s'agit plus de l'organisation des Frères-musulmans à elle seule, mais bien d'autres branches de l'islam intervenant dans la vie quotidiennes des égyptiens par des bonnes œuvres. Game'ïa chare'ïa est indubitablement l'association la plus puissante, du point de vue offre de services et clientélisme électoral. Cependant, l'analyse des ONGc musulmanes ne peut pas être appréhendée sous le seul prisme de l'islam politique et la conquête du pouvoir. Les politiques néolibérales, la mondialisation sont aussi des données qui doivent s'intégrer à l'ensemble de l'analyse. S'il existe des ONGc qui sont manifestement le *leitmotov* de l'islam politique comme Game'ïa chare'ïa ou Gama'at Ansar al sunna al mohamadeya, que nous proposons d'étudier dans un premier temps, il en existe d'autres qui refusent d'être identifiées à la religion, préférant se référer aux grands slogans du système mondial, comme le développement, la femme ; il en est ainsi notamment pour Rissala, al Orman et Misr El Kheir que nous étudierons dans un deuxième temps. Cependant, cette nuance apparente n'éclaire en rien ce qui est confessionnel ou non, car islam, mondialisation, modernisme ou laïcité sont des thèmes évoqués par les acteurs au sein des ONGc selon les différentes situations.

7. Ethnographie de quelques ONGc musulmanes

A. Game'ïa chare'ïa

Game'ïa chare'ïa fut fondée en 1912, par Mahmoud Khatab El Sebky. Elle a joué un rôle important qui consiste au retour aux mœurs de la religion « vraie » et la consolidation de l'identité musulmane. L'organisation des Frères-musulmans a réussi à mobiliser beaucoup de membres de la Game'ïa, notamment Sayed Sadek, membre du bureau de la guidance en 1948, qui a incité à l'assassinat de Nuqrachi Pâcha. Les activités caritatives dans les branches et les mosquées de la Game'ïa ont été longtemps le refuge des Frères-musulmans, en temps d'oppression, notamment sous Nasser. Au lieu d'affronter l'État, ces derniers préféraient s'efforcer dans les activités de la Game'ïa. À partir des années 1960, l'association est influencée par l'idéologie des Frères-musulmans, notamment avec le manifeste *La réforme religieuse* du *cheikh* Amin Khatab, où il insiste sur le fait que Coran et la Sunna doivent présenter les sources de la législation de l'État. Cette idéologie est d'autant plus claire avec la publication du livre *Voici notre prédication* du *cheikh* Abdel Latif Meshtehri, dans lequel il explique que « l'islam constitue une religion, un État, une justice, une politique, un Coran, et une arme » (Shukr 1995).

De manière générale, la Game'ïa est l'organisations la plus puissante dans le pays. En ces termes, elle possède le droit de fonder des branches dans tous les gouvernorats de la République. Chaque branche chapote plusieurs mosquées qui constituent les bases du grand édifice. Dans les années 1990, on estime entre 1.115 et 6.000 mosquées attachées à la Game'ïa[21]. La Game'ïa n'est alors plus monopolisée par les Frères-musulmans, elle s'ancre de plus en plus dans une orientation salafiste.

[21] MUSTAFA Hala, *L'État et les mouvements islamistes d'opposition*, 1995.

Les principaux domaines d'intervention de la Game'ïa

- Projet de prise en charge des orphelins
- Instituts de formation des futurs prédicateurs
- Lavage funéraire, l'enveloppement du corps dans le linceul et enterrement
- Facilitation du mariage des jeunes musulmanes
- Projet d'aide aux handicapés
- Projet d'alimentation des malades des hôpitaux
- Des cellules pour l'apprentissage du Coran
- Cliniques médicales
- Crèches
- Cours de soutien scolaire
- Ateliers professionnels pour les jeunes filles
- Comités de zakât (l'aumône)
- Conférences religieuses
- Bibliothèques et librairies islamiques
- Mosquées

Diversité des ressources de financement de la Game'ïa

La Game'ïa reçoit un soutien du gouvernement en forme de subventions, ainsi que des aides internationales notamment américaines (chaque aide est estimée entre 30 et 220 milles livres, voir ainsi les bailleurs de fonds du terrorisme d'Abdel Qader Chahib), suivies des dons et de l'aumône.

B. Gama'at Ansar al sunna al mohamadeya

La Gama'at fut fondée en 1926, suite à une division au sein de la Game'ïa chare'ïa, due à un différend idéologique. En effet, Ansar al Suna est plus influencé par l'idéologie salafiste, lancée par Mohammed Abd el Wahab, fondateur du courant de la Da'awa Wahabite en Arabie Saoudite. La Gama'at a concentré tous ses efforts sur la purification et la résistance de l'idéologie musulmane. En 1998, elle comptait 120 branches avec 1.500 mosquées, dans les différents gouvernorats de l'Égypte. Avec ses mosquées, la Gama'at constitue une base pour les activistes de l'islam politique, avec ses différents courants, y compris les courants violents et djihadistes.

Les objectifs de la Gama'at selon la documentation qu'elle dispose

- L'appel à l'unification de Dieu sans partage
- L'orientation vers des sources pures, soit par le Coran, soit par la Sunna
- Eviter les hérésies

Le discours dominants dans les prédications

- Les musulmans doivent constituer une et une seule nation, dans laquelle ils pratiqueraient leur religion
- Un retour à la foi ancienne de l'islam
- La parole de Dieu est le prédominant suprême, la parole des infidèles est dérisoire

Les principaux domaines d'intervention

- Prise en charge des orphelins (*kafala*)
- Prise en charge des veuves
- Formations des prédicateurs pour les mosquées
- Education des enfants
- Cellules pour l'apprentissage du Coran

Des ONGc mais pas trop

Alors que les ONGc comme Game'ïa chare'ïa ou Ansar al sunna sont clairement identifiées comme des acteurs confessionnels, il en existe d'autres qui se présentent comme des organisations non confessionnelles. Pourtant, force est de constater que nombre d'organisations, tout en revendiquant un statut « laïc », exercent les mêmes activités religieuses identifiées chez les organisations confessionnelles. En d'autres termes, nous retrouvons des activités telles que l'offre des cours religieux et des œuvres adressées à des croyants musulmans, notamment les voyages de pèlerinage à la Mecque. Afin de mieux comprendre cette conciliation entre un statut « laïc » revendiqué et des pratiques relevant du caractère confessionnel identifié chez les ONGc traditionnelles, nous nous sommes penchées sur une enquête ethnographique de trois organisations, l'association Ressala, al Orman et Misr Elkheir.

C. Ressala

L'association Ressala a été fondée en 1999. Elle représente un cas pertinent quant à sa capacité à mobiliser les ressources d'une jeunesse qui se charge du travail social. En 2014, le nombre des bénévoles s'élevait à 1.200.000 personnes.

Un entretien a été réalisé le 3 février 2014 à Mohandessine, dans l'un des bureaux de Ressala. Nous avons été reçues par Asmaa Karrar, responsable des relations publiques. Elle s'est chargée de la présentation de l'association.

Histoire

L'association a été fondée par le Docteur Shérif Abdel Azim, professeur en *Engineering* à la faculté du Caire. Au début de chaque cours, ce dernier consacrait 10 minutes sur l'éthique et la solidarité sociale. En 1999, un groupe d'étudiants fut séduit par cette idée de solidarité et ils ont décidé de créer une famille (groupe) au sein de la faculté, avec le professeur :

> *« Au début, l'idée n'était pas de fonder une association civile, mais surtout de changer la mentalité des étudiants en les rendant plus sensibles envers la société. »*

L'objectif était donc de poser les piliers d'une société solidaire. Le groupe d'étudiants propose alors d'offrir des activités civiques comme organiser des files d'attente ou nettoyer la faculté. En 2000, le parent d'une étudiante fait une donation de terrain à Giza, pour ce groupe. En 2001, Ressala est enregistrée en tant qu'organisation civile et une seconde branche est créée à Mohandessine en 2003. En 2004, suivent quatre nouvelles branches. Aujourd'hui Ressala dispose de plus de 60 branches partout dans la République.

Mode d'organisation, organisation interne et ressources humaines

Les salariés au sein de Ressala sont au nombre de 4.000, ils exercent des fonctions purement administratives, toutes les autres activités étant totalement gérées par les volontaires bénévoles, qui sont au nombre de 1.200.000 personnes.

Chaque activité à Ressala est gérée par un directeur central, qui donne sa vision aux différents directeurs techniques de chaque branche qui gèrent à leur tour les volontaires bénévoles. Chaque activité dispose d'un secrétariat représenté à chaque conseil d'administration.

Les volontaires bénévoles sont majoritairement des Égyptiens, mais il existe d'autres nationalités (italiennes, américaines, indiennes, asiatiques et africaines). La religion n'est pas demandée aux bénévoles, ils peuvent avoir n'importe quelle appartenance : « les bases de données des bénévoles sont sans affichage religieux ». Toutefois, l'administration est seulement composée de musulmans : *« nous ne sommes pas fermés envers une collaboration avec les chrétiens, mais l'opportunité ne s'est pas présentée ».*

Missions et objectifs

Ressala intervient dans 26 activités principales, avec des domaines d'interventions divers. Si elle intervient dans le domaine du développement, notamment en soutenant les pauvres et les marginalisés, elle s'est surtout distinguée dans sa nouvelle conception de l'orphelinat.

Big brother

Avec l'élargissement de Ressala, le groupe a pensé à une nouvelle forme de sponsorisation d'orphelins. Autrement dit, il ne s'agit plus de prendre financièrement les enfants en charge ou de les placer dans un foyer pour orphelins. L'idée de Ressala est de créer une famille à chaque enfant. L'association place trois à quatre enfants dans un appartement équipé, avec une « mère alternative ». Également, des volontaires bénévoles viennent rendre visite à ces enfants, ces bénévoles sont alors des « big brothers ». Les enfants peuvent dès lors aller en weekend chez leurs frères, sortir avec eux, etc.

> *« Cette conception de « Big brother », créée à l'initiative de Ressala, a transformé le mode de fonctionnement des orphelinats des associations civiles en Égypte en général. Il ne suffit plus d'avoir un foyer, il faut toujours faire aussi bien que Ressala, et fournir aux enfants un vrai climat familial. »*

Les appartements pour les orphelins existent dans neuf branches de Ressala (Le Caire et Alexandrie) et dans chacune des neuf branches, il y a quatre appartements. Ces appartements accueillent en tout 450 enfants.

Développement de ressources

Des voyages de pèlerinage à la Mecque sont attribués comme récompenses aux meilleurs volontaires bénévoles. Il s'agit d'un moyen de motiver de nouveaux individus à s'engager dans les activités de Ressala. Cette réribuation offerte aux meilleurs bénévoles encourage la mobilisation de nouveaux individus. En d'autres termes, c'est un moyen de developper les ressources au près de l'ONG.

Œuvres confessionnelles

- L'apprentissage du Coran
- La restauration des mosquées

Relation à l'État

Le rapport de l'association avec l'État était très délicat, surtout avant la révolution du 25 janvier 2011. Le Ministère des Affaires sociales contrôlait toute leur finance. Également la Sécurité de l'État les empêchait de réaliser nombre de leurs projets ou de campagnes (comme des voyages en Haute-Égypte pour distribuer des couvertures). Après la révolution, la Sécurité de l'État a disparu, mais la loi 84/2002 reste une entrave pour la liberté de l'association.

Partenariats, financements, budget de fonctionnement

Le financement de Ressala est seulement réalisé par des personnes physiques qui font des donations. Il s'agit d'une inscription mensuelle, avec une carte de donateur, à commencer par dix livres par mois. Les sociétés ou les campagnes ne peuvent pas financer Ressala, mais elles peuvent l'aider à exécuter l'un de ses programmes. Ressala n'a jamais réussi à avoir une aide étrangère, car il fallait toujours répondre à la politique du bailleur, ou exécuter son programme. Cependant, l'Union Européenne va peut-être leur fournira peut-être une subvention pour exécuter un programme d'aide aux réfugiés syriens en Égypte.

Indicateurs par rapport à chaque activité pour l'année 2012

Le tableau ci-dessous expose les principales activités de Ressala.[22]

---

[22] Ce tableau a été effectué selon les documents fournis par la personne chargée des relations publiques et un entretien effectué avec la même personne.

Activité	Domaines d'intervention	Public visé	Volon-taires	Béné-ficiaires	Nb d'inter-ventions	Nb de projets
Orphelinat	Centre d'orphelinat Ressala, sponsoring (*kafala*[23]), soutien des orphelins, etc.	Enfants orphelins	5.425 Big brothers	464 enfants résidents dans des appart-ements de Ressala		Environ 36 appartements pour orphelins dans les 9 centres de Ressala
Personnes dans le besoin	Aides scolaires, aides mensuelles, fournitures pour l'hiver, sacs de nourriture…	Les pauvres en général	108.966	311.746 familles 67.9063 individus	679063 sacs de nourritures distribués	
Services médicaux	Consultations et interventions chirurgicales gratuites. Prothèses et jambes artificielles	Les enfants avec un handicap en particulier			1948 opérations	
Micro-projets	Dons jusqu'à 5.000 LE	Familles ou personnes pauvres				900 projets
La banque des pauvres	Favoriser des opportunités de travail	Familles ou personnes pauvres dans les villages égyptiens				126 projets
Services pour non-voyants	Enregistrement des livres audio, impression de livres en Braille, sorties, lecture pour aveugles…	Non-voyants	32.712	22.620		
Services pour personnes malenten-dantes	Sessions de conversations, cours d'informatique	Personnes mal-entendantes	14.689	24.859		
Cours de soutiens scolaires	Tutorat, journées culturelles ouvertes, compétitions, Coran et Tajwid	Enfants élèves	147.000	55.000		
Salon pour anciens vêtements	Collecte et distribution d'anciens vêtements		455.00	1.000.000		10.500 salons

[23] La *kafala* (sponsoring) est un mode de prise en charge des orphelins selon la loi islamique, l'adoption étant interdite.

Don du sang	Campagnes de dons de sang dans les clubs, les entreprises, les usines et les mosquées	Les malades du Thalassémie	73.264			
Visite des personnes âgées	Visites hebdomadaires des maisons de retraites		44.000		59.500 visites	
Aides aux enfants de rues	Logements temporaires, nutritions, sport, apprentissage du Coran	Enfants des rues	5.170	350 enfants tempo-raires, retour de 113 enfants dans leurs maisons		
Nourriture	Livraison de repas dans les quartiers pauvres	Population pauvre	25.643	24.000	6.500 évène-ments	
Lutte contre analpha-bétisme		Adultes	24.500	40.500		
Envoi des troupes d'aides dans les quartiers marginalisés et les villages égyptiens	Construction de toits, distribution de subventions, construction de conduite d'eau potable..	Villages et quartiers défavorisés	178.000	351.000		
Personnes ayant des déficiences mentales et aides spécifiques	Activités sociales, sessions de conversations	Personnes atteintes de déficiences mentales	9.000	15.100		

D. Al Orman

L'entretien a été réalisé le 31 janvier 2013, avec Mamdouh Shaaban, le Directeur général de l'association. L'organisation Al Orman essaie d'élargir son axe de développement rural à travers de petits projets caritatifs.

Histoire

L'association Al Orman avait débuté en 1992 avec des projets ordinaires (orphelinat, dons de charité, etc.). En 1996, l'association choisit de davantage travailler sur le développement, et surtout en milieu rural. L'idée est d'offrir aux pauvres des villages des petits projets de développement, correspondant à leur environnement. Ces projets sont totalement donnés gratuitement aux bénéficiaires. La plupart des projets (80%) sont réalisés en vue de venir en aide aux femmes veuves, ou ayant à charge des enfants ou un mari invalide. D'autres projets sont effectués pour ceux qui ont des besoins spécifiques, comme les personnes en situation de handicap et les malades ne pouvant pas travailler.

Mode d'organisation, organisation interne et ressources humaines

L'association compte entre 4.000 et 5.000 volontaires bénévoles. Elle compte 825 salariés. Les salaires sont calculés chaque année par rapport aux dons faits à l'association. En général les salaires sont estimés à 6 à 7% de la totalité des dons. Aujourd'hui, al Orman dispose de 22 branches partout dans la République. L'association compte huit foyers d'orphelinat.

Partenariats, financements, budget de fonctionnement

« Le financement de l'association est seulement réalisé par les dons de citoyens égyptiens. Il peut aussi faire l'objet de dons des institutions ou organisations égyptiennes ». Le budget annuel de 2011 a été estimé à 150.000.00 LE. Les donateurs peuvent être des organisations comme : Bank Misr, HSBC, Société Générale, T-Data Campany, Mobinil, etc. Ils peuvent aussi être des institutions comme la Faculté américaine du Caire, la Faculté d'Octobre pour les Sciences et les Lettres. Enfin, les dons peuvent provenir d'hommes d'affaires égyptiens.

Les axes d'intervention[24]

Les projets de développement

Nom du projet	Le public visé	Le nombre de bénéficiaires	Nombre des projets effectués	Quantité du matériel distribué	Le coût en livre égyptienne (LE)
Projet vaches	Les veuves en particuliers	25.000 familles pauvres		25.000 vaches	230.385.000 LE
Projet des mini superettes	Pauvres			5.675	38.465.000 LE
Projet bovins		15.165		3.435	8.635.000 LE
Projet des deux veaux		22.780		4.580	27.000.480 LE
Micro-projets	76 villages	61.000	6.635		45.335.0 LE

Solidarité avec les familles orphelines

Nom du projet	Le public visé	Le nombre de bénéficiaires	Le coût en livre égyptienne (LE)
Construction de toit	Famille sous seuil de la pauvreté	458 maisons	1.200.000 LE
Conduite d'eau	Famille sous seuil de la pauvreté	3.775 maisons	3.775.000 LE
Conduite d'éléctricité	Famille sous seuil de la pauvreté	2.835 maisons	2.835.000 LE
Restauration des maisons	Famille sous seuil de la pauvreté	260 maisons	1.340.000 LE
Solidarité avec familles pauvres	Famille sous seuil de la pauvreté	8.420 familles	4.450.000 LE
Rente des dettes	Famille sous seuil de la pauvreté	6.475 familles	19.325.000 LE
Solidarité avec les personnes âgées	Personnes âgées	6.000 personnes âgées	1.200.000 LE

L'aspect éducatif.

Nom du projet	Projets fourni	Le nombre de bénéficiaires	Le coût en livre égyptienne (LE)
Classe d'alphabétisme et Coran	675 classes	18.850	1.350.000 LE
Construction de mosquée set d'écoles	35 mosquées		1.475.000 LE

[24] Toutes les données des tableaux pour l'association al Orman ont été fournies dans un dossier fait par les soins de l'administration al Orman.

Santé.

Nature d'intervention	Nombre d'interventions chirurgicale	Matériel distribué	Effectif médical	Bénéficiaires	Coût en livre égyptienne (LE)
Cardiologie	180		13 experts		Non transmis
Ophtalmologie	2.500				7.000.000 LE
Prothèses				5.858	5.530.860 LE
Voyage thérapeutique				84.170	2.304.400 LE
Achat des médicaments				1.979	1.320.527 LE
Aides médicales				2.085	335.926 LE
Couveuses		17			680.0 LE

Les activités saisonnières.

Nom de l'activité	Nombre de matériel distribué	Bénéficiaires	Coût en livres égyptiennes (LE)
Distributions de couvertures pour l'hiver	600.000	3.100.000	24.800.000 LE
Cartons de ramadan	500.000	2.250.000	25.800.000 LE
Viande de l'aid	1.141.372 KG	5.250.000	40.730.000 LE

E. Fondation Misr Elkheir

Présentation de la fondation et compte rendu de l'entretien

Entretien réalisé auprès de Bahaa El Reedy, Corporate Account Manager, et le Dr. Khaled Fasih, Fund Raising Director.

La Fondation Misr El KheiR a été fondée par Ali Gom'aa, le mufti de la République. Cependant, selon les personnes rencontrées, cela n'a rien à voir avec la religion, car le Mufti l'aurait fondée en tant qu'individu et non pas en son statut de mufti. Il s'agit d'une fondation pour le développement à but non lucratif. Elle récolte l'argent de la *zakat* pour le dépenser dans des buts qui correspondent à la législation de la char'ïa, alors qu'elle investit l'argent de l'aumône dans divers projets. Son objectif principal est de participer à la construction et au développement des personnes, en travaillant sur l'éducation, la santé, la solidarité sociale, la recherche scientifique. Le but de Misr El kheir est de devenir une fondation modèle au niveau international pour atteindre le développement d'une société solidaire et autonome. Les efforts de la fondation sont initialement dirigés vers le développement de la Haute-Égypte.

Solidarité sociale[25].

Nom de l'activité	Nombre de bénéficiaires
Distribution de vaches	7.726
Création de points de vente (mini supérette)	432
Rente d'argent aux débiteurs	12.000
Conduite d'eau	3.623
Colis pour ramadan	380.000
Colis pour personnes âgées	92.403
Aides humaines	18.716

Santé.

Nom de l'activité	Nombre de bénéficiaires
Rendre la vue à des aveugles	4.475
Consultation ophtalmologique	30.830
Fournir l'eau potable	3.623 maisons dans le sud

Education.

Nom de l'activité	Nombre d'interventions	Nombre de bénéficiaires
Construction d'école primaire	448 écoles primaires à Fayoum, Beni Suef, Minya, Assiut, Sohag, Qena, Aswanaccommodatearound	15.000 élèves
Construction de collège	3 écoles	242 élèves
Création d'opportunité pour l'éradication d'analphabétisme	24.626	
Création d'opportunité d'emploi		4.600 jeunes

Conclusion. L'esprit laïc contre l'esprit saint ? En route vers de nouvelles formes de dominations

À partir de cette étude en Égypte, il semble nécessaire de relever un point important, celui de l'importance de la société civile et de sa définition, à partir desquels découlent deux autres points devant

25 Les données des tableaux ont été collectées sur le site internet de la fondation : http://www.misrelkheir.com/

répondre aux questionnements de l'AFD, commanditaire de cette étude, concernant la définition du développement dans un premier temps, puis l'émancipation de la femme dans un second temps.

La notion de société civile a-t-elle la même signification partout dans le monde ? Sa composition semble varier selon les contextes sociaux. Force est de constater que les associations les plus actives en Égypte relèvent directement ou indirectement de l'ordre religieux. Après la révolution du 25 janvier 2011, on compte plus de 35.000 ONG[26], dont presque 15.000[27] suivent les préceptes de l'islam ou du christianisme. Aider son prochain est l'objectif visiblement principal, avec au centre de cette motivation la charité. Civil et religieux se mêlent et créent ensemble une autre structure, plus en harmonie avec les besoins du système de la croyance locale où la notion de laïcité est étrangère. Chez les responsables d'ONGc chrétiennes rencontrés, la notion de laïcité est davantage employée au sens de la non-discrimination des publics : il n'y a pas de distinction entre bénéficiaires issus de la communauté chrétienne ou musulmane, tous sont accueillis de manière égale, et par là l'ONGc est « laïque ». Or, la composition concernant la répartition des salariés surtout, mais aussi des bénévoles, est majoritairement chrétienne. Si le recrutement reste en apparence ouvert, et si les salariés n'affichent pas clairement de signes religieux chrétiens, la mixité parmi les employés reste limitée, et le réseau de l'« entre soi » religieux fonctionne.

Ainsi, pour le cas de l'Égypte, il s'agit vraisemblablement d'une « société civile » (*« al gam'eyat alahleya »*) puisant sa légitimité dans les valeurs religieuses ; une légitimité certes religieuse, mais qui devient un outil marketing de taille, et des ONGc qui fonctionnent comme des entreprises à l'affût d'un nouveau marché. On n'est pas très loin de la vente d'indulgences (ou de biens de salut), lorsque l'on voit des citoyens égyptiens se tenir en file indienne pour payer leur aumône aux ONG musulmanes[28]. En effet, pour la religion musulmane, prendre en charge un orphelin équivaut à des « bons points » gagnés dans l'au-delà.

---

[26] Entretien avec Ehab Medhat, directeur de l'union générale des associations et organisations civiles.

[27] Entretien *op cité.*

[28] Lors d'une visite de l'association Ressala, dans sa branche à Dokki, nous avions été surprises par le nombre des donateurs (des individus) qui étaient venus pour payer leur aumône à l'association.

La charité chrétienne obéit au même fondement éthique, celui d'aider son prochain. Les acteurs confessionnels tirent profit et popularité du fait qu'ils véhiculent des valeurs religieuses, des valeurs qui s'accommodent bien de la libéralisation économique de la société et de ses conséquences. Ils ont l'avantage d'avoir un ancrage ancien, traditionnel, de proximité, que ce soit dans les quartiers isolés des grandes villes ou dans les campagnes reculées et obtiennent la confiance et la reconnaissance des groupes sociaux les plus défavorisés. Outre l'aide matérielle et caritative, ils participent également au soin de l'âme, au bien-être spirituel des laissés pour compte. Cependant, ce système de charité, cet humanitaire fondé sur des valeurs religieuses répond-il à des besoins de développement, remet-il en question les carences du système social ?

Tout au long de cette étude sur les ONGc, nous avons noté un véritable engagement de leur part dans les interventions auprès des pauvres et des plus défavorisés. Cependant, la projection à long terme qui serait celle d'une éradication de la pauvreté ou d'une construction d'une société indépendante et autonome semble figurer au second plan. Nous retrouvons ici l'analyse de K. GRABSKA sur l'approche par les besoins *versus* l'approche par les droits dans les projets de développement. Les ONGc prennent la première à bras le corps : aider son prochain, nourrir les plus démunis, les soigner, leur offrir un toit, voire même les conduire à l'école sont des valeurs érigées en projets par ces associations, au visage clairement caritatif. La question des droits reste secondaire, tout comme la question politique que l'on évacue au premier questionnement de notre part. Au mieux les questions de pauvreté feront-elles l'objet de sensibilisation auprès de la population (comment prendre soin de son enfant, changer les regards sur le handicap, éviter de contracter des maladies en observant une certaine hygiène de vie, etc.), sans qu'il y ait une réelle volonté de réformer un système précarisant, ni de susciter une réflexion chez les populations concernées ; réforme et réflexion qui pourraient permettre un changement concret du côté du développement.

Auprès des ONG musulmanes, nous n'avons pas vu une seule fois un projet d'éradication de la pauvreté, à part chez la fondation de Misr Elkheir qui tente de se rapprocher de la notion du développement, plutôt que de celle de la charité, mais qui fonctionne plutôt comme des entreprises religieuses sécularisées. En revanche, bien que l'association al Orman essaie d'intervenir dans les campagnes auprès des plus pauvres, notamment avec les micro-projets, le niveau de vie n'a quasiment pas changé. L'accès aux services reste dans la plupart des villages égyptiens misérable. Le directeur général d'al Orman indique que « nous entretenons des excellents rapports avec le Ministère des Affaires sociales, et tous les autres ministères compétents ». Ils nourrissent certes d'excellentes relations pour les installations de conduites d'eau ou pour quelques interventions médicales avec le Ministère de la Santé, cependant on peut bien se questionner sur le fait qu'ils ne désirent pas remplir pas un rôle de médiateurs entre villageois et appareils étatiques. Il en ressort que ce type d'ONGc préfère jouer un rôle de samaritain, sans entrer dans un conflit, ni avec le régime en place, ni avec les bailleurs internationnaux. Sans doute ces excellents rapports évoquent aussi la facilité des autorités à bloquer les fonds, qui doivent être autorisés par le Ministère des Affaires sociales. Cela expliquerait le choix de la charité loin du politique et des conflits avec les autorités.

L'idée de l'émancipation des femmes n'a pas du tout la même résonance libérale que dans le monde occidental. En effet, tout le travail qui est réalisé auprès "de la femme" comme cela est désigné, l'est essentiellement pour la sortir de la pauvreté et l'aider à avoir le minimum nécessaire, la femme n'existant pas sans les enfants et la famille et cela dans tous les projets. On remarquera que la plupart des ONGc musulmanes et chrétiennes aident les jeunes filles à se marier, pour être sous la responsabilité d'un homme. Certains sujets tabous sont ignorés par les programmes d'ONGc, pourtant dirigés vers et pour les femmes, comme c'est notamment le cas de l'avortement. Cette question a pu être abordée avec SETI-Caritas et le CEOSS. Selon Nadia Abdallah de SETI, l'avortement n'est possible en Égypte que pour les cas de rubéole. Ainsi, même lorsqu'un handicap est détecté pendant la grossesse (car la technique médicale existe bel et bien), l'avortement n'est pas proposé comme une option. La justification religieuse est bien là : « tout ce qui vient de Dieu est bon ». En ce qui concerne le CEOSS, la question de l'avortement a été habilement éludée. Pourtant, le CEOSS met en avant sa modernité, son exemplarité, son ancrage dans le système et les codes internationaux du développement. La liberté sexuelle ou celle de disposer de son corps sont autant de questions qui doivent être posées aux vrais militants de la lutte pour les femmes, à savoir les associations de droits humains ou des droits des femmes.

La question des femmes serait-elle alors traitée à part ? Les projets de développement concernant les femmes jouissent d'une grande popularité chez tous les acteurs du développement, tendance favorisée par les subventions octroyées par les bailleurs de fonds internationaux. Les acteurs religieux du développement, en tous cas tels qu'observés en Égypte, s'emparent comme les autres de cette thématique, mais avec une certaine frilosité, une volonté de ne pas choquer les mœurs, de ne pas bousculer les valeurs religieuses. Du côté musulman, à titre d'exemple, le Parti de liberté et de justice, bras droit des Frères-musulmans, avait lancé une campagne d'excision pour les jeunes filles en 2012 ; les ONGc musulmanes sont restés sourdes et muettes face à cette pratique. Seules les associations féministes ont persisté dans la lutte.

Tous les projets qui sont désignés sous le terme de développement n'ont donc pas le même sens selon le contexte et l'époque où l'on se trouve. Les ONGc en Egypte, dans la période de notre étude, s'adaptent aux valeurs religieuses qu'elles défendent, les mettent entre parenthèse lorqu'elles doivent négocier avec les bailleurs, ou en avant pour discuter avec l'État et s'ajuste à la population auprès de qui elles interviennent. Elles sont dans un jeu d'équilibre permanent pour garder leurs actions et leurs financement (auprès des bailleurs et de l'État), mais ne sont pas prêtes à toutes les négociations qui accompagnerait non pas seulement une autonomie des populations, mais un élan de liberté tant désiré par une partie du peuple égyptien.

Petit glossaire : les termes utilisés et leur sens sur le terrain égyptien

Laïcité : le concept n'est pas présent sauf à l'époque de Nasser où la politique nassérienne dite de laïcisation et de socialisation a participé au renforcement de la confusion identitaire entre arabité et islam et où la Constitution de 1956 a inscrit l'islam comme religion d'État. Les acteurs religieux ne parlent pas de laïcité, mais de citoyenneté.

Prosélytisme : il est naturel dans une société où le religieux et l'État ne sont pas séparés, mais il n'est pas autorisé dans le statut accordé aux associations par le Ministère des Affaires sociales, tout comme le prosélytisme politique. Les acteurs religieux ont davantage peur de cette confusion entre religion et politique en ce qui concerne l'État que de l'accusation de prosélytisme religieux.

Conversion : c'est le nœud de la guerre en Égypte, pas tant le prosélytisme que les conversions. L'État surveille de près les institutions religieuses chrétiennes qui pourraient convertir. Donc chez les chrétiens, on affiche forcément l'œcuménisme, l'ouverture, la sécularité des actions sociales ou sinon on reste dans un public communautaire.

Communauté : la « communauté » est un terme très employé par les acteurs confessionnels en Égypte. Pour eux, il est l'expression de l'organisation de la société, mais aussi de la division inter-religieuse. Si la volonté affichée est de travailler la question de l'inter-religieux, l'évocation de la communauté religieuse revient dans tous les entretiens.

ONG confessionnelle : association religieuse d'apparence sécularisée. Parler d'ONG confessionnelle les mets souvent mal à l'aise car l'affichage religieux est rejeté par le Ministère des Affaires sociales.

Développement : aider les pauvres, de l'assistance à l'autonomie… « *Le développement, c'est donner des outils à la population pour qu'elle puisse se prendre en charge elle-même. L'idée du développement durable, c'est que ça n'est pas juste quelque chose qu'on injecte* »[29].

Droit des femmes : droit à la famille, protection de la famille, micro-crédits pour des investissements dans des micro-entreprises.

Révolution ou printemps égyptien : Ce sont les mots qui sont dans tous les entretiens, souvent dans un paradoxe entre espoir et idée que le changement n'est pas vraiment propice aux acteurs confessionnels sur le terrain du développement. Pourtant on note que depuis la révolution, les religions sont revenues sur le devant de la scène sociale égyptienne dans un contexte affiché au premier abord comme plus démocratique qu'avant (pluralités des positions politiques, effervescence journalistique, manifestations…) et c'est un des paradoxes égyptien.

Bibliographie

ABDALLA, Nadine H. (2008), « Civil society in Egypt: a catalyst for democratization? », *International Journal of Not-For-Profit Law*, vol. 10, n°4, pp. 25-28.

BAVA Sophie, Picard Julie (2010) « Les figures religieuses de la migration africaine au Caire », *Autrepart* (56), 153-170.

[29] Entretien avec Lucia Salgueiro, Le Caire, janvier 2013.

BEN NEFISSA Sarah, ABD AL-FATTAH Nabil, HANAFI Sari, MILANI Carlos (dir) (2004), *ONG et gouvernance dans le monde arabe*, Paris/Le Caire, Karthala/Cedej

BEN NEFISSA Sarah, « La liberté d'association en Egypte » : Les droits des associations, des fondations et des ONG en Égypte :

BEN NEFISSA Sarah, « Le financement des services sociaux du secteur associatif à référent islamique en Égypte » : http://ema.revues.org/index1270.html

BEN NEFISSA Sarah, « Le secteur associatif dans le monde arabe » : http://www.institutgouvernance.org/fr/analyse/fiche-analyse-190.h

ETIENNE Agathe, PICARD Julie (2012), « Réfugiés et migrants subsahariens « en transit » au Caire : le monopole chrétien de l'assistance ? », *A contrario*, 2012/2 n° 18, p. 61-77.

GRABSKA Katarzyna (2006), *Who Asked Them Anyway? Rights, Policies and Wellbeing of Refugees in Egypt*, The American University in Cairo (AUC) : Forced Migration and Refugee Studies (FMRS).

HUSSEIN HASSAN Ahmed « les organisations politiques musulmanes et le société civile » [en arabe : algama'at alsiyasseya al islameya wal mojtama' almadani], Al dar al saqafeya lelnashr

MOUNIB Abdel Moneim (2012) « le répertoire des mouvements musulmans » [en arabe : Dalil al harakat al islameya,], Maktabet Madbouli

SAMY Shahira (2009), *The Impact of Civil Society on Refugee Politics in Egypt*, CARIM Research Reports 2009/07, Robert Schuman Centre for Advanced Studies, San Domenico di Fiesole (FI): European University Institute

SHUKR, Abdelghafar (2006) " Les associations civiles musulmanes en Egypte livres" [en arabe : al game'yat al ahleya al islameya fi misr], Dar el Amine llenashr wal tawzi'

TOHME Carine, Master CIAHPD, Cours M. RYFMAN, Note de synthèse sur les ONG égyptiennes

Rapport du PNUD (2008) « Le contrat social en Egypte : le rôle de la société civile ».

L'action des ONG confessionnelles dans les Territoires palestiniens : domaines d'intervention et enjeux pour l'aide au développement

François Ceccaldi,
Doctorant EHESS,
Associé à la chaire d'Histoire contemporaine du monde arabe,
Collège de France

Bien que la portée et les implications du caractère religieux des acteurs restent variables, la spécificité des Territoires palestiniens, qui concentrent un certain nombre de haut lieu des trois religions monothéistes, fait de la dimension confessionnelle un enjeu important pour les acteurs de l'aide au développement. Nous proposons ici de revenir sur les grandes dynamiques qui ont structuré la société civile palestinienne, et le secteur des ONG en particulier, en proposant des clefs d'analyse pour comprendre le travail des acteurs confessionnels dans le secteur de l'aide au développement. À la demande de l'AFD, nous présenterons également une étude sur la situation des femmes en Palestine et sur la prise en compte des problématiques de genre dans les projets portés par les ONG confessionnelles.

Cet article est le fruit d'un travail mené dans le cadre d'une étude commandée par l'Agence Française de Développement (AFD) dont le terrain, réalisé au début de l'année 2013, a été mené conjointement avec M. Laurent Bonnefoy (chargé de recherche CNRS – CERI/Science Po) et M. Xavier Guignard (doctorant, Paris 1). Il s'appuie donc en grande partie sur les résultats trouvés lors de cette enquête bien que les conclusions n'engagent que son auteur.

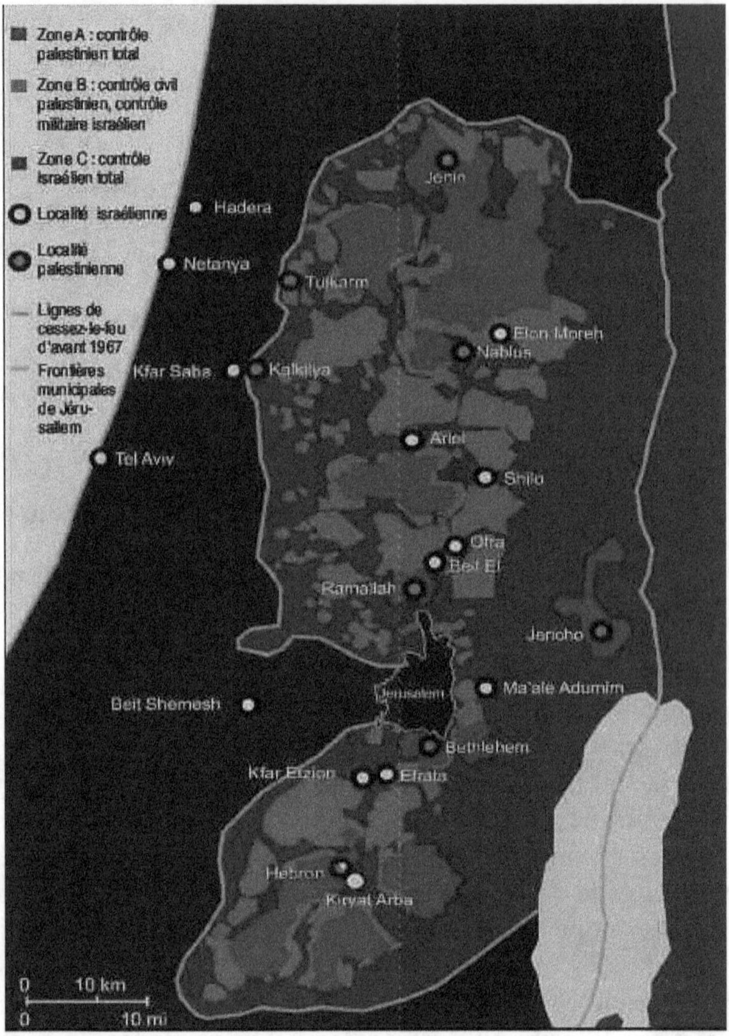

1. Note d'intention sur l'applicabilité des indicateurs QUALE en Palestine

Sur les indicateurs de résultats

S'il est possible pour certains acteurs confessionnels du développement étudiés dans ce rapport de fournir quelques chiffres précis quant aux bénéficiaires de leurs programmes, il ressort de notre étude qu'il est impossible, faute d'administration centrale compétente pour cela, d'obtenir les données nationales. Cette faiblesse fait donc perdre tout son sens à ce volet de l'enquête dans le contexte palestinien.

Plus encore, les tensions inhérentes à une situation de conflit qui dure depuis des décennies avec les Israéliens, mais également plus récemment au sein du leadership Palestinien entre partisans du Hamas et ceux du Fatah, rendent souvent suspecte et trop intrusive du point de vue des acteurs confessionnels toute tentative de recueil de données chiffrées précises. C'est ainsi que, en dépit de ses différentes tentatives de recueil de données et de son insertion ancienne dans des réseaux locaux, nous n'avons pas été en mesure de fournir les indicateurs QUALE.

Sur les indicateurs de ressources

À Gaza, le Hamas, qui dirige cette partie de la Palestine depuis 2006, demande des relevés très précis aux ONG : nombre d'employés, financements, factures, etc. Ces demandes sont vécues très difficilement par les ONG locales qui y voient un durcissement de la politique du parti islamiste et une intrusion dans leurs actions et dans leur stratégie de développement. Parmi elles, nombreuses sont celles qui se sont plaintes auprès de la communauté internationale qui tente de trouver jusqu'aujourd'hui un moyen de limiter ces méthodes. AIDA, qui représente les ONG internationales dans les Territoires palestiniens, s'en fait régulièrement écho.

En Cisjordanie, le problème s'étend aussi à la relation historique ambiguë qu'entretient la société civile avec le gouvernement. Des demandes trop précises apparaissent dès lors comme des tentatives d'affaiblir les ONG. Qui plus est, et malgré une détente dans les relations entre l'Autorité Palestinienne et le Hamas depuis 2011, la surveillance des activités des ONGc (dont le focus se porte sur les financements et le personnel) reste d'actualité et continue à être une question particulièrement sensible. Non seulement les acteurs rencontrés ne sont pas réellement disposés à partager ces informations, mais ils peuvent identifier ces demandes comme relevant de pratiques habituelles de contrôle politique, qui parfois conduisent à des politiques d'intimidation (comme des détentions sans chef d'inculpation).

De manière générale et c'est le point le plus sensible, le contexte de guerre favorise la méfiance à l'égard de ceux qui demandent des informations trop précises. D'un point de vue purement pratique, ces informations ne peuvent rendre compte d'une quelconque réalité et ne permettent pas de juger de la qualité du travail effectué sur le terrain. Il est ainsi possible d'avoir une bonne image des zones et secteurs couverts par la société civile sans connaître précisément les modes de financement ou d'organisation.

Sans vouloir minimiser l'importance de ces questions de financement, qui traduisent souvent une appartenance politique ou idéologique, il faut noter que tous les bailleurs dans les Territoires palestiniens qui souhaitent travailler en synergie ou en coopération (agences nationales de développement -type AFD-, représentations diplomatiques ou ONG internationales ou locales) disposent le plus souvent de services capables d'analyser, en amont d'une décision finale de financement ou de partenariat, une affiliation politique sensible qui décrédibiliserait leurs actions ou les amènerait à financer un acteur lié à une organisation classée sur les listes d'organisations « terroristes » par l'ONU, l'UE ou le Département d'État américain. Le plus souvent, ces services sont engagés dans le seul but de fournir des informations sur le terrain.

Ainsi, nous jugeons que cette étude ne peut prétendre fournir toutes les informations quantitatives demandées étant entendu que la démarche met les chercheurs dans une situation délicate voire parfois dangereuse et qu'elle ne peut se substituer au travail des bailleurs qui s'assurent systématiquement de ce types de question, en amont d'un financement, avec des services compétents.

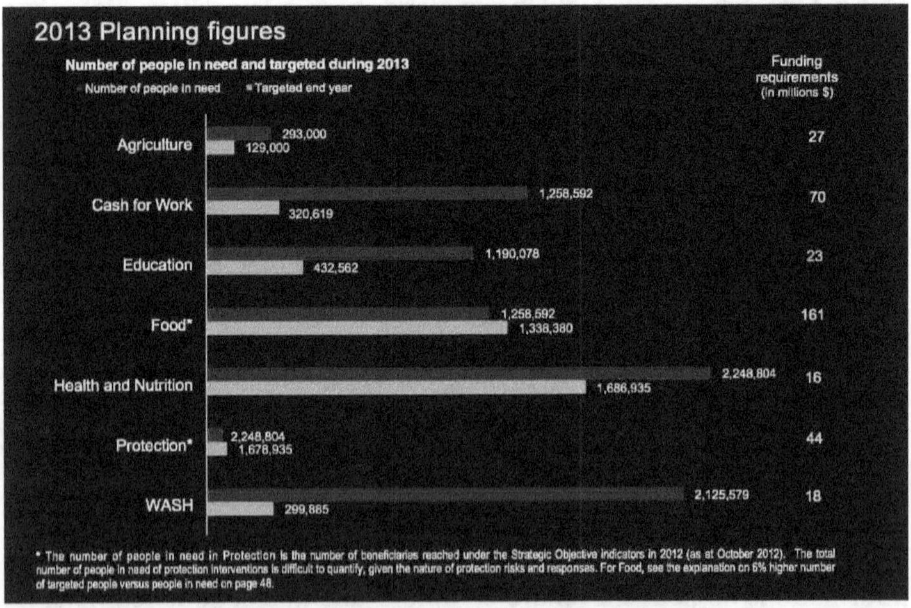

Graphique 1 : Besoins humanitaires en Palestine,
source : ONU, Consolidated Appeal 2013

1.1. Brève histoire de la structuration de la société civile palestinienne

À l'image des Territoires occupés palestiniens, la société civile palestinienne est de plus en plus morcelée. Elle est cependant très dynamique et sa structuration s'est faite, ces trente dernières années, essentiellement autour d'associations ou d'ONG plus ou moins institutionnalisées, seules pourvoyeuses de services aux populations dans un contexte d'occupation et d'absence d'autorité reconnue. Les aspirations de la société civile ont donc traditionnellement été portées par le secteur des ONG.

Les ONG palestiniennes (ONGP[1]) se caractérisent donc par une très grande diversité et constituent de fait, après les différentes Églises et fondations pieuses musulmanes, l'institution la plus ancienne de la Palestine contemporaine puisque certaines d'entre elles préexistent largement la création des partis politiques, de l'Autorité palestinienne et de la plupart des municipalités (SIGNOLES, 2004).

Les premières ONGP qui ont émergé à la fin du XIXème siècle dans un cadre légal institué par la Loi Ottomane sont les associations de charité, fondées traditionnellement par des grandes familles bourgeoises et dispensant des services de base à une communauté religieuse ou géographique proche. Elles se sont plus fortement développées à la suite de la création de l'État d'Israël en 1948 pour répondre aux besoins immédiats des populations réfugiées. Dès cette époque, le lien entre ONG et religion est évident, même s'il n'est pas nécessairement explicite. La distinction entre confessionnelles (ONGc) et ONG « laïques », ou plus exactement séculières, ne fait donc pas immédiatement sens et n'est en tout état de cause pas fixe. Par ailleurs, il est important de garder à l'esprit que dans le contexte palestinien, les ONGc, qu'elles soient d'origine palestinienne ou étrangère, ne sont aucunement une nouveauté. La place particulière

---

[1] Les statuts juridiques diffèrent considérablement en fonction des périodes. On entend ici par ONG palestinienne (ONGP) la diversité des organisations de la société civile constituées librement par un groupe de personnes physiques ou morales palestiniennes pour réaliser des missions d'intérêt public à but non lucratif.. Comme le souligne Caroline Abu Sada, après la signature de la Déclaration de Principes, cette définition peut-être précisée ainsi : « Généralement, les Palestiniens désignent comme ONG l'ensemble des institutions n'appartenant pas au secteur public, y compris les syndicats, les associations de bienfaisance, et toute association qui n'appartient pas *stricto sens* aux institutions de [l'AP] » (« D'une Intifada à l'autre. Les ONG palestiniennes entre Autorité palestinienne et autorités d'occupation », *Egypte/Monde arabe*, Deuxième série, 6, 2003)

qu' occupe la Terre Sainte dans l'imaginaire des trois religions monothéistes a tôt fait de la Palestine un enjeu important pour les acteurs confessionnels qui se sont notamment investis dans le secteur caritatif à travers différentes congrégations ou via des financements panislamiques censés incarner le caractère religieux de la Palestine et de Jérusalem en particulier.

Avec l'occupation israélienne de la Cisjordanie, de Gaza et de Jérusalem-Est en 1967, la mobilisation politique se renforce à travers le développement du champ associatif. De nombreuses associations sont créées dans le but de fournir différents services culturels et sociaux à la fois pour combler l'absence de fourniture de services de base par la puissance occupante, maintenir la cohésion sociale et préserver l'identité culturelle palestinienne tout en contribuant au maintien des initiatives de lutte populaire. (ABU SADA, 2007). Elles constituent ainsi le tissu organisationnel de prise en charge des populations par elles-mêmes (self-help) (CRAISSATI, 1996). Les deux grands mouvements d'opposition à l'occupation israélienne, les deux *Intifadas*, se sont appuyés sur ces associations. Le Hamas lui-même s'est développé en s'appuyant sur des associations offrant des services sociaux.

À l'origine les organisations de charité reposent sur le volontariat et sont financées essentiellement par des dons privés, la diaspora, les fonds arabes et l'Organisation de Libération de la Palestine (OLP) qui encourage la création de nombreuses associations pour prolonger son pouvoir dans les Territoires depuis son exil à Tunis (1982-1993). Basées sur des liens familiaux, communautaires ou religieux, elles restent aujourd'hui les plus nombreuses et les moins dépendantes de l'aide extérieure.

Le rapport entre le secteur associatif et l'État a toujours été particulier dans le cas de la Palestine. Dans les années 1980, les partis politiques ont été interdits par l'autorité israélienne et les structures qui se sont développées durant cette période ont été pensées comme des « composantes à part entière du mouvement de libération nationale » (SALINGUE, 2015). La polarisation de la société palestinienne s'est donc faite à travers le secteur associatif. Afin de contourner l'absence de représentation locale, les partis politiques en exil (Fatah, FDLP, FPLP et le PCP quoique ses dirigeants soient basés à l'intérieur) ont mis en place une série d'associations spécialisées dans différents domaines (santé, éducation, agriculture, etc.). Ces associations se sont développées et ont progressivement élargi leur base sociale avant de s'institutionnaliser. Cet ancrage local a fini peu à peu à affaiblir les liens qu'elles entretenaient avec les partis. En l'absence d'une autorité reconnue, elles sont devenues le cadre normal d'expression des revendications de la société civile.

Avec la création de l'Autorité palestinienne (AP), à la suite de la signature de la Déclaration de principes en septembre 1993, ces associations doivent adapter leur manière de fonctionner. Du point de vue de l'AP, ces associations perdent une part de leur raison d'être. L'AP prétend en effet devenir le cadre privilégié d'intervention dans le domaine social, tout particulièrement dans le cadre de la mise en place des projets de développement. Entre 1994 et 1995 nombreuses sont les associations qui vont transformer leurs statuts en Organisations Non Gouvernementales (ONG). Deux tendances vont alors émerger : certaines associations choisissent de jouer le jeu de l'AP en se dissolvant tout en donnant leur réseau et leur savoir-faire aux ministères nouvellement créés (par voie de recrutement de leurs personnels par exemple) ; alors que d'autres préfèrent conserver leur ancrage dans la société palestinienne et préserver leur autonomie (ABU SADA, 2007).

Les fonds des bailleurs internationaux, qui étaient attribués aux associations dans les années 1980, vont désormais être partagés entre l'AP et les associations possédant le statut d'ONG même si ces dernières cherchent dans leur majorité à coordonner leurs actions de développement avec les programmes de l'AP. Avec la deuxième Intifada qui débute en 2000, cette orientation est rendue difficile avec le bouclage des Territoires par l'armée israélienne qui affecte le fonctionnement de l'AP et entraîne une paralysie des institutions palestiniennes. Les projets de développement sont difficiles à mettre en œuvre et à suivre, et les bailleurs internationaux privilégient le financement d'aide humanitaire. Durant cette période, les ONG sont contraintes de s'adapter en finançant plutôt des projets humanitaires aux dépens des projets de développement.

La mort de Yasser Arafat en novembre 2004 rend la situation plus compliquée encore, face à l'incertitude de la succession. Cette dernière cristallise l'antagonisme entre le Fatah et le Hamas et fait apparaître les rapports de forces de la société civile palestinienne et des bailleurs internationaux compris. La décennie 2000 voit le champ des ONGP évoluer face à l'afflux de l'aide extérieure et face aux velléités de contrôle de l'Autorité palestinienne.

Les deux grands déterminants de l'évolution des ONGP ont été l'afflux de l'aide extérieure et la création de l'Autorité palestinienne :

- Les Accords d'Oslo en 1993 créent une nouvelle dynamique au sein du monde associatif. Avec l'arrivée massive de l'aide internationale[2], notamment occidentale, pour consolider le processus de paix et accompagner l'Autorité palestinienne naissante, les ONG (les associations prennent cette appellation après les accords. Cette autodéfinition permet de capter les fonds des bailleurs qui affluent après 1993) se sont multipliées rapidement. Ainsi entre 2000 et 2006, le nombre d'ONG a augmenté de 61%.

Cette multiplication des structures va de pair avec une dépendance croissante aux financements extérieurs, le remplacement du volontariat par le salariat, et une réorientation de leur action vers la promotion de la bonne gouvernance. En effet, considérées par l'aide comme des canaux de financement plus sûrs et comme des vecteurs de démocratisation et de changement social, les ONGP sont chargées de programmes d'appui à la démocratisation, aux droits de l'Homme, à la promotion de la femme, etc.

Ainsi, cette nouvelle ère a favorisé la création d'organisations plus professionnelles, gérées par des salariés formés en *management*, à la gestion administrative et financière, appliquant le plus souvent les procédures des bailleurs de fonds.

- La construction d'un État, préfiguré par la création de l'AP constitue le second facteur déterminant de l'évolution du champ des ONGP au cours de la décennie 2000. La création de l'AP a constitué un tournant historique pour les ONGP en bouleversant le schéma d'organisation de la société par la base. En effet, avant les années 1990, les ONGP se sont développées en l'absence d'administrations centrales ou locales capables de fournir des services de base et d'encadrer leur action. Ainsi, elles se sont historiquement forgées en l'absence de centre politique que l'AP, à partir de 1994, est censée incarner. Dans une certaine mesure cette situation continue de prévaloir du fait du processus de consolidation des institutions de l'AP qui souffre d'un manque évident de légitimité (nombre de responsables en poste ne sont pas élus, leur champ d'action est limité du fait du morcellement du territoire par l'autorité israélienne), mais

[2] De 500 millions de dollars US en 1999 à environ 3 milliards de dollars US en 2008. MAS report

elle n'en prétend pas moins exercer ses compétences et contrôler la société civile.

La création d'une autorité centrale chargée de définir les politiques sociales et économiques génère des tensions avec le monde associatif qui doit désormais compter avec un pouvoir central qui construit sa propre relation avec la société et dont les prérogatives sont plus théoriques que réelles.

Dans ses premières années d'existence, l'AP a considéré que les ONGP fournissant des services de base concurrençaient sa propre mission tout en reconnaissant qu'elles étaient nécessaires pour compléter son action dans des secteurs et/ou des zones où elle n'est pas en capacité d'agir (zone C de la Cisjordanie sous contrôle civil et militaire d'Israël, Jérusalem-Est, Gaza plus récemment). Les ONGP craignaient quant à elles que la création de l'AP ne détourne une grande partie des financements qui leur étaient alloués[3] et leur fasse perdre une partie de leur autonomie, alors même que l'efficacité de l'action de l'AP dans leurs domaines de compétence était fréquemment mise en doute par les bénéficiaires comme par les bailleurs et experts indépendants. Une partie des grands réseaux d'ONGP est d'ailleurs née d'un besoin de repositionnement face à cette nouvelle autorité centrale. Cela a favorisé une certaine structuration des ONGP et le dialogue avec l'AP a été initié à l'occasion de l'élaboration de la Loi sur les organisations de la société civile, adoptée en 2000.

Au début des années 2000, l'élaboration du Plan National de Développement (PND 2011-2013)[4] marque une nouvelle ère de collaboration engagée entre AP et les ONGP. Les deux parties cherchent à établir une base de collaboration pour se renforcer, l'AP pour gagner en légitimité auprès des populations, et les ONGP pour gagner en efficacité.

---

[3] La contribution financière internationale au budget de l'AP est passée de 324 millions de dollars US en 2005 à 1,09 milliard de dollars US en 2007, pendant que l'aide au développement diminuait de 481 millions de dollars US à 385 millions de dollars US pendant la même période. *in* « Tracking External Donor Funding to Palestinian Non-Governmental Organizations In the West Bank and Gaza 1999-2008 », Palestine Economic Policy Research Institute (MAS), 2009

[4] Volonté marquée du gouvernement de faire participer les organisations de la société civile à l'élaboration des stratégies sectorielles et thématiques. Néanmoins l'exercice a montré quelques limites du fait d'une certaine précipitation et impréparation sur les manières d'organiser une concertation large et efficace.

En plus de ces grands facteurs, l'action des ONGP reste marquée par :

- le durcissement de l'occupation israélienne et le morcellement du territoire (blocus de Gaza, expansion des colonies à Jérusalem et en Cisjordanie) qui restreignent encore la mobilité des personnes et des biens et induisent une forte dégradation de l'économie (la pauvreté atteint 34% de la population, avec de fortes variations entre Gaza (55%) et la Cisjordanie (20%), et le taux de chômage est de 22,8% en Cisjordanie et dépasse les 40% à Gaza)[5] ;
- l'accroissement de la demande de services de base induit par cette situation économique et une forte croissance de la population ;
- la fragmentation de la société liée à l'absence de leadership reconnu et légitime (dissensions au sein du gouvernement, responsables locaux souvent non élus, polarisation idéologique et religieuse, etc.)

1.2. Caractéristiques générales des ONGP

Dans le contexte spécifique des Territoires Palestiniens (conflit, fragmentation territoriale, reconnaissance récente de l'État, aide internationale importante, crise humanitaire chronique), les ONG sont des acteurs essentiels de la société. Elles sont régies par la Loi sur les associations de charité et les organisations de la société civile adoptée en 2000. Le secteur associatif palestinien est néanmoins très hétérogène.

Les organisations sont très diverses en termes :

- de **taille** (budget annuel de quelques centaines d'euros à plusieurs dizaines de millions d'euros). L'ONG *PARC* (*Palestinien Agriculture Relief Committee*) créée en 1983 dispose d'un budget supérieur à celui du Ministère de l'Agriculture censé être son ministère de tutelle. À l'inverse on trouve dans les TP une multitude de micros-ONG qui fonctionnent avec des budgets de quelques centaines d'euros.
- de nombre de **bénéficiaires** : Dans le secteur de la protection de l'enfance par exemple, certaines ONG travaillent à l'échelle d'une petite communauté de village, n'excédant pas une

[5] D'après le Human Development Report 2009/2010 du Programme des Nations-unies pour le Développement.

centaine de bénéficiaires, parfois quelques dizaines : tel est par exemple le cas de la *Rehabilitation and development association for wall villages in Western Jenin* qui s'occupe de mettre en place un réseau de crèches (10 en tout) à Jénine dont chacune n'accueille pas plus d'une centaine d'enfants. D'autres s'occupent d'ouvrir des centres de loisirs et d'accueil dans des camps de réfugiés (*Al Quds Charitable Society*), là aussi le nombre de bénéficiaires reste très limité. À l'inverse il existe des ONG aux objectifs beaucoup plus ambitieux, aux nombres de bénéficiaires plus large et qui travaille plutôt à l'échelle nationale : *Palestinian Medical Relief Society* qui agit dans l'ensemble des TP (WB+Gaza) dans le domaine de la santé ou le *Palestinian Center for Human Rights*.

- de **missions** et de **champs de compétences** : en l'absence d'une autorité centrale encore forte et présente sur l'ensemble du territoire, les ONG couvrent tous les secteurs. Santé (*Palestinian Medical Relief Society, Palestinian Red Crescent, Diabetics Friends Society*), Droit de l'Homme (*Al Mezan, Al Haq, Palestinian Center for Human Rights*), Audio-visuel (*TAM – Women Media and Development*), Agriculture (*PARC-Palestinian Agriculture Relief Society, Al Massara Agricultural Organisation*), Tourisme Solidaire (*ATG - Alternative Tourism Group*), Droits des femmes (*Women's Center for Legal Aid and Counselling*), Micro-finance (*Stars of Hope*), Protection de l'enfance (*Atfaluna, Theater Day production*), Education, Développement, Plaidoyer, Protection animale, environnement, etc.
- d'**organisation** : il existe dans les TP des **plateformes** d'ONG qui s'organisent pour mieux coordonner leurs actions et pour harmoniser leurs objectifs et leurs discours. C'est le cas de PNGO qui regroupe 132 organisations.
- Il existe également des organisations servant de **mécanisme de financement**. C'est le cas de NDC (NGO Development Center) qui fournit un support technique et financier à des ONG plus petites dans le but de les aider à se structurer.
- de compétences, d'ancienneté, d'impact, d'efficacité, et même de légitimité auprès des communautés.

La question du rapport à l'identité religieuse constitue bien évidemment un autre critère de distinction et correspond, dans le cadre de ce rapport, à la principale variable que nous allons étudier.

1.3. Le rôle spécifique des ONGP dans les Territoires palestiniens

Face à une autorité palestinienne aux pouvoirs très limités et à l'occupation militaire israélienne des Territoires palestiniens, les ONGP continuent de jouer un rôle fondamental pour la société palestinienne, en tant que pourvoyeuses de services essentiels aux populations, Compte tenu du contexte local, elles constituent un moyen efficace d'apporter des services dans les zones et les secteurs où l'Autorité palestinienne ne peut intervenir ou seulement de façon limitée (Jérusalem, Gaza, zones à proximité du mur). Elles restent également des acteurs influents dans la construction de la nation palestinienne, notamment au niveau local, tout particulièrement dans un contexte de crise des structures partisanes

Les ONGP sont des intermédiaires indispensables entre les communautés qu'elles appuient, le gouvernement, les bailleurs de fonds et la communauté internationale. Au-delà de leur fonction de pourvoyeuses de services, les autres acteurs (secteur privé, AP) attendent des ONGP qu'elles s'assurent que les institutions de l'État et les politiques mises en œuvre soient établies en réponse aux attentes de la population, en participant notamment à la formulation des politiques publiques, à la définition des priorités et des politiques aux niveaux local et national. Il existe ainsi des mécanismes de coordination de l'intervention des ONG pris en charge par le ministère du Plan et du Développement administratif (MoPAD) visant à coordonner l'aide des bailleurs aux ONG vers les secteurs les moins couverts par les ONGP.

Toutefois, la diversité des ONGP et la fragmentation du territoire limitent leurs capacités à jouer ce rôle.

1.4. Les principales faiblesses des ONGP et les défis pour le secteur

Les principaux dysfonctionnements du secteur des ONGP sont[6] :

---

[6] Les études d'impact des projets de financement d'ONGP des bailleurs de fonds, les enquêtes auprès des ONGP, soulignent les mêmes faiblesses.

- Les effets négatifs de l'aide extérieure sur l'efficacité des ONGP, la qualité et la pertinence des services rendus. La dépendance des ONGP à l'aide extérieure, (i) conduirait certaines à accorder plus d'attention aux attentes des bailleurs qu'aux besoins réels identifiés sur le terrain, (ii) entraînerait une certaine inefficacité des ressources, les services rendus n'étant pas à la hauteur des montants mobilisés, (iii) mettrait l'accent sur les rapports qu'ils font aux bailleurs et la traçabilité des fonds au détriment de la transparence envers les bénéficiaires, (iv) ferait peu de cas de l'impact, de la qualité et de la viabilité des actions ;
- La difficulté des ONGP à se structurer pour articuler une vision stratégique de leur action. Préoccupées par leur survie (recherche de fonds), par leur agenda politique dans leurs zones d'influence respectives, les ONGP sont peu enclines à articuler leurs actions aux enjeux nationaux et à assurer la coordination avec l'AP. Le manque de vision stratégique commune sur leurs rôles et sur les priorités de leur action au service du développement palestinien renforce le poids des bailleurs ;
- Le financement des bailleurs de fonds aux ONG est mal coordonné. L'architecture des financements est complexe, dans les stratégies d'allocation des fonds et les procédures de mise en œuvre des financements, propres à chaque bailleur. Il en résulte des manques de synergie stratégique et opérationnelle et une compétition excessive sur l'allocation de ces ressources.

Face à ces faiblesses, les ONG répondent en essayant d'améliorer leurs procédures. De nombreuses initiatives sont ainsi entreprises avec la mise en place de mécanismes institutionnels de discussion rassemblant l'ensemble des acteurs (ONG, AP, collectivités locales, secteur privé) sur les questions d'importance nationale, et le renforcement de leur rôle de plaidoyer pour influencer les politiques publiques ; la promotion de standards, l'amélioration de l'environnement légal et réglementaire de l'action des ONGP ; le renforcement de leur réseau (coordination des différentes organisations), l'établissement de partenariats entre ONG au niveau national ou sectoriel ; l'amélioration de la gouvernance des ONGP (notamment transparence vis-à-vis de leurs bénéficiaires), renforcement du rôle et de la capacité des populations locales dans la vie de l'ONG et le développement local, renforçant la légitimité des ONGP ; la promotion de la durabilité de l'action des ONGP.

Les principaux défis auxquels est confronté le secteur des ONGP, et, au-delà même, l'action de ses principaux partenaires, Autorité Palestinienne et bailleurs de fonds, concernent la rationalisation des financements de l'aide extérieure et l'articulation de ses actions avec celle de l'AP.

1.5. Les acteurs confessionnels du développement

Bien que la portée et les implications du caractère religieux des acteurs restent variables, la spécificité religieuse des Territoires palestiniens fait de la dimension confessionnelle un enjeu particulièrement important, mais aussi un critère de distinction entre ONGP.

Si les communautés chrétiennes et musulmanes sont très représentées, presque aucune organisation juive en revanche n'intervient dans les Territoires palestiniens, hormis quelques initiatives marginales dans le domaine de la santé à Jérusalem-Est et la présence d'une poignée d'ONG spécialisée dans le plaidoyer. Bien que l'appartenance confessionnelle de ces ONG soit souvent établie, ces dernières ne dirigent pas leurs actions en fonction de l'appartenance confessionnelle de leurs bénéficiaires.

Les ONG chrétiennes sont quant à elles très nombreuses. La diversité des Églises et mouvements représentés est réelle et sans doute unique à l'échelle de la région, voire du monde. Plus ou moins bien implantés auprès des populations locales, d'ancienneté variable, les acteurs confessionnels palestiniens sont particulièrement nombreux. La présence d'ONG chrétiennes, de toutes obédiences, dépasse largement la proportion de la population chrétienne palestinienne, que l'on estime à environ 2%. Cette sur-représentation s'explique notamment par la présence d'importantes congrégations étrangères, notamment à Jérusalem et Bethléem qui développent des activités caritatives, tout particulièrement dans le domaine de l'éducation, mais aussi de la santé. La forte présence d'acteurs chrétiens se comprend également en lien avec l'investissement des différentes Églises dans des projets de soutien aux « Chrétiens d'Orient » perçus comme des communautés menacées ou en voie de disparition. Dans le même temps, cette sur-représentativité des acteurs confessionnels chrétiens, structurés en ONG ou non, implique, dans une société palestinienne qui est massivement musulmane, que les bénéficiaires principaux ne sont pas systématiquement chrétiens. Les logiques d'exclusion sont rares et les Chrétiens, particulièrement parce qu'ils sont fragmentés en de nombreuses congrégations qui entretiennent souvent des relations tendues, ne sont que très localement, et ponctuellement, en mesure de constituer une population cible suffisante pour une ONG, autrement qu'à l'échelle micro locale.

L'ancienneté de l'implantation des congrégations tout comme les liens anciens tissés avec l'étranger participent à leur rayonnement au-delà des communautés chrétiennes. Tel est par exemple le cas de différentes écoles (Frères lassaliens, St George, Sœurs du rosaire) de Jérusalem dont la majorité des élèves est musulmane, tout comme une partie non-négligeable du corps enseignant. Il en va de même pour différents hôpitaux de Jérusalem-Est (St Joseph ou Augusta Victoria). Ces structures bénéficient de financements divers venant tant des bénéficiaires que d'Églises étrangères que de bailleurs internationaux. Dans un contexte ultra-minoritaire, la question du prosélytisme, tout particulièrement provenant de « Nouvelles Eglises » protestantes n'apparaît pas comme significatif. Le déploiement de structures liées à des Églises étrangères qui n'ont pas d'implantation historique parmi les populations palestiniennes n'a qu'un effet marginal. Tel est par exemple le cas de l'Université mormone implantée sur le Mont des Oliviers à Jérusalem. Le faible attrait exercé par ces nouvelles Églises, souvent liées aux Etats-Unis, s'explique tout particulièrement par leur positionnement politique perçu comme favorable à Israël et au projet sioniste.

Les acteurs confessionnels musulmans, bien qu'eux aussi fragmentés, et parfois moins visibles, car davantage soumis au contrôle international et à la stigmatisation que les acteurs chrétiens, dominent la société civile, tout particulièrement au niveau local. Les mosquées par le biais de la zakat (aumône légale) constituent un maillon important de la société civile. Très bien implantés au niveau local, les comités de zakat, établis formellement dans les années 1970 par les Jordaniens, continuent de mener des projets caritatifs sous occupation israélienne et apportent une réponse locale indépendante des circuits traditionnels de l'aide internationale. Leur rôle a ainsi évolué et s'est progressivement politisé[7]. Depuis l'établissement de

[7] SCHÄUBLIN (Emanuel), 2009, "Role and Governance of Islamic Charitable Institutions : The West Bank Zakat Committees (1977–2009) in the Local Context", Rapport du *Centre on Conflict, Development and Peacebuilding*, Genève, p. 4

l'Autorité palestinienne en 1994, l'indépendance et la loyauté de comités de zakat ont progressivement été mises en cause. En 2007, le conflit qui a opposé le Fatah et le Hamas contribue à faire évoluer considérablement la gouvernance de ces comités alors que le Fatah entreprend leur réforme en Cisjordanie pour mieux les contrôler. Pour autant, les deux mouvements continuent de prétendre que les comités restent indépendants[8].

Les biens waqf (biens de main-morte) permettent eux aussi de financer des activités caritatives. Cette ressource fait l'objet d'une captation croissante par les structures liées à l'AP mais aussi à Gaza depuis 2006 sous le gouvernement contrôlé par le Hamas, via les ministères des Awqaf. Le contrôle de cet argent constitue ainsi un enjeu et une source de tension importante. La fermeture en 2007 de Comités de Zakat dans la Cisjordanie par l'AP (encouragée en cela par les Etats-Unis mais aussi par Israël) qui les accusait de détourner, au bénéfice du Hamas, l'argent destiné à des actions caritatives, a eu un retentissement local très important et a conduit à une réorganisation du secteur, favorisant l'évolution des structures vers la forme d'ONG. En 2006, juste avant sa fermeture autoritaire, le Comité de zakat de la ville de Hébron parvenait à fonctionner avec un budget annuel de 7 millions de US$. Une part (évidemment difficile à déterminer) de cet argent est dorénavant contrôlée par le ministère des Awqaf de l'AP, alors qu'une autre part a été transférée (par la volonté des donateurs individuels palestiniens) vers des acteurs confessionnels musulmans (mais pas nécessairement islamistes)[9].

La question du prosélytisme des acteurs confessionnels musulmans reste difficile à évaluer, notamment parce que la définition de ce que peut représenter le prosélytisme dans une société aussi majoritairement musulmane que l'est la société palestinienne n'est pas aisée. De plus, la faible institutionnalisation de l'Islam (contrairement au christianisme qui se structure en Églises et désigne un clergé hiérarchisé) ne facilite pas l'identification d'une « migration » d'une identité musulmane à une autre. Les effets d'un prosélytisme religieux apparaissent dès lors peu évidents à évaluer ou à quantifier. Au sujet du prosélytisme ou de pratiques d'exclusion de bénéficiaires potentiels (fondées sur des critères confessionnels ou alors politico-religieux),

---

[8] Schäublin, p. 4

[9] BENTHALL (Jonathan), « The Palestinian Zakat Committees 1993–2007 and Their Contested Interpretations », Institut de Hautes Etudes Internationales et de Développement, Genève, 2008, p.7

l'influence des donateurs internationaux a sans nul doute favorisé un « polissage » du discours et une intégration plus grande des normes de gestion, des bonnes pratiques dans le compte-rendu qui est fait des activités des ONG. De même, la stigmatisation, dans le sillage du 11 septembre 2001, mais aussi dans le contexte du conflit entre le Fatah et le Hamas à partir de 2006, des ONG confessionnelles musulmanes, accusées d'être liées à différents mouvements armés inscrits sur les listes des organisations considérées comme terroristes a sans nul doute produit de la méfiance à l'égard des observateurs, notamment lorsqu'ils sont étrangers tout en favorisant une certaine clarification des pratiques et un cloisonnement plus strict des activités politiques et caritatives, liées à des projets de développement ou d'urgence.

Fort de ces propos liminaires permettant de contextualiser le champ des acteurs confessionnels en Palestine, nous avons distingués huit ONGc rendant compte de la diversité de ces acteurs. Chaque type se trouve, plus bas dans le rapport, incarné par une étude de cas. Il est entendu que les différents types ne sont pas tous aussi représentatifs les uns que les autres, ni nécessairement aussi actifs ou aussi efficaces. Ils sont soumis à des pressions très différentes venant aussi bien de l'AP, que des Israéliens ou de la « communauté internationale » et entretiennent des relations de dépendance variées à l'égard des bailleurs internationaux.

2. Fiches Acteurs Confessionnels

2.0 Liste des acteurs étudiés

Acteurs chrétiens

- Caritas (ONG chrétienne internationale fondée sur Eglise autochtone)
- Christian Aid (ONG chrétienne internationale fondée sur Eglise non-autochtone, démarche d'advocacy)
- Episcopal diocese of Jerusalem (acteur chrétien local)
- DanChurchAid (ONG chrétienne internationale fondée sur Eglise non-autochtone, démarche laïque de développement)

Acteurs musulmans

- Secours Islamique France (ONG musulmane internationale, démarche laïque de développement)

- Islamic Society of Gaza (ONG musulmane locale, démarche islamique à Gaza, liens avec le Hamas)
- Islamic Charitable Society (ONG musulmane locale, démarche islamique en Cisjordanie)
- Gaza Zakat comité (ONG musulmane de collecte de zakat, démarche indépendante)
- Makassed Islamic Hospital (ONG musulmane de santé, démarche indépendante)

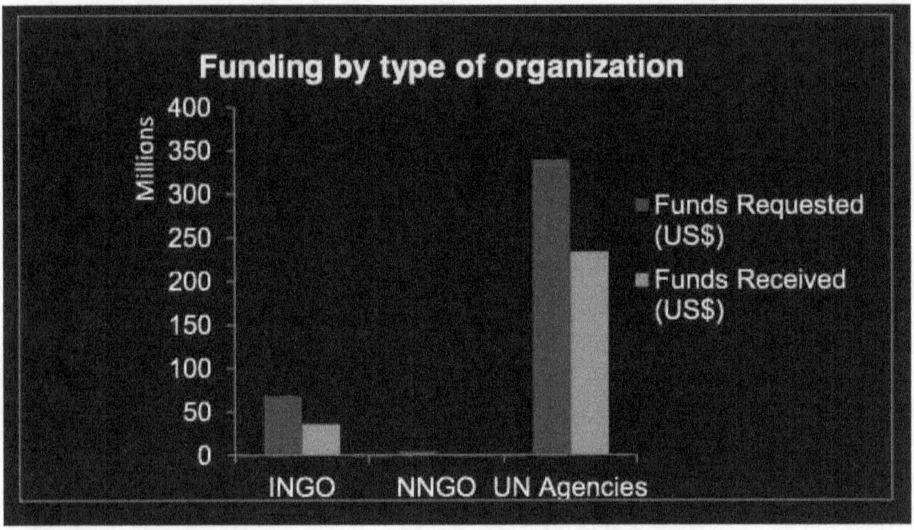

Graphique 2 : Part des ONGs dans l'effort de financement des projets humanitaires et de développement en Cisjordanie et Gaza, ONU-OCHA 2013

2.1. Secours Islamique France[10]

Profil : ONG française d'envergure internationale, reconnue par l'Autorité Palestinienne.

Domaine d'intervention : Aide à l'enfance, sécurité alimentaire, hygiène et accès à l'eau potable

Implantation géographique : SIF intervient directement ou via le réseau Islamic Relief dans plus d'une trentaine de pays. Pour la Palestine, qui représente un quart de leur programme en termes financier, SIF est présent dans la bande de Gaza et la Cisjordanie (l'ensemble des gouvernorats sauf Jérusalem-Est). Ils sont très

[10] Informations recueillies sur le site internet www.secours-islamique.org et lors d'entretiens au siège de SIF à Ramallah au mois de janvier 2013

implantés (budget annuel supérieur à un million d'euros par an et par mission) au Pakistan, au Tchad, à Haïti, en Tunisie et dans la Corne de l'Afrique. Leur présence est également notable (budget supérieur à 200.000 euros par an et par mission) au Sénégal, à Madagascar, en Algérie, au Bangladesh, en Syrie, en Iraq, en Tchétchénie, au Mali, au Liban, au Soudan, en Inde et au Niger. SIF est une organisation française, dont le siège est en France (Massy et Saint Denis). La France fait également partie de leurs pays d'intervention prioritaire.

Histoire : Fondé en 1991, le Secours Islamique France (SIF) est une organisation non gouvernementale de Solidarité internationale à vocation sociale et humanitaire. Membre de la famille IRW (Islamic Relief Worldwide), il soutient les populations défavorisées dans une trentaine de pays.

Partenariats : SIF travaille en coordination avec l'ensemble des organisations internationales en Palestine dans les domaines de l'enfance et de la sécurité alimentaire. Plus particulièrement, l'ONG s'est engagée dans un partenariat avec le Ministère palestinien des Affaires Sociales pour son travail auprès des enfants victimes de violence. SIF revendique des méthodes de bonne gestion administrative : transparence financière, non-discrimination, etc.

Affiliations : SIF est l'un des membres les plus importants d'Islamic Relief, coordination d'ONG basée en Angleterre, et a déjà bénéficié de financement ECHO. Elle est également membre de nombreuses plateformes d'ONG dont les plus importantes sont Coordination Sud, Coalition Eau, CRID et VOICE.

Mode d'organisation : La structure est très souple et largement orientée vers un recrutement local.

Organisation interne et ressources humaines : non communiquée

Liens avec les institutions religieuses : Aucun, si ce n'est la présence de troncs pour la collecte dans certaines mosquées en France durant la période du mois de Ramadan.

Financement et budget de fonctionnement : Non communiqué.

Populations visées : Sans discrimination, population marginalisée et enfance. Mise en avant explicite de leur projet laïc et refusant toute discrimination ou exclusion de bénéficiaires à la fois localement et internationalement (le choix des terrains d'intervention ne se fait pas sur des critères confessionnels). Forte volonté de normaliser la présence d'un acteur confessionnel musulman dans le champ des ONG de développement.

Objectifs / Valeurs : Se consacre à atténuer les souffrances des plus démunis en France et dans le monde. SIF intervient là où les besoins humanitaires et sociaux l'exigent par la mobilisation de secours d'urgence et la mise en place d'actions de développement. Ainsi, les champs d'action privilégiés concernent la sécurité alimentaire, l'eau, l'hygiène et l'assainissement et l'enfance. L'ONG s'inspire des valeurs de l'islam, celles de la solidarité et du respect de la dignité humaine, qu'il place au centre de ses préoccupations. Il appelle, par son engagement, ses valeurs et ses missions, à la construction d'une solidarité humaine qui transcende les différences et les frontières.

Mode d'intervention : soit dans le cadre de cluster, soit avec ses propres partenaires sur le terrain.

Programmes : SIF intervient principalement dans quatre domaines qui sont : l'aide à l'enfance. (30 programmes dans le monde), l'aide et la sécurité alimentaire (17 programmes), l'urgence et le 'post-urgence' (7 programmes dans le monde) et l'accès à l'eau et les installations sanitaires (5 programmes). Concernant leur travail en Palestine, les deux tiers de leur budget vont à l'aide à l'enfance (un programme autour de l'autisme et un second tourné vers les enfants victimes de violence). Ils travaillent également à la distribution d'aide alimentaire appuyée sur un réseau de partenaires locaux qui leur permet de toucher plus de 16 localités en Cisjordanie, ainsi qu'un programme d'urgence à Gaza (distribution de kit d'hygiène et de nourriture pour nourrissons et mères). Ils poursuivent leurs programmes ponctuels comme la distribution alimentaire durant les fêtes de Ramadan, de l'Aïd al-Adha et de l'Aïd al-Fitr. SIF est en train de développer un programme d'accès à l'eau potable en Palestine

2.2. Caritas[11]

Profil : Caritas Jérusalem a été créée en 1967, après la guerre des Six Jours. L'organisation s'efforce de répondre aux besoins sociaux, économiques, en matière de santé et d'aide humanitaire de la population palestinienne en Cisjordanie (Jérusalem-Est compris) et dans la bande de Gaza. Caritas milite également pour permettre au peuple palestinien de réaliser pleinement son potentiel et d'agir comme « une voix pour les sans voix ».

---

[11] Informations recueillies surd le site internet www.caritas.org et lors d'entretiens au siège de Caritas au mois de janvier 2013

Identité ou références confessionnelles : Lien avec le patriarcat latin de Jérusalem. L'ONG est présidée par le Patriarche lui-même, Mgr Fouad Twal. Ce dernier souligne son lien « indissoluble avec l'église catholique, universelle et ouverte à tous ». L'ONG est également très étroitement liée au Vatican.

Domaine d'intervention : L'organisation cherche à améliorer la qualité de vie et l'accès aux services sociaux et médicaux des personnes les plus démunies, des personnes âgées et des personnes marginalisées, en encourageant le leadership des jeunes, en améliorant la sécurité alimentaire, en créant des opportunités économiques par le biais de plans souples de crédit (projets de micro-crédits) et de création d'emplois, en fournissant une aide humanitaire d'urgence en temps de crise et en plaidant la cause des Palestiniens sur la scène internationale. Caritas Jérusalem intervient également dans les domaines de l'éducation et de la santé (avec une clinique à Gaza et deux en Cisjordanie).

Partenariats : Caritas Jérusalem travaille en collaboration avec d'autres partenaires internationaux et d'autres organisations Caritas, principalement dans des programmes venant en aide aux personnes malades et vulnérables, par exemple en aidant des médecins à venir à Gaza pour pratiquer des interventions chirurgicales à des coûts abordables, et en expédiant des colis alimentaires et de médicaments aux personnes qui en ont le plus besoin. L'organisation met également en place des programmes éducatifs et de soutien aux familles, fournit du matériel de rééducation pour les personnes blessées aux cours d'interventions militaires, et réalise des évaluations de besoins dans les Territoires palestiniens.

Mode d'organisation, financements et budget : Non communiqué

Populations visées : Populations les plus vulnérables ou les plus nécessiteuses sans distinction d'origine ou de religion. Caritas Jérusalem revendique 35 000 bénéficiaires de toutes confessions.

Objectifs / Valeurs : Organisation humanitaire caritative. Claudette Habash, directrice de Caritas Jérusalem rappelle que « Caritas [aide] tous les enfants de Dieu sans aucune discrimination. Nous savons aujourd'hui que les Chrétiens sont en difficulté, ils sont certes une partie de notre travail et soyez sûrs que nous ne les oublions pas. Mais notre travail est aussi à Gaza où les Chrétiens ne sont que 2 000, 2 500, nous ne faisons pas de discrimination ».

Mode d'intervention : Aide projets et actions en continu sur le terrain.

Programmes : Actuellement Caritas Jérusalem gère plusieurs centres d'accueil : trois centres sanitaires dont un à Gaza, un centre pour personnes âgées à Ramallah et un centre de réhabilitation pour toxicomanes dans la vieille ville de Jérusalem. Caritas Jérusalem mène également un programme de « Cash-For-Work » qui offre aux populations des possibilités d'emploi à court terme, tout en aidant leurs communautés. Le programme comprend la rénovation d'écoles, de routes, de systèmes d'écoulement des eaux, de plantations d'arbres, ainsi que la réalisation de broderies destinées à la vente. Parallèlement, Caritas permet de fournir annuellement 450 bourses pour étudiants sans ressources, 85 postes de travail, 100 couvertures sanitaires à des foyers défavorisés, et enfin, développe une activité de micro-crédits.

2.3. Islamic Charitable Society[12]

Profil : L'ONG Islamic Charitable Society a été créée en 1961 sur la base d'une initiative locale dans le but de subvenir aux besoins des orphelins et des Palestiniens les plus pauvres. L'ONG, basée à Hébron, vient en aide à plus de 4 000 orphelins dans la ville et ses alentours. Très bien implantée localement, ICS-Hébron compte 1400 membres dans son assemblée générale. ICS-Hébron revendique une approche « caritative, non politique et non affiliée ». Son intervention se fonde sur la jurisprudence islamique, la Loi fondamentale palestinienne, les principes fondamentaux des droits de l'Homme et sur les principes de l'Islam qu'elle résume ainsi : Solidarité, fraternité, entraide.

Affiliations : L'ONG a été accusée par les Israéliens d'entretenir des liens importants avec le Hamas, qui ont tenté de la faire interdire. L'ONG revendique toutefois une indépendance politique et partisane et insiste sur le fait qu'elle n'a pas eu à subir d'interdiction par l'AP, contrairement aux autres bras caritatifs du Hamas en Cisjordanie après 2006.

Domaine d'intervention et populations ciblées : ICS-Hébron intervient dans trois domaines principaux : (i) L'assistance aux

---

[12] Informations recueillies sur le site internet www.ics-hebron.org et lors d'entretiens au siège de ICS au mois de janvier 2013

orphelins et aux Palestiniens les plus pauvres ; (ii) L'éducation ; (iii) La santé. L'assistance aux orphelins constitue la priorité de l'ONG.

Implantation géographique et partenariats : Hébron et ses alentours. ONG financée par les cotisations des membres et les dons de la communauté, l'ONG ICS-Hébron a également récemment signé un accord de partenariat avec UNDP[13]. Cependant, cet accord n'est pas visible sur son site internet.

Organisation interne et ressources humaines : Le comité de direction composé de neuf membres (un Président, un délégué du Président, un secrétaire, un trésorier et cinq membres permanents). Une assemblée générale.

Objectifs / Valeurs : « Bonne gestion, responsabilité et transparence ». La vision de l'ONG se traduit par une volonté de « solidarité désintéressée et une assistance aux orphelins dans le but de contribuer à construire une société palestinienne digne ».

Les objectifs d'ICS-Hébron sont :

- « Inculquer les principes et les valeurs d'un Islam orthodoxe dans l'esprit des orphelins. Cela les aidera à se reconstruire et à être heureux dans ce monde ».
- « Fournir aux orphelins, filles et garçons, un abri décent dans un environnement sûr et sain, dans lequel ils reçoivent les meilleurs services en terme d'éducation et de soin ».
- « Fourniruneéducationquipermetted'interagiretdedévelopperlasociété ».
- « Fournir aux orphelins les outils pour être capable de se développer seul, de vivre décemment en les aidant économiquement par des dons et l'appui à leurs projets personnels ».

Mode d'intervention : Assistance continue aux orphelins et à certains bénéficiaires ciblés spécifiquement (les plus démunis). Actions ciblées pendant les fêtes religieuses musulmanes (mois de Ramadan, l'Aïd al-Adha, etc.)

Programmes : ICS-Hébron possède trois écoles dans la ville d'Hébron et six dans les campagnes alentour. L'ONG fournit des services :

---

[13] UNDP, Programme des Nations Unies pour le développement, www.pnud.org. Site consulté en janvier 2013.

- Complet pour 250 orphelins dans la ville d'Hébron (abri, éducation, santé),
- Partiel pour 1 500 orphelins d'Hébron principalement à travers la mise à disposition des structures éducatives,
- Partiel pour 1 500 orphelins d'Hébron et ses alentours, qui n'appartiennent pas aux écoles d'ICS-Hébron, à travers la mise à disposition d'aides financières. Durant le mois de Ramadan, ICS-Hébron distribue chaque jour 800 plats aux orphelins et plus démunis. Durant la fête de l'Aïd al-Adha, 3kg de viande sont distribués pour chaque orphelin.

Mode d'organisation, financement et budget de fonctionnement : Non communiqué.

2.4. Christian Aid[14]

Profil : ONG d'envergure internationale, initialement créée au Royaume-Uni, elle intervient principalement en Asie, en Amérique du Sud, en Afrique et au Moyen-Orient.

Domaine d'intervention : Assistance aux réfugiés, assistance au développement d'une agriculture viable et pérenne, éducation et développement de l'enfant, participation et émancipation des femmes, défense des droits de l'Homme.

Histoire : Née dans les années 1940, le premier objectif de cette émanation du Conseil des Églises britanniques est l'assistance aux réfugiés européens de la Seconde Guerre Mondiale. Au cours des années suivantes, elle développe ses activités de collecte en Angleterre, de plaidoyer pour lutter contre la pauvreté en participant à l'élaboration de politiques économiques basées sur l'équité, et continue à étendre ses missions en dehors de l'Europe. L'ONG revendique une politique de responsabilité écologique dans la conduite de ses programmes et cherche à sensibiliser au niveau des organisations internationales.

Partenariats : Dans les Territoires palestiniens, Christian Aid intervient avec The Palestinian Agricultural Relief Committees, Women's Affair Center de Gaza, YMCA en Cisjordanie, et soutient les activités de différentes organisations des droits de l'Homme en Israël (B'Tselem et Breaking the Silence), le groupe al-Haqq à

[14] Informations recueillies sur le site internet www.christianaid.org.uk, Site consulté en janvier 2013.

Ramallah, le Parent's Circle Families Forum formée de familles israéliennes et palestiniennes, et enfin, apportent un soutien à l'Ecumenical Accompaniment Programme for Palestine and Israel dans sa mission de surveillance des activités aux checkpoint par l'envoi d'observateurs internationaux.

Affiliations et liens avec les institutions religieuses : En lien avec les églises anglaise et irlandaise, membre d'ActAlliance, ECHO, UKAID, Department for International Development (UK), PNUD, USAID, Irish Aid, Comic Relief

Financement : Sur un budget général de 110 millions d'euros, 38% proviennent de sources institutionnelles, le reste sont des dons (18% dons réguliers, 8% donations, 9% appels d'urgence, 13% lors des Christian Aid Week, et 13% de donations ponctuelles)

Populations visées : Dans sa défense des droits de l'Homme, Christian Aid s'adresse principalement aux femmes et aux enfants à travers ses missions éducatives. Mais en soutenant la campagne de boycott des produits israéliens, elle se rapproche d'un second volet de son travail qui est le soutien à une agriculture pérenne et de qualité du côté palestinien. D'inspiration chrétienne, elle insiste sur le rôle des familles comme moteur des changements sociaux et comme acteurs incontournables de leurs programmes.

Objectifs / Valeurs : « Solidarité, dignité et respect, justice et équité, coopération locale et transparence ». Christian Aid insiste sur la nécessité de s'attaquer aux causes de la pauvreté, en soutenant toutes les initiatives de défense des droits de l'Homme.

Budget de fonctionnement : 1,345 millions d'euros pour Israël-Territoires Palestiniens.

Programmes principaux :

- Développement et assistance aux fermiers palestiniens ;
- Soutien aux droits des femmes ;
- Intervention multi facettes dans le camp de réfugiés (première urgence).

2.5. DanChurchAid – DCA[15]

Profil : DanChurchAid - DCA est une ONG danoise crée en 1922 et est une émanation de l'Eglise évangélique luthérienne danoise.

---

[15] Informations recueillies sur le site internet www.DanChurchAid.org, Site consulté en janvier 2013.

Elle est présente dans les Territoires palestiniens depuis le début des années 1950. DanChurchAid cherche à soutenir les populations les plus pauvres. L'ONG s'appuie sur les principes chrétiens d'humanisme, de respect et d'égalité des droits de chaque individu. Bien qu'elle se base sur des valeurs religieuses, l'ONG revendique une volonté d'intervenir « là où la pauvreté est la plus forte, indépendamment des critères religieux, politiques, nationaux, genrés ou d'orientation sexuelle ».

Affiliations : pas d'affiliation connue. L'ONG revendique une indépendance politique et partisane. Elle est néanmoins proche de l'église luthérienne de Jérusalem.

Domaine d'intervention :

- Droits de l'Homme ;
- Amélioration des conditions de vie des populations marginalisées ;
- Assistance psychosociale ;
- Droits des femmes.

Partenariats : Dans les Territoires palestiniens, DanChurchAid travaille en partenariat avec de nombreuses structures particulièrement FinnChurchAid, EuropAid, ECHO, Caritas Suisse et Caritas Allemagne et War Child Holland.

Populations visées : Populations pauvres et marginalisées.

Objectifs / Valeurs : DanChurchAid-DCA est une ONG qui revendique son appartenance religieuse et qui fonde son action sur des principes religieux, humanistes et respectueux des droits de l'Homme. Elle milite pour un partage des richesses, des biens et des ressources. Le fondement de son action part du principe que chaque être humain est une création de Dieu, et donc, à ce titre égal et qui mérite un respect équivalent. « Cette vision de la nature humaine est la base de notre conception du droit ».

Mode d'intervention : Projet.

Mode d'organisation, financement et budget : non communiqué.

Programmes : DanChurchAid – DAC est actuellement engagée dans sept projets principaux

- 1. « Creating hope for poor graduated students in Palestine ». Ce programme développé grâce à un financement de FinChurchAid (102 000 euros) permet de venir en aide à 65 jeunes diplômés pour les aider à s'insérer sur le marché du travail.

- 2. « Human Rights for East Jerusalemites living under occupation ». Ce programme est subventionné par EuropAid (950 000 euros). Il permet de venir en aide à de petites structures locales et favorise, par le biais de formations, une meilleure sensibilité aux droits de l'Homme.
- 3. « Improving the living conditions of marginalised communities in Bethléem ». Ce programme est financé par la branche humanitaire de la Commission Européenne dans les Territoires palestiniens, ECHO, à hauteur de 620 000 euros, et vient en aide aux populations marginalisées de Bethléem en leur donnant accès à une ressource en eau.
- 4. « Providing psychosocial support for Children in Northern Gaza ». Ce programme d'assistance psychosociale vient en aide aux enfants de la bande de Gaza affectés par les effets du blocus et de la guerre. Il est financé par Caritas Suisse (343 000 euros), Development and Peace (38 000 euros) et FinnChurchAid (65 000 euros).
- 5. « Security risk management capacity building of INGOs and local NGOs ». Ce projet s'inscrit dans un programme plus large d'assistance aux populations civiles victimes de la guerre. Ce programme a été financé par ECHO (535 5000 euros) et est porté par DanChurchAid-DCA et Church World Service-Asia/Pacific (CWS-A/P). Il couvre également certaines zones géographiques d'Asie et d'Afrique.
- 6. « Summer camp in Northern Gaza – Integrating children with disabilities in the community ». Ce programme mis en place par DanChurchAid-DCA et financé conjointement par Caritas Allemagne et War Child Holland (20 000 euros) permet de venir en aide à des enfants handicapés victimes des traumatismes liés au blocus et à la guerre à Gaza.
- 7. « Women's Inheritance and property rights in Palestine ». Ce programme d'aide et de formation aux droits des femmes en Cisjordanie et à Gaza a été financé par EuropeAid (750 000 euros).

2.6. Gaza Zakat Committee[16]

Profil : Association régionale (bande de Gaza) reconnue par l'Autorité Palestinienne, enregistrée comme association musulmane de charité auprès de l'Autorité Palestinienne (sous le nom officiel depuis 1994 de Islamic Zakat Society, mais c'est son nom d'origine Gaza Zakat Committee qui reste dominant), mais agit en qualité de collecteur de la taxe zakat.

Domaine d'intervention : aide à l'enfance (orphelinat, assistance scolaire, centre d'apprentissage du Coran), assistance sociale (distribution d'argent et subvention aux familles nécessiteuses), médicale (programme d'assurance santé, couverture des frais de voyage pour hospitalisation, programme pour la lutte contre le cancer et l'insuffisance rénale), restauration de maisons détruites et distribution de nourriture et de vêtements à l'occasion de fêtes religieuses.

Histoire : Le Gaza Zakat Committe est créé en 1990 à l'initiative d'hommes d'affaires et de médecins de Gaza. Le Comité récolte la zakat dans les mosquées pour la redistribuer aux familles isolées et situées dans les zones soumises au couvre-feu israélien. Il créé également un programme de distribution alimentaire lors des fêtes religieuses. Le GZC est enregistré depuis 1994 (renouvellement en 2000) auprès de l'Autorité Palestinienne. Successivement autorisé par les autorités israélienne et palestinienne, le Gaza Zakat Committee a une longue expérience dans la gestion financière de dons personnels ou associatifs venant de l'étranger, et malgré la pression exercée depuis les attentats de septembre 2001 et le renforcement de la surveillance des associations musulmanes, il remplit tous les critères de bonne gouvernance.

Partenariats : Principalement avec des organisations locales, mais également avec des entreprises nationales pour obtenir des biens (couvertures, fournitures scolaires) dans le cadre de leurs distributions.

Affiliations : considérée comme non-partisane et indépendante. Mode d'organisation : Le Comité de la zakat regroupe différents membres (de toute obédience politique).

Organisation interne et ressources humaines : Plus de cinquante employés

---

[16] SCHÄUBLIN (Emanuel), 2009, "Role and Governance of Islamic Charitable Institutions : The West Bank Zakat Committees (1977–2009) in the Local Context", Rapport du *Centre on Conflict, Development and Peacebuilding*, Genève, pp. 32-34

Liens avec les institutions religieuses : La nature de leur fonctionnement impose une relation privilégiée avec les mosquées où sont effectués les dons. Considérant le rôle joué par le Hamas à Gaza, les liens sont parfois tendus avec l'ONG qui souhaite conserver son indépendance.

Financement : Historiquement partenaire privilégié de l'association chrétienne américaine Holy Land. Également financé par Croissant Rouge – Emirats Arabes Unis, Interpal, (UK), Islamic Relief (UK) al-Alamiya, beit al-zakat Koweit, Kuwait Islamic Society. Précédemment aidé par le PNUD ou Catholic Relief Services avant que leurs dons ne soient orientés vers l'Autorité Palestinienne. L'ONG revendique un tiers de son financement d'origine locale et deux tiers provenant de l'international (en particulier du monde arabe).

Populations visées : Les deux populations principalement visées sont les enfants et les familles en grande difficulté.

Objectifs / Valeurs : L'objectif premier est de venir en aide aux plus vulnérables (enfants et malades), de participer à l'effort éducatif et d'améliorer les structures sanitaires.

Mode d'intervention : Intervention directe sur le terrain grâce à un réseau de collaborateurs (associations islamiques ou non).

Budget de fonctionnement : 500 000 dollars annuels selon estimation

Programmes :

- Distribution de nourritures et de fournitures scolaires ;
- Assistance médicale (assurance, et aides ponctuelles) ;
- Orphelinat (plus de trois mille enfants pris en charge).

2.7. The Episcopal Diocese of Jerusalem[17]

Histoire : Diocèse anglican du Moyen-Orient dont l'histoire remonte au début du XIXème siècle. La première structure à ouvrir est l'école St Georges dans les années 1950 ainsi que l'Evangelical Home for Children de Ramallah en 1956, qui se développera par la suite au point de dispenser aujourd'hui des soins dans sa clinique. Dans les derniers développements du diocèse, mentionnons l'ouverture d'un centre de formation aux nouvelles technologies à Ramallah (2008) ainsi qu'un jardin d'enfants à Naplouse. Sur le volet sanitaire, le

[17] Informations recueillies sur le site internet www.j-diocese.org, Site consulté en janvier 2013.

centre de Jérusalem pour les enfants handicapés est fondé en 1965, tandis que celui de Naplouse est ouvert depuis le début du XXème siècle. Il dispense aujourd'hui des soins de haute qualité (plus de 10.000 scanners y sont effectués, et près de 3.000 opérations par an)

Domaine d'intervention : Éducation, formation et animation des jeunes enfants, santé, dialogue interreligieux et droits des femmes.

Partenariats et affiliations : non communiqué

Organisation interne et ressources humaines : Non communiqué.

Financement : Non communiqué

Mode d'organisation : Les différents centres sont sous l'autorité du diocèse, mais une grande part d'autonomie est accordée à chaque branche. De plus, les acteurs professionnels (médecins, éducateurs) ont une place prépondérante dans l'organisation, qui fait également appel à son réseau de volontaires internationaux pour la conduite de ses activités.

Liens avec les institutions religieuses : Eglise anglicane, Christ Church de Jérusalem, the Near East School of Theology (Liban) Mission to seafarers (Jordanie).

Bénéficiaires cibles : Enfants, femmes et volontaires chrétiens (pour les stations d'hébergements et les centres de formation théologiques).

Programmes :

- Éducation avec l'école et le lycée St Georges de Jérusalem, qui fut un haut lieu de formation des élites multiséculaires lorsque les déplacements entre la Cisjordanie et Jérusalem n'étaient pas entravés par le mur de séparation (2003),
- Formation aux nouvelles technologies avec le centre de Ramallah,
- Jardin d'enfants situé à Naplouse,
- Santé avec le Centre Basma pour les enfants en difficultés de Jérusalem, l'hôpital St Luc de Naplouse (chirurgie), la clinique Penman de Zababdeh (premiers soins en zone rurale), l'hôpital Al Ahli de Gaza (plus de 3500 consultations mensuelles, toutes spécialités) et la clinique de Ramallah (spécialisée sur les questions de diabète),
- Maison de retraite à Birzeit.

2.8. Islamic Society de Gaza[18]

Profil : L'Islamic Society de Gaza a été créée en 1976 dans le but de soutenir les « Palestiniens fidèles à leur religion et à leur patrie ». Selon les mots de son président, Dr Sassim Shahadeh Yasin, l'ONG s'est fixée comme objectif de « préserver l'identité arabe et islamique de la société palestinienne de la bande de Gaza ». L'ONG, officiellement indépendante, compte toutefois parmi ses membres Ahmad Yasin (assassiné par Israël en 2005), qui dix ans plus tard allait fonder le Hamas. Elle entend mettre l'accent sur l'assistance aux familles pauvres et aux orphelins et préparer une génération de Palestiniens, comprise comme un bloc, « en vue de la construction d'une société islamique » qui fournirait différents services dans les domaines éducatif, social, sportif et sanitaire. L'ONG est enregistrée sur les registres du ministère de l'Intérieur de l'Autorité palestinienne.

Affiliations : Officiellement indépendante, elle est toutefois assimilée par l'ensemble des observateurs au Hamas. Elle a, de ce fait, fait l'objet d'une importante répression de la part des Etats-Unis et d'Israël. En 2008-2009, au cours de la guerre israélienne de l'hiver 2008-2009 « Plomb durci » sur Gaza, elle a même été l'une des principales cibles des bombardements.

Domaine d'intervention : L'ONG Islamic Society – Gaza est une organisation caritative qui intervient dans les domaines de l'assistance sociale et économique, de la santé, de l'éducation, du culturel et du sport. L'ONG cherche également à améliorer les conditions de développement des plus démunis et leurs compétences professionnelles.

Populations visées : Populations vulnérables de la bande de Gaza. Jeunes gazaouis et orphelins

Objectifs/Valeurs : L'ONG Islamic Society – Gaza a pour objectif de « servir la communauté palestinienne spirituellement et matériellement sur la base des valeurs islamiques ». Elle favorise :

1. La prise en charge éducative, la diffusion de l'éducation islamique et la coopération sociale entre les membres de la communauté ;
2. La « construction d'un corps sain pour le peuple palestinien » ;
3. L'amélioration des conditions sanitaires ;
4. Le renforcement du patriotisme et la promotion du bénévolat ;

[18] Schäublin, p. 46

5. La promotion du leadership, l'excellence dans le travail, la charité islamique, la créativité et le professionnalisme.

Mode d'intervention : Aide-projets, actions ponctuelles

Financement : « Apports philanthropiques et cotisations »

Programmes :

- Distribution d'aide, en espèce et en nature, à des familles nécessiteuses (2 500 familles ciblées en janvier 2013).
- Réhabilitation de mosquées (dont une en 2012 grâce à des fonds d'ONG malaisienne et yéménite 700 000 dollars)
- Programme de formations à des jeunes palestiniens (leadership) et aux personnes défavorisées en recherche d'emploi (amélioration des compétences professionnelles).

2.9. Makassed Islamic Hospital[19]

Profil : Centre hospitalier basé à Jérusalem (Mont des Oliviers) dirigé par l'ONG al-Makassed Islamic Charitable Society. ONG reconnue par l'Autorité Palestinienne.

Domaine d'intervention : Santé, formation médicale.

Implantation géographique : al-Makassed Islamic Charitable Society intervient dans de nombreuses localités de la Cisjordanie où elle a implanté des dispensaires. Sa principale action se concentre toutefois à Jérusalem et en particulier dans l'hôpital al-Makassed du Mont des Oliviers.

Histoire : Fondée en 1956, la Makassed Islamic Charitable Society entend, dès son origine, prendre en charge les réfugiés palestiniens. En 1968, elle installe son hôpital sur le Mont des Oliviers à Jérusalem. En 1974, elle ouvre une école de formation pour infirmière qui depuis 2000 a reçu une accréditation du ministère palestinien de l'enseignement supérieur. Dans les années 1990 et 2000, des dispensaires ont été ouverts dans une dizaine de villes de la Cisjordanie.

Affiliations : Ministères palestiniens de la Santé et de l'Education supérieure.

Mode d'organisation : Structure fondée sur un Conseil de l'hôpital comprenant les différents chefs de service. L'hôpital est lui-même dépendant du Conseil des directeurs de la Makassed Islamic

---

[19] Informations recueillies sur le site internet www.almakassed.org, Site consulté en janvier 2013.

Charitable Society dirigée par Arafat Hidmi qui comprend également des médecins et des représentants des grandes familles de Jérusalem.

Organisation interne et ressources humaines : 718 employés, dont 48 médecins et 312 infirmières.

Liens avec les institutions religieuses : Aucun, si ce n'est la présence de troncs pour la collecte dans certaines mosquées

Financement : Par les patients, via l'aide de donateurs internationaux, particulièrement arabes (Emirats Arabes Unis notamment ou Salam Ya Seghar Fund) ou liés aux organisations internationales (Organisation mondiale de la santé, ONU).

Populations visées : Sans discrimination, population urbaine et enfants. Revendique dans l'hôpital de Jérusalem, le traitement de 50 000 patients par an (offre 250 lits).

Objectifs / Valeurs : Valeurs universelles et islamiques de solidarité.

Mode d'intervention : L'hôpital intervient dans le cadre d'interventions d'urgence, de traitements de long terme et d'interventions chirurgicales. Il bénéficie dans ce cadre de partenariats avec différents acteurs internationaux et israéliens (hôpital Hadassah). Il se coordonne également avec les autorités israéliennes pour l'obtention de permis pour traiter des patients de Gaza ou de Cisjordanie.

Programmes : Développement de la formation des infirmières (diplôme non reconnu en Israël) et partenariat avec l'Université al-Quds pour la formation et l'accueil des internes. Mise en place d'une bibliothèque spécialisée. Développement dans l'hôpital de services sociaux d'assistance psychologique aux populations en difficulté. Distributions de nourriture et de cadeaux aux patients de l'hôpital en difficulté lors des fêtes musulmanes.

3. Focus : situation des femmes

• Action générale : OMD, ONU Femmes

Dans le cadre des activités de l'ONU en Palestine, le fonds pour la réalisation des objectifs du millénaire pour le développement (OMD) supervise, entre autres, la réalisation de l'objectif trois « Promotion de l'égalité des sexes et autonomisation des femmes », par les agences de l'ONU, avec un budget de neuf millions de dollars pour trois ans. Les domaines principaux d'action sont la lutte contre les violences faites aux femmes, l'autonomisation économique et la participation politique. Dans le cadre des Objectifs du Millénaire pour le Développement, une base de données sur la participation politique des femmes en Palestine devrait bientôt voir le jour[20].

Le fonds pour les Objectifs du Millénaire pour le Développement supervise, entre autres, l'action d'ONU Femmes. Cette agence des Nations Unies soutient l'Autorité palestinienne dans l'élaboration des politiques publiques pour la prise en compte du genre et a notamment participé à la rédaction de la stratégie transversale avec le ministère des Femmes. ONU Femmes fournit également un support technique aux agences de terrain comme l'UNRWA, ou aux ONG, sous la forme de modèles d'action. L'approche recherchée est globale, c'est-à-dire à tous les niveaux de l'élaboration des politiques publiques : de la prise de décision à l'application et à l'évaluation.

- **Action contre les violences faites aux femmes**

La production de statistiques et d'études sur les violences faites aux femmes tant par le PCBS que par d'autres organismes (Palestinian Women Center for Reasearch and Development, Women's Center for Legal Aid and Counselling (WCALC)) permet de documenter les cas et d'appuyer les demandes de réformes. De nombreuses ONG (WCLAC, Jerusalem Center for Women, Palestinian Family Planning and Protection Association, ...) mènent également des campagnes de sensibilisation aux droits des femmes, contre la violence faite aux femmes, par le biais de sessions de formation dans les communautés dans toute la Cisjordanie et la bande de Gaza.

Pour les femmes victimes de violences, quatre refuges existent, où elles trouvent un soutien psychologique et parfois des formations professionnelles et une aide à la recherche d'emploi. Le refuge de Jéricho, dirigé par WCLAC, est un refuge d'urgence, pour des durées courtes. À Naplouse et Bethléem, ce sont des refuges de longue durée, visant à la réinsertion de la femme dans la société. Le refuge de Gaza, ouvert en mai 2011, est un projet des Objectifs du Millénaire pour le Développement, qui sera financé et géré par une coalition d'ONG locales soutenues par ONU Femmes.

EUPOL Copps, la coopération policière et judiciaire de l'Union Européenne dans les Territoires Palestiniens, travaille à la fois au soutien de la Family Protection Unit, qui traite les cas de violences domestiques, et à la réforme du Code pénal. De plus, elle prodigue des

[20] Informations recueillies en janvier 2013

sessions de formations sur les questions de genre et le traitement de la violence domestique aux policiers et aux juges et procureurs des tribunaux pénaux.

Ces actions ne sont pas directement investies par les acteurs confessionnels qui toutefois ne développent pas d'hostilité particulière à leur égard (si parmi les acteurs islamiques et chrétiens les plus conservateurs, une réticence à l'égard du concept de « genre » est affirmée, ceux-ci ne mènent pas d'actions qui viennent contrecarrer les démarches entreprises par l'ONU et les ONG partenaires dans le cadre des OMD).

- **Participation économique**

Le concept d'autonomisation économique des femmes regroupe « les notions d'opportunités économiques (dont la croissance de l'emploi et de l'entrepreneuriat, promotion d'un travail décent et productif, amélioration de l'accès au crédit), du statut légal et des droits (dont le droit à la propriété, à l'héritage et à la propriété foncière pour les femmes), d'expression, d'inclusion et de participation au processus de décision dans le domaine économique (dont le développement de mécanismes pour améliorer l'implication des femmes dans le processus de décision) »[21]. Ce concept est très utilisé pour qualifier tout type de programme aidant les femmes à entrer sur le marché du travail ou à monter des projets générateurs de revenus. Le microcrédit et les coopératives sont dominants dans ces programmes, avec les formations professionnelles courtes (quelques semaines à quelques mois) dans des spécialités pour le moins traditionnelles (broderie, artisanat, cuisine, secrétariat, coiffure...).

L'ONG palestinienne Asala[22] travaille de concert avec le Bureau International du Travail et l'UNRWA sur un programme financé par le Fonds pour la réalisation des Objectifs du Millénaire pour le Développement, en plus de son programme ordinaire de microcrédit. Asala fournit une assistance aux femmes bénéficiaires (formation à la gestion d'entreprise, au marketing, etc.), améliorant ainsi l'efficacité des prêts. De plus, chaque bénéficiaire est enregistrée sur une base de données, également remplie par les banques et d'autres organismes de crédit, afin d'éviter le surendettement auquel peut conduire la multiplication des crédits.

---

[21] UNDP, 2010

[22] Site de l'ONG consulté en janvier 2013. www.asala-pal.com.

Dans les Territoires palestiniens, les coopératives s'apparentent souvent à des organisations caritatives, en raison de l'afflux de fonds de nombreux projets peu viables, et n'ont pas de véritable stratégie économique. Enfin, les secteurs d'activité des coopératives pour femmes sont le plus souvent des secteurs traditionnels (broderie, cuisine...) : de tels projets véhiculent une image archaïque du rôle de la femme, cantonnée à des métiers traditionnels, et excluent un peu plus les femmes de la société selon le postulat que celles-ci ne pourraient travailler qu'entre elles.

- **Santé**

Les ONG gèrent 31 % des lits d'hôpital en Cisjordanie et à Gaza, dont les 6 hôpitaux de Jérusalem-Est. L'action en faveur de l'amélioration de la santé des femmes et pour la santé reproductive en particulier est menée, entre autres, par l'association pour le planning familial. Créée en 1964, cette association a une légitimité historique pour traiter des questions sensibles et souvent taboues dans la société palestinienne, comme l'avortement, la contraception, le planning familial, les questions de santé reproductive et sexuelle. Cette association possède plusieurs cliniques, où les femmes peuvent rencontrer un gynécologue, un pédiatre, et recevoir une assistance sociale et juridique en cas de violence ou pour avorter.

Conclusion

L'étude des acteurs confessionnels du développement en Palestine permet de souligner deux points principaux.

Premièrement, la Palestine, du fait de son histoire particulière, se caractérise par la centralité des acteurs religieux ainsi que par leur grande diversité tant en termes de taille, de religion, que de types d'actions et d'orientation politique. Elle se caractérise également par la grande sensibilité politique de la question de leur intervention : le choix par les bailleurs de fonds internationaux des partenariats locaux n'y est, sans doute plus qu'ailleurs, pas neutre et peut souffrir d'entraves diverses venant tant de l'Autorité palestinienne que du gouvernement israélien.

Deuxièmement, l'étude des acteurs confessionnels du développement invite à distinguer ce qui relève des actions sur le terrain de considérations plus politiques, voire éthiques. Ainsi, les actions religieuses prosélytes, le conservatisme idéologique apparent de certaines ONGc, voire la sélection possible des bénéficiaires sur des critères confessionnels (qu'aucun acteur ne revendique ouvertement) ne déterminent pas *a priori* la capacité de ces ONGc à remplir leurs objectifs en matière de développement ou d'aide humanitaire. On observe d'ailleurs plutôt une tendance inverse : les acteurs les plus efficaces en Palestine en matière de santé ou d'aide aux plus démunis sont peut-être ceux qui de fait semblent être le moins connectés aux réseaux qui structurent l'aide internationale aujourd'hui. De ce fait, un certain nombre d'acteurs, ONG islamiques en tête, pour de bonnes ou de mauvaises raisons, se voient en quelque sorte exclus a priori des actions. S'il n'est pas possible de discuter ici la légitimité de leur exclusion a posteriori, leur stigmatisation automatique reste toutefois sans doute discutable. D'autres acteurs, du fait de leur ancrage ancien dans le paysage, ou alors, du fait de leur capacité à répéter les thématiques à la mode dans le secteur du développement, bénéficient au contraire d'un a priori favorable que leur capacité à œuvrer sur le terrain ou à représenter les populations ne vient pas (ou plus) justifier.

Dans ce cadre, et considérant les impératifs liés à l'action de l'AFD en termes de taille de projet et de respect des normes internationales, plusieurs recommandations peuvent être formulées en vue de favoriser de futures collaborations.

L'AFD Territoires palestiniens intervient actuellement dans trois secteurs de concentration principaux :

- **L'eau et l'assainissement**

Entre 2010 et 2012, l'AFD s'est engagée dans sept projets pour un montant total d'engagement d'environ 56 millions d'euros (dont 15 millions pour Gaza).

- **L'appui au secteur privé**

L'AFD apporte son soutien à quatre projets pour un montant total d'engagements d'environ 13 millions d'euros.

- **Développement municipal et local (dont ONG)**

En ce qui concerne le développement municipal, le montant des projets financés par l'AFD et ses partenaires s'élève à environ 40 millions d'euros. S'agissant de l'appui au secteur des ONG, l'AFD finance l'organisation NDC à hauteur de 5 millions d'euros. L'objectif étant de structurer le secteur non gouvernemental par le biais d'un accompagnement dans la mise en place des projets.

Parmi l'ensemble des secteurs soutenu par l'AFD, l'appui au développement local est le seul biais par lequel l'AFD intervient en faveur des ONG. Outre les secteurs de concentration traditionnels, l'AFD intervient également dans le domaine de la santé, de manière marginale (avec notamment la réhabilitation de l'hôpital al-Quds à Gaza et un appui à des programmes de santé mentale).

De manière générale, il est possible d'orienter les interventions de l'AFD à travers plusieurs axes privilégiés : sectoriel, géographiques et transversaux. L'appui au secteur des ONG confessionnelles pourrait s'inscrire dans cette typologie. Les projets devraient principalement se concentrer dans les zones géographiques suivantes :

- Zones où l'AP ne peut intervenir directement : Jérusalem-Est, Gaza et zones C, vallée du Jourdain et/ou très isolées (proches du mur) ;
- Zones frontalières ou directement affectées par le mur de séparation en Cisjordanie.

Par ailleurs, l'étude des secteurs d'intervention des ONG confessionnelles fait apparaître trois secteurs privilégiés :

- La protection de l'enfance, des orphelins et des personnes vulnérables (handicapés, réfugiés);
- La prise en charge sanitaire et sociale et la sécurité alimentaire ;

- La protection et la promotion des droits de l'Homme.

Dans la perspective d'un travail conjoint avec les ONG confessionnelles, l'AFD pourrait idéalement développer son expertise dans les trois domaines listés ci-dessus si elle souhaite profiter de l'expertise privilégiée des ONGc. L'AFD pourrait quant à elle, soutenir les ONGc dans des secteurs encore peu développés, à travers l'appui à plusieurs axes transversaux :

- La dimension « genre » : créer des réseaux entre acteurs de type genre/genre, confessionnel/genre, favoriser la formation pour casser l'isolement, développer l'employabilité, travailler sur les pratiques démocratiques au sein de l'Autorité palestinienne, qui touche les femmes et les prive d'une capacité d'action, etc. La dimension genre peut apparaître stratégique dans le sens où elle s'intègre aisément aux secteurs déjà visés par les ONGc (population vulnérable, promotion des droits de l'Homme) et vient dans le même temps compléter un vide d'intervention. Il est toutefois possible que la réappropriation par des acteurs religieux conservateurs de cette thématique nécessite quelques adaptations, sans pour autant altérer la nature des opérations entreprises et les résultats.

- La mobilisation de partenariats et de cofinancements : projets impliquant plusieurs acteurs spécialisés et cofinancements, et s'inscrivant dans les mécanismes de coordination internationale, incluant notamment de nouveaux bailleurs, particulièrement ceux venus des pays du Golfe, Qatar en tête.

Enfin, l'AFD pourrait accorder une importance particulière aux projets disposant :

- d'un impact durable sur les groupes cibles ;
- d'une « stratégie de sortie » clairement identifiée et réaliste.

Pour cela, et afin de ne pas subir les entraves posées par l'AP, l'AFD pourrait s'assurer que ses projets de partenariats s'intègrent au mieux dans les principales tendances du futur Plan de développement de l'AP. Les domaines mentionnés devraient permettre à l'AFD d'accentuer et d'étendre ses domaines d'intervention, au plus proche de la population palestinienne, tant le ciblage des zones que des populations citées répondent à un besoin sur le terrain. Du point de vue politique, la population palestinienne est prise en étau entre une Autorité Palestinienne aux pouvoirs limités (qu'il s'agisse de ses compétences ou des territoires qu'elle administre de manière effective) et Israël qui maintient une occupation militaire et civile à travers les colonies et les bases militaires, et un contrôle militaire effectif des zones B et C (plus de 95% de la surface de la Cisjordanie, près de 80% de la population).

Dans cette perspective, le rôle des acteurs du développement est essentiel ; il réside dans leur capacité particulière à se glisser dans ces zones qui échappent au pouvoir palestinien pour y assurer les services de première nécessité, en prenant en compte les impératifs liés à la structuration du territoire (déplacements difficiles et morcelés, multiplication des registres juridiques). L'intervention des bailleurs internationaux n'est toutefois pas toujours simple. Elle apparaît en effet comme ambivalente puisque pour une partie des acteurs, elle vient alléger le “poids de l’occupation” au bénéfice des populations, mais aussi au bénéfice du gouvernement israélien qui se trouve déchargé de ses responsabilités.

Il s’agit donc pour l’AFD, non seulement d’opérer dans des secteurs identifiés comme en difficulté, mais encore de pouvoir le faire avec des relais locaux et selon des objectifs facilement réappropriables par la population locale. Si l’on prend l’exemple d’une autre grande agence gouvernementale, USAID, dont on peut voir les panneaux border les routes qu’ils ont financées (“Un cadeau du peuple américain”), si elles sont quotidiennement empruntées par les Palestiniens, elles sont tout autant critiquées puisque qu’elles pérennisent un tracé routier conforme aux exigences israéliennes : contournement des colonies et voies assez larges pour être empruntées par des véhicules militaires.

Il serait donc judicieux pour l’AFD de cibler les partenaires locaux, confessionnels ou non, qu’elle souhaite approcher pour diversifier son action et ses modes opératoires assez rapidement. Elle bénéficierait d’une expérience et d’une connaissance du terrain et de certains enjeux spécifiques qui échappent aux agences de développement qui préfèrent ignorer ces acteurs pourtant majoritaires et très largement soutenus par la population locale. Il conviendrait dans un second temps d’élaborer avec eux des programmes qui tout en répondant aux besoins urgents et à l’incapacité de l’Autorité d’y répondre, ne participent ni à l’occupation israélienne, ni à son agenda.

En ce sens, les pistes suggérées dans cette conclusion (la protection de l’enfance, des orphelins et des personnes vulnérables (handicapés, réfugiés) ; la prise en charge sanitaire et sociale et la sécurité alimentaire ; la protection et la promotion des droits de l’Homme) sont à la fois susceptibles de se réaliser en s’appuyant sur des acteurs reconnus pour leur fiabilité et leur professionnalisme, répondent à des besoins non couverts par l’Autorité et ne sont pas à même d’être stigmatisées par les bénéficiaires.

4. Annexes

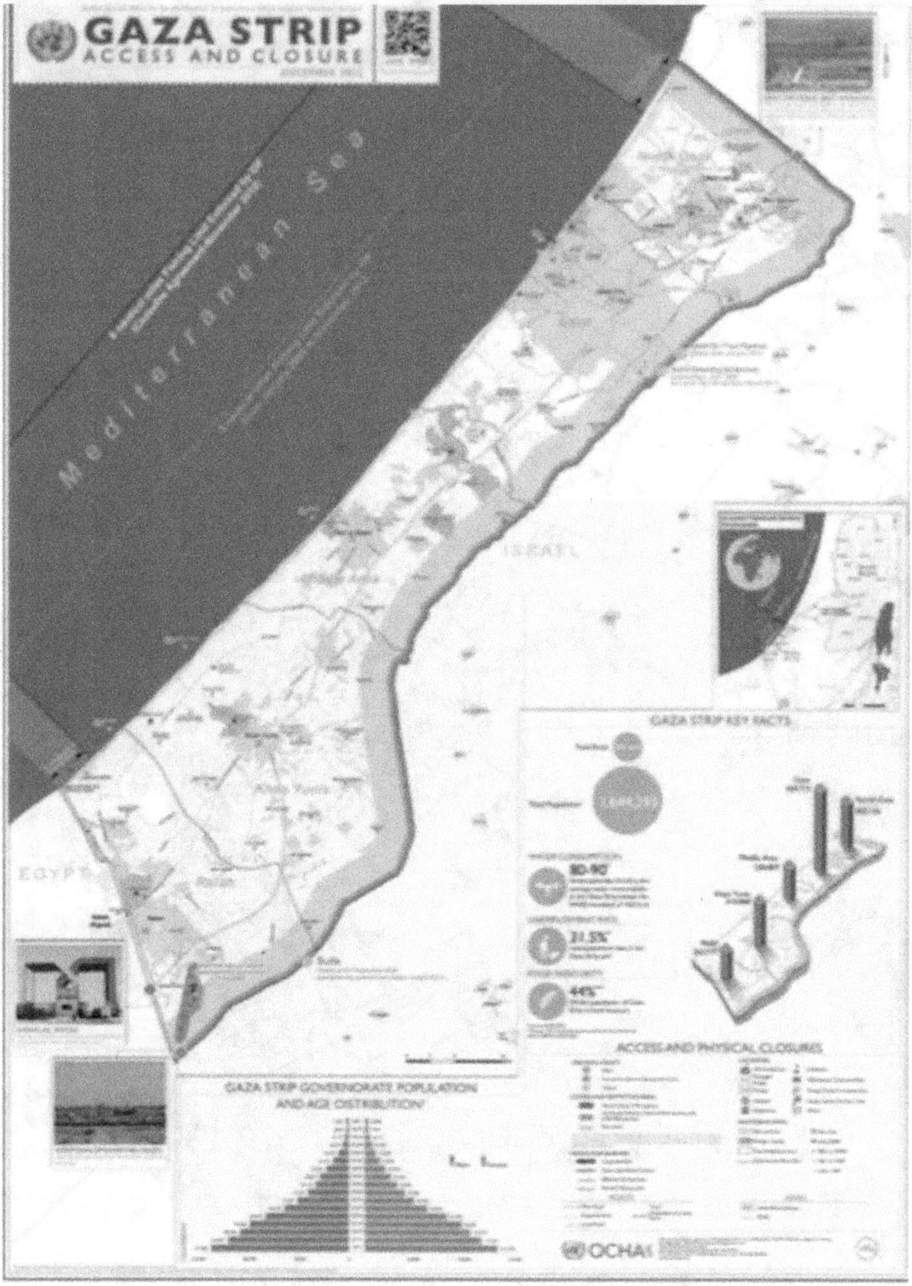

Carte de Gaza, Source : OCHA-OPT, 2012

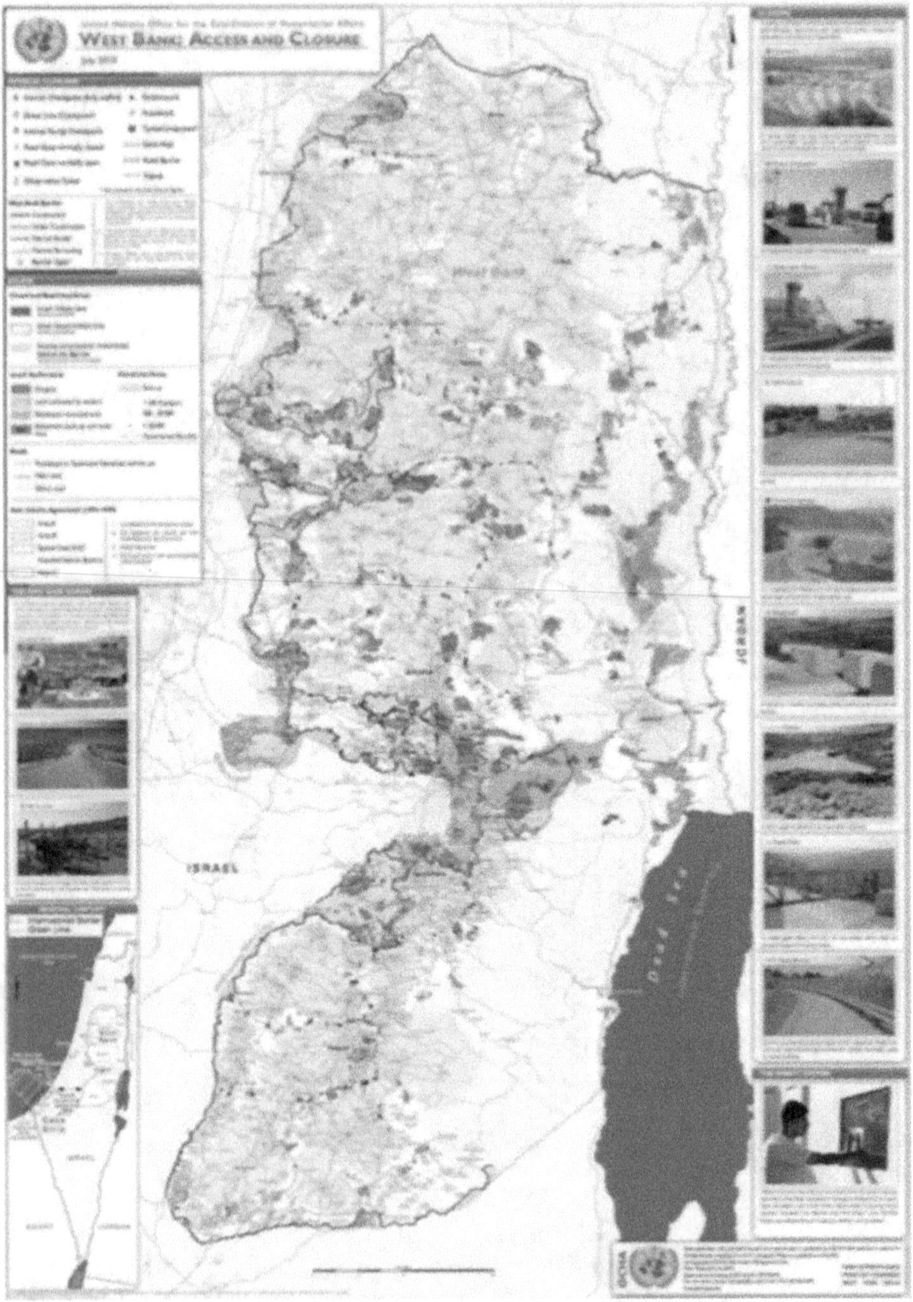

Carte de la Cisjordanie, Source : ONU-OCHA, 2010

Bibliographie principale indicative

ABU-SADA C., ONG palestiniennes et construction étatique, Presses de l'IFPO, 2007

BEN NAFISSA S. (dir.), ONG et gouvernance dans le monde arabe, Khartala, 2004

BENTHALL J., « L'humanitarisme islamique », Cultures & Conflits, 60 | 2005, 103-122.

BOTIVEAU B., L'État palestinien, Presses de SciencePo, 1999

HANAFI S., La vie associative en Palestine, Conseil économique et social régional de Provence- Alpes-Côte d'Azur, 2012

KRAFESS J., "The influence of the Muslim religion in humanitarian aid", International Review of the Red Cross, 2005/87 (858), pp. 327-342

LANGEWIESCHE K., « Le dialogue interreligieux au service du développement », Bulletin de l'APAD [en ligne], 33 | 2011,

LEGRAIN J-F., Palestine, un État, quel État ? IFRI, 2010

ROY S., « The transformation of Islamist NGOs in Palestine », Middle East Research and Information Project, [En ligne], consulté le 15 janvier 2013

SCHAEUBLIN E., « Gaza Zakat Organization (1973-2011) in the local context », CCDP working paper, 2012

TARTIR A. et WILDEMAN J., Permanent failure: World Bank policies for the Occupied Palestinian Territories, al-Shabaka, 2012

Les ONG confessionnelles dans le Burkina postcolonial[1]

Magloire Somé,
Université Ouaga 1 Joseph Ki-Zerbo,
Burkina Faso

Pays sahélien en proie au phénomène récurrent de la sècheresse, le Burkina est une terre d'élection des organisations à caractère humanitaire. Depuis la grande sécheresse de 1973 qui a amené les ONG, en l'occurrence confessionnelles, à apporter de précieux secours d'urgence, elles ont acquis, grâce à leur capacité de mobilisation des fonds et à l'efficacité de leurs interventions sur le terrain, le statut de partenaires sociaux sur lesquels l'Etat compte pour résoudre les épineux problèmes sociaux auxquels les populations sont confrontées. Les bailleurs de fonds voient en elles, les partenaires privilégiés au développement des pays du Sud. Au-delà de l'Etat burkinabè, les organisations onusiennes accordent davantage de crédit aux ONG en raison de leur capacité d'intervention jugée plus efficiente que celle des Etats, en raison sans doute du fait que « elles touchent directement les populations bénéficiaires, et réussissent plus efficacement la gestion participative. La légèreté de leurs structures administratives les rend plus efficaces et permet de maximiser la part de l'aide qui atteint les populations ; elles ont bien mieux que les Etats très tôt compris et appliqué le principe de responsabilisation des populations »[2].

Ce n'est donc pas un effet du hasard si les ONG sont nombreuses au Burkina Faso. En 2009, sur les 9 000 associations enregistrées sur la base de données du Ministère de l'Administration territoriale, 642

---

[1] Je remercie Denise Badini pour sa collaboration dans la collecte de l'information auprès des ONG confessionnelles catholiques et protestantes.

[2] Philippe Ouédraogo cité Mamadou Alioune Diouf, *L'action de l'Agence des Musulmans d'Afrique au Burkina Faso,* op. cit., p. 7.

sont des ONG qui font l'objet d'un suivi par le Bureau de suivi des ONG (BESONG) rattaché au Ministère de l'Economie et des Finances. La loi relative à la liberté d'association (Loi N° 10/92/ADP Du 15 décembre 1992) définit l'association comme « tout groupe de personnes physiques ou morales, nationales ou étrangères, à vocation permanente, à but non lucratif et ayant pour objet la réalisation d'objectifs communs, notamment dans les domaines culturel, sportif, social, spirituel, religieux, scientifique, professionnel ou socio-économique » (art.1). Elle détermine en son article 4 les conditions de création et les démarches administratives à suivre pour sa reconnaissance officielle.

Les acteurs confessionnels sont majoritairement chrétiens et exercent sur le terrain depuis plusieurs décennies, en raison d'une tradition chrétienne dans le domaine de l'action sociale. Les acteurs confessionnels musulmans investissent tardivement le champ de l'humanitaire au Burkina Faso au cours des années 1980. L'influence sociale de la religion se mesure à l'aune du dynamisme de son action sociale. Mais contrairement aux acteurs confessionnels chrétiens qui sont structurellement rattachés aux Eglises, ceux des musulmans sont le fait d'organisations à mi-chemin entre une agence étatique de coopération culturelle et une organisation véritablement non-gouvernementale. Elles sont aussi, lorsqu'il s'agit d'association nationale de développement, une affaire d'individus ayant réussi à créer un réseau relationnel dans le monde arabo-musulman et qui reçoit des financements destinés à l'action humanitaire avec l'intention affichée de faire des conversions. Dans ces conditions, le paysage confessionnel musulman relève de ce l'on pourrait appeler l'entreprenariat religieux. Il est plus souvent le fait d'arabisants diplômés des universités du monde arabe et qui ont su exploiter, à l'exemple du Cheikh Aboubacar Doucouré, l'orientation de la politique extérieure des pays du Proche Orient vers les questions d'une coopération culturelle et d'une assistance humanitaire qui prennent en compte les questions de prosélytisme religieux. Les anciens étudiants de tels pays arabes deviennent les relais de cette politique en direction des pays africains.

De même chez les catholiques et les protestants, des ONG ont pu être créées suivant les opportunités que tel ou tel clercs ou pasteurs ont pu saisir avec les « bienfaiteurs du Nord » prêts à soutenir des actions de solidarité en direction des populations vivant dans la pauvreté.

Il convient ici d'examiner dans un premier temps le paysage institutionnel des ONG, ensuite les objectifs qu'elles poursuivent et les relations de partenariats en relation avec leur capacité d'interpellation des pouvoirs publics.

Le paysage institutionnel des ONG

Suite à la sécheresse de 1973-1974, les ONG confessionnelles chrétiennes avaient été les premières à prendre l'initiative de mobiliser des fonds pour lutter contre les effets de la sécheresse. Elles se rendirent vite compte de l'inefficacité des initiatives individuelles dont les résultats escomptés étaient le plus souvent décevantes. Elles sentirent la nécessité de mutualiser leurs forces en mettant en place un collectif d'ONG visant à rationaliser et à optimiser l'intervention sur le terrain. Le Secrétariat permanent des ONG (SPONG) fut ainsi créé pour servir de cadre d'échanges d'expériences et d'informations entre les ONG intervenant au Burkina Faso. Elle devint la structure faîtière qui s'imposa rapidement comme une interlocutrice crédible entre les ONG et l'Etat. Le SPONG fédère donc des ONG, mais il dispose dans ses statuts que l'adhésion à son collectif est libre. Du coup, certaines ONG, confessionnelles ou non, se réservent d'en faire partie. Les ONG confessionnelles musulmanes qui apparaissent dans le paysage humanitariste du Burkina Faso à partir des années 1980 se refusent d'adhérerpour des raisons de principe :l'aide musulmane est destinée aux communautés musulmanes de façon exclusive. Que des communautés non musulmanes en bénéficient par le jeu de la proximité géographique avec une ou des communautés musulmanes, les bénéficiaires attitrées, relève de la logique de la destination indirecte.

Le financement des ONG sur le plan international a évolué dans le temps, allant de la compassion qui motive le don systématique, au critère de l'efficacité et de l'efficience qui justifie un devoir de reddition de comptes. Dans cette optique, à partir des années 1980, le financement des ONG reposait de plus en plus sur un certain label de qualité. Les ONG devaient s'engager dans une compétition auprès des bailleurs de fonds à travers le principe de l'appel à proposition de projets. C'étaient les projets les mieux élaborés, les plus cohérents qui recevaient les financements. Dans ces conditions, la création d'un collectif d'ONG chargé de coordonner les activités des membres et qui se dote d'un code de bonne conduite, un référentiel contenant les principes directeurs et les valeurs partagées par l'ensemble des membres et d'un comité d'éthique est apparue comme une garantie de qualité recherchée par les bailleurs de fonds. Les ONG membres qui ne respecteraient pas le code s'exposeraient à la sanction. Le SPONG s'est imposé dans le temps à la fois comme l'interlocuteur auprès de l'Etat et des bailleurs de fonds. En raison de sa crédibilité, il apporte un aval important aux membres auprès des structures de financement.

Sous la Révolution démocratique et populaire, entre 1983 et 1987, les autorités révolutionnaires avaient besoin d'avoir une visibilité sur l'action des ONG, de mesurer leur impact dans le domaine social au Burkina Faso. Elles mirent en place le Bureau de suivi des ONG (BESONG). Ce Bureau enregistre les ONG accréditées et les associations érigées en ONG et dresse un répertoire thématique de l'ensemble des ONG du Burkina Faso. En 2015, le répertoire contenait une liste de plus de 650 ONG. Le BESONG est une structure de contrôle qui permet de s'assurer que les ONG respectent bien leurs visions et leurs programmes d'activités et qu'elles ne dévient pas de la ligne directrice pour tomber dans des activités propagandistes de types réactionnaires ou contre-révolutionnaires. Il ne s'agissait pas d'exercer un contrôle gendarmesque sur les ONG accréditées au Burkina Faso, mais de faire un travail d'évaluation entre la lettre du discours, l'orientation humanitariste et les réalisations concrètes sur le terrain. Le BESONG est depuis lors associé aux réunions bilan des activités des ONG.

Le paysage institutionnel des ONG confessionnelles est donc articulé entre une appartenance ou non au SPONG et une liberté d'action sur le terrain en fonction de la vision et du programme d'activités. Il est donc éclaté, mais cet éclatement est atténué par l'existence du SPONG, cette ONG des ONG qui est une référence en matière d'assurance-qualité. Le SPONG fédère des ONG qui travaillent de nos jours sur treize thématiques différentes allant de l'éducation et la formation professionnelle à la santé, au genre et développement et à l'économie sociale, aux questions environnementales, à la sécurité alimentaire, etc.

Les ONG qui font l'objet de cette étude appartiennent ou non au SPONG et se répartissent entre deux pôles de référence :

Un premier pôle d'acteurs confessionnels étant le fait des Eglises ou de groupes d'Eglises comme c'est le cas dans le christianisme, et dénommé œuvre sociale de l'institution ecclésiastique : on peut citer pour le catholicisme, les ONG suivantes : l'OCADES, organisation caritative de l'Eglise nationale, la Fondation Jean-Paul II pour le Sahel, ONG confessionnelle internationale, le *Catholic Relief Services* (CRS), d'origine américaine. Au niveau de certains diocèses comme celui de Kaya, une association locale de développement, l'Association de Développement de la Région de Kaya (ADRK), est mise en place à l'initiative de l'évêque qui veille à son bon fonctionnement.

Chez les protestants, on peut citer l'Office de Développement des Eglises évangéliques (ODE), le *Christian Relief and Development Organization* (CREDO), la Société internationale de linguistique (SIL), l'Association nationale pour la traduction de la Bible et l'alphabétisation (ANTBA).

Le second pôle, plus répandu dans la communauté musulmane, concerne les exemples d'acteurs confessionnels, dont l'initiative humanitaire relève d'une part d'une institution hybride, et d'autre part du dynamisme d'un entrepreneur religieux, mais que l'on rencontre également chez les chrétiens. Dans ces conditions, l'entrepreneur religieux se positionne au milieu de sa communauté comme un dispensateur du salut et de la grâce économiques, avant d'apparaître comme celui qui apporte l'espérance du salut spirituel. Il devient une référence du pouvoir mobilisant autour de lui une clientèle de fidèles et de laudateurs qui le regardent comme le chef : Aboubacar Doucouré, Cheikh Aoréma Ouédraogo et Abdurahmane Sidibé sont des arabisants qui ont représenté des ONG des pays arabo-musulmans ou créé des associations de relais de l'aide de ces pays. L'entrepreneur religieux recrée ainsi autour de lui, comme l'a bien montré Pierre-Joseph Laurent pour les Assemblées de Dieu au Burkina Faso[3], dans le contexte moderne offert par l'offre de service humanitaire de type religieux, la structure traditionnelle du pouvoir. La société se retrouve partagée entre le devoir d'observance d'obligations routinières traditionnelles liées à l'obéissance au pouvoir traditionnel et celui plus économique et social enrobée du religieux, de respect de la nouvelle autorité au double statut économique et spirituel.

Au regard de la pléthore des ONG confessionnelles, nous limitons notre investigation sur les plus importantes. Quatre ONG de chaque confession ayant leurs sièges à Ouagadougou feront l'objet de notre étude :

---

[3] *Les Pentecôtistes au Burkina Faso : mariage, pouvoir et guérison*, Paris : IRD-Karthala, 2003.

- 1e. Les ONG catholiques avec lesquels nous avons pris contact et organisé les entretiens de l'enquête exploratoire sont les suivantes : l'Organisation Catholique pour le Développement Economique et Social (OCADES), la Fondation Jean-Paul II pour le Sahel, l'Inades-Formation et le *Catholic Relief Services* (CRS).
- 2e. Les ONG protestantes ciblées appartiennent à des groupes d'Eglises organisées dans le cadre de la FEME, comme l'Office de Développement des Eglises évangéliques, l'Association Nationale pour la Traduction de la Bible et l'Alphabétisation (ANTBA), et à des Eglises particulières comme le *Christian Relief and Development Organization* (C.RE.D.O.) et l'Association évangélique d'appui au développement (AEAD).
- 3e. Nous avons pris contact avec l'Organisation internationale islamique de secours (OIIS) d'origine saoudienne ; l'Association mondiale de l'Appel Islamique, ONG d'origine libyenne ; la Fondation islamique internationale de charité (FIIC), l'Agence musulmane d'Afrique (AMA). Mais à défaut d'avoir eu des entretiens avec leurs dirigeants, nous nous sommes contentés de les connaître à travers les travaux de recherche universitaires.

La localisation géographique des ONG varie en fonction des milieux d'interventions. Celles qui sont internationales ont généralement plus ou moins une couverture nationale. Elles ont leur siège à Ouagadougou d'où elles interviennent dans l'arrière-pays via des antennes régionales ou provinciales. Les ONG à caractère national peuvent avoir une couverture nationale ou une intention de couverture nationale. Elles sont elles aussi généralement établies à Ouagadougou. Les ONG à caractère régional ou local optent généralement de s'installer dans le milieu d'intervention.

Certaines ONG telles que l'ODE déclarent avoir une couverture nationale, mais dans les faits, elles interviennent le plus souvent dans les localités ou les régions où se concentrent des coreligionnaires. On a pu remarquer que l'ODE, dominée par les Assemblées de Dieu intervenait davantage au Moogo ou en dehors du Moogo dans des milieux de concentration de pentecôtistes appartenant à cette Eglise.

Le choix du champ géographique de l'intervention se détermine à partir de la demande des populations cibles, de l'appartenance du promoteur de l'ONG à la communauté ou à la région, ou de commun accord avec l'Etat qui suggère des orientations d'intervention en fonction de critères de pauvreté établis par l'Institut national de la statistique et de la démographie (INSD). Généralement le Sahel burkinabè à la pluviométrie plus faible, plus capricieuse reçoit plus d'interventions de la part des ONG. Suivant cette logique, le tableau de la répartition géographique des ONG en fonction du milieu d'intervention et des objectifs poursuivis par celles-ci présente des inégalités frappantes.

Sur la soixantaine des acteurs confessionnels, seulement 22, soit un peu plus du tiers interviennent ou ont vocation d'intervenir sur tout le territoire nationale. Il s'agit le plus souvent des ONG internationales dont les sièges sont établis à Ouagadougou et d'où elles interviennent sur l'une ou l'autre partie du territoire en fonction de la demande. Les ONG nationales ou locales interviennent souvent sur une région ou un ensemble de provinces du territoire national.

Physionomie des ONG catholiques

L'action sociale catholique étant associée à la mission, l'Eglise catholique a la plus longue expérience dans la mise en place des organisations de solidarité au Burkina Faso. Au cours des années 1950, les missionnaires catholiques mettent de plus en plus en avant de leurs activités apostoliques les notions de progrès social et de développement. Il fallait s'attaquer à la résolution de la question sociale qui fit l'objet de la préoccupation du Saint-Siège depuis la publication en 1893 de l'encyclique *Rerum Novarum* de Léon XIII. L'avènement du Tiers-monde avec son corollaire de disparité entre Nord et Sud sur le plan économique a fait voir dans le progrès social, une dimension cardinale du développement des pays qui accédaient à la souveraineté internationale. Le Secours catholique, la Caritas, le *Catholic Relief Services*, la Fondation Raoul Follereau seront en Haute-Volta [4], les toute premières ONG. Dans un souci de coordination des actions de solidarité catholique, la hiérarchie voltaïque crée en 1973 le Bureau d'Etudes et de Liaison (BEL). La création du BEL aide à mieux structurer l'intervention dans le domaine du développement à partir d'une connaissance réelle du milieu pour apporter une aide appropriée aux besoins de développement. L'Eglise s'attache à partir de la création du BEL à

[4] Dénomination du Burkina Faso du temps de la colonisation française jusqu'en 1984.

une organisation des fidèles catholiques en Communautés Chrétiennes de Base (CCB) appelées à s'auto-promouvoir.

A partir de 1983, le maître-mot et l'option choisis par l'Eglise burkinabè en matière de développement est l'autopromotion communautaire. En prenant appui sur le discours social de l'Eglise, l'Eglise burkinabè met en place une pastorale sociale, des programmes périodiques de développement et des cadres d'évaluation de l'action pastorale. La Caritas burkinabè et le BEL jouèrent un rôle central dans la mise en œuvre de la nouvelle stratégie d'intervention de l'Eglise catholique. En 1996, pour mettre plus en cohérence les interventions dans l'optique de l'autopromotion communautaire et favoriser la mobilisation des ressources internes en vue du financement des programmes de développement de développement, l'Eglise catholique fusionne le BEL et la Caritas pour donner naissance à l'OCADES-Caritas-Burkina.

Le paysage des organisations de solidarité catholiques est un réseau complexe d'organisations aux statuts diversifiés et aux approches elles-mêmes spécifiques. Pour en comprendre la logique, il convient de les classifier :

1e. On distingue d'un côté l'organe de la pastorale sociale de l'Eglise, l'OCADES-Caritas-Burkina, créé et directement porté par l'Eglise qui en définit les missions en fonction des options pastorales déterminées dans le temps. L'OCADES-Caritas-Burkina est une structure de type pyramidal qui a mis en place un mode de fonctionnement vertical. A la base, la paroisse tisse le réseau jusque dans les villages. L'ensemble des membres paroissiaux se retrouve pour constituer l'OCADES diocésain. Les quinze organisations diocésaines sont coiffées par le Secrétariat exécutif national dont le siège est à Ouagadougou.

En conséquence, il s'agit d'une organisation qui mobilise un nombre important d'agents d'exécution de la pastorale sociale et donc d'acteurs du développement. Huit cent six (806) personnes réparties sur l'ensemble du territoire y travaillent. Mais parmi les 806 agents, on dénombre 229 animatrices et animateurs employés en fonction des projets, 164 agents de chantiers et 59 personnes affectées à des occupations non précisées. Ils sont au total 452 agents dont l'emploi n'est pas permanent au sein de la structure. De la base au sommet, l'OCADES est présidée par un évêque et un secrétaire exécutif à tous les niveaux. Chaque diocèse dispose d'une antenne OCADES et les relations inter agences OCADES sont tributaires de la structuration de l'église locale. Chaque secrétariat exécutif diocésain est autonome et construit son partenariat et ses choix pastoraux en fonction des préoccupations de son milieu.

L'OCADES recrute un personnel permanent sans discrimination de religion ni de sexe. Mais pour les postes clés de direction de l'organisation ou de ses antennes diocésaines et de direction des programmes et projets, elle tient compte de l'appartenance religieuse ou à la limite de l'engagement du technicien à respecter les valeurs défendues par l'Eglise catholique, les orientations contenues dans le discours social de l'Eglise.

> « Nous n'avons pas de conditions particulières en dehors de la compétence. Mais quand il s'agit de postes de gestion de l'organisation, par exemple mon adjointe et les chefs de départements, nous insistons pour que la personne comprenne ou partage la vision de l'Eglise catholique par rapport à ce que nous voulons faire. Je dis, nous insistons pour que la personne partage parce que nous avons même des musulmans qui sont chefs de département solidarité et partage. Par contre, tous les responsables régionaux sont des prêtres parce que l'OCADES est un secteur de la pastorale sociale. Environ 10% du personnel de l'organisation sont des religieux ».

Le personnel subalterne comme les agents d'exécution et de soutien, le personnel temporaire et les contractuels sont recrutés simplement en fonction de leur compétence.

2e. La Fondation Jean-Paul II pour le Sahel, est un acteur confessionnel international catholique créé par le Pape Jean-Paul II au milieu des années 1980 et placée sous l'autorité directe du Pape et dont la gestion est confiée en cogestion aux Eglises des neufs pays membres qui nomment un prêtre au secrétariat exécutif. Le statut de cette ONG est régional. Il s'agit d'une organisation non prosélyte et à but non lucratif qui privilégie une approche horizontale et participative. Elle a son Secrétariat exécutif à Ouagadougou, capitale du Burkina Faso et son siège légal à Rome.

3e. Les ONG d'inspiration catholique crées par des figures ecclésiales ou même par des congrégations religieuses et confiées à des laïcs pour une gestion autonome selon le principe anglo-saxon du *let it do yourself* avec toutefois un droit de regard de l'Eglise. A ce titre, un prélat ou un simple clerc est généralement membre du conseil d'administration de ces ONG : INADES-formation, créée par les Jésuites, le GRAAP, par un Père Blanc, et l'Union Fraternelle des Croyants (UFC), par un prêtre rédemptoriste, etc. Elles ont le statut d'ONG locale laïque ou régionale africaine agissant en faveur de la promotion sociale des Africains. Les principaux partenaires de ces ONG restent pour le Nord à peu près les mêmes. La philosophie de leur approche s'inspire dans une certaine mesure, sans que la direction exécutive l'affirme ouvertement en raison de l'option laïque de la structure, du discours social de l'Eglise.

4ᵉ. La CRS de l'Eglise américaine dispose d'une antenne nationale et intervient suivant une logique de collaboration avec l'Eglise nationale burkinabè ou suivant un système de relais de l'approche humanitaire du Gouvernement des Etats-Unis. Dans ces conditions, elle intervient dans des domaines et des zones géographiques souhaités par l'administration des Etats-Unis en fonction de l'éligibilité de la zone d'intervention.

Les ONG confessionnelles catholiques font partie du Secrétariat permanent des ONG (SPONG) créé en 1974 par les ONG confessionnelles chrétiennes pour faire face à la sécheresse et à ses effets dans le Sahel.

Les ONG protestantes

La création des organisations de solidarité, en vue de porter une assistance souvent par devoir de compassion avec les peuples à évangéliser, est caractéristique des missions chrétiennes en général. Les missions protestantes ont associé étroitement évangélisation, civilisation et commerce en Afrique. Par contre les missions évangéliques, établies au Burkina Faso depuis l'époque de la Haute-Volta coloniale, ont tardivement associé les œuvres sociales à l'évangélisation, en raison d'un positionnement idéologique qui ne voulait pas que l'évangélisation rime avec la civilisation[5]. C'est seulement à partir des années 1950 qu'elles commencent à réaliser des œuvres sociales. Dix ans après l'indépendance de la Haute-Volta, les Eglises protestantes mettent en place progressivement un certain nombre d'ONG ou associations de développement. La toute première organisation de solidarité est le Bureau des projets de la Fédération des Eglises et Missions Evangéliques (FEME), créé dans le contexte

[5] Les missionnaires évangéliques américains voulaient dissocier l'évangélisation en tant qu'annonce de l'évangile et la mission civilisation qui visait à la diffusion des cultures européennes en Afrique. Lire à ce sujet, Somé, M., « Les missionnaires protestants américains face au nationalisme français en Haute-Volta, 1920-1939 ». *Le Fait missionnaire* n°18, juin 2006, pp. 73-108.

de la sécheresse du début des années 1970. Le Bureau se présentait alors comme le relais aux agences protestantes d'Europe désireuses d'apporter leur aide aux populations sinistrées.

Passée le moment des interventions d'urgences, le Bureau va s'investir dans la création des banques de céréales et la fourniture d'équipement agricole. Fidèle à la mission qui lui a été assignée de promouvoir le développement intégral de l'homme, il a depuis élargi son champ d'intervention à d'autres domaines comme la santé, l'agriculture, l'environnement, l'hydraulique, l'éducation, la lutte contre la corruption, etc. Les missions du bureau s'étant fortement élargies à plusieurs domaines, la stratégie de la FEME fut orientée vers l'exécution de programmes d'activités. Le bureau change de nom pour devenir en 1988, l'Office de développement des Eglises Evangéliques (ODE).

D'un point de vue statutaire et organisationnel, l'ODE est pour la FEME, ce que représente l'OCADES pour l'Eglise catholique, un outil de la pastorale suivant la vision évangélique de transformation de la société en vue de promouvoir la cité chrétienne. L'ODE est administrée par un comité de gestion composé de représentants de toutes les églises membres de la FEME et qui joue le rôle de conseil d'administration. Le secrétariat exécutif assure la gestion quotidienne de l'institution qu'il représente auprès des partenaires au développement. Le département des programmes, piloté par un coordonnateur, regroupe les chargés de programme et les conseillers en développement communautaire. A chaque programme est attaché un personnel recruté pour la durée du programme. Les responsables disent mettre d'abord en avant la compétence. Néanmoins, ils reconnaissent que le personnel est majoritairement évangélique surtout lorsque la durée de leur contrat excède les six mois. Le principe qui guide ce choix dans le recrutement est l'adhésion à la vision de l'ODE. Le recrutement du personnel se fait en fonction des compétences pour la réalisation des projets élaborés pour l'atteinte des objectifs du programme. Dans cette optique, le genre intervient peu. On recrute les compétences disponibles en mettant l'accent sur les meilleurs lorsque la demande d'emploi est forte.

A partir de 1980, de nouvelles organisations de solidarité protestantes voient dans la Haute-Volta qui devint plus tard le Burkina Faso une de leurs terres d'élection en Afrique. La *Lutheran World Relief* qui intervient dans six pays en Afrique, y obtient au cours de cette année un accord de siège. La Société Internationale de

Linguistique engagée dans l'étude des langues va susciter en 1989 la création de l'Association nationale pour la traduction de la Bible et l'alphabétisation (ANTBA).

L'ANTBA est un acteur confessionnel national, affilié à *Wycliffe International*, une organisation d'origine américaine. Elle a été créée par les Eglises évangéliques qui ont vu dans la traduction de la Bible à la fois un moyen d'évangélisation et de promotion humaine. Le leadership est représenté par les pasteurs. L'association entretient donc des rapports étroits avec les Eglises évangéliques du Burkina et se relie à un vaste réseau d'abord au niveau national puis international d'ONG protestantes. L'option ici est l'évangélisation par l'alphabétisation afin de permettre aux fidèles chrétiens de lire la Bible dans leurs langues. A partir de sa reconnaissance par l'Etat burkinabè en février 1992, l'ANTBA ouvre le vaste chantier de la traduction de la Bible dans 18 langues nationales, de même que l'alphabétisation au sein de groupes de sociétés culturels y relatifs, généralement peu évangélisés et peu instruits.

En quelques années d'existence, les communautés de fidèles et leurs leaderships ont vu dans les activités de l'ANTBA, une promotion sociale : grâce à l'alphabétisation, les communautés s'ouvrent au monde et se prennent mieux en charge. Le Directeur des Relations Publiques de l'ANTBA, M. Jacques SANKARA se réjouit de l'estime et la faveur que porte le gouvernement du Burkina Faso à l'ANTBA, au regard de son résultat en termes de bien-être apporté aux populations et à la promotion des langues nationales du Burkina Faso. Outre ces deux secteurs d'intervention, l'ANTBA s'est engagée dans la formation de la jeunesse. Elle a formé de jeunes volontaires venus d'églises différentes dans le domaine de la liturgie et de la culture en général. Ces jeunes ont par la suite créé un groupe musical appelé « Vision » en référence à la Vision 2025 de Wycliffe. Ce groupe qui joue aussi bien de la musique traditionnelle que moderne, a déjà fait le tour de nombreuses régions du Burkina Faso pour faire la promotion de l'ANTBA. Le groupe « Vision » a aussi effectué une tournée aux Etats-Unis pour partager l'expérience de la traduction de la Bible avec la jeunesse des églises noires américaines.

L'ANTBA fait visiblement de l'action humanitaire, un moyen de prosélytisme, car elle attend des populations bénéficiaires des retombées en termes de conversions religieuses :

> « Les exemples de vies de populations transformées par le contact avec les Ecritures dans leur propre langue sont nombreux. Dans un centre

d'alphabétisation située à l'Ouest du Burkina, l'alphabétisation faite dans la langue du milieu a attiré du monde. Les cours d'alphabétisations étaient tirés de l'histoire biblique. Le résultat de cet enseignement puissant est que tous les apprenants du centre ont fini par donner leur vie au Seigneur, entraînant une grande partie du village dans le christianisme. Ce phénomène tend à se reproduire partout où il y a un travail de traduction de la Bible en cours. L'ANTBA identifie, recrute et forme des chrétiens engagés qui répondent à l'appel du Seigneur pour son œuvre. »

Le paysage institutionnel des ONG protestantes s'accroît en 1993 avec la création du *Christian Relief and Development Organization* (C.RE.D.O.). *World Relief*, une ONG évangélique américaine qui intervenait au Burkina Faso et qui avait décidé d'arrêter à partir de 1992 ses interventions en Afrique de l'Ouest pour les réorienter vers l'Afrique orientale avait laissé un vide dans son champ d'interventions au Burkina Faso. Monsieur Moise Napon, Directeur adjoint de la division Afrique de l'ONG américaine, décida de prendre le relai en janvier 1993. Avec le personnel local de *World Relief*, tous chrétiens évangéliques, il crée le 28 janvier 1993, le CREDO comme une ONG nationale non prosélyte et à but non lucratif. Le CREDO entretient des rapports étroits avec un certain nombre d'Eglises évangéliques, dont les représentants constituent en partie l'instance de décision. Il privilégie une approche horizontale et participative.

Pendant les deux premières années de mise en place des structures, *World Relief* les accompagne. Le CREDO poursuit et termine les activités en suspens-Faso de son devancier et partenaire financier, en en ajoutant d'autres. En 1995, il met en place son premier plan stratégique et son programme multisectoriel d'activité. Il est affilié à plusieurs réseaux d'organisations de la société civile, dont le Réseau des Organisations Chrétiennes (ROC) évangéliques, RECIF ONG, VIVA NETWORK, PACANET.

Les ONG islamiques

L'installation des ONG musulmanes au Burkina est la plus récente. Créées par les pays arabes désireux de marquer leur présence dans le domaine de la solidarité internationale, longtemps monopolisé par les pays occidentaux, elles ont permis de pallier le manque criant d'organisation institutionnelle caritative de la part du monde musulman. Les communautés musulmanes d'Afrique, qui recevaient les œuvres de charité chrétienne dont un des objectifs était la conversion, ont souvent regretté cette absence du monde arabo-musulman dans l'humanitaire. A partir de la manne pétrolière, l'Arabie Saoudite créa l'Organisation internationale islamique de secours (O.I.I.S) qui fut la première ONG musulmane à obtenir son accord de siège en 1981 au Burkina Faso porté par la Ligue islamique mondiale. Suivirent l'Agence des musulmans d'Afrique (AMA) d'origine koweitienne, l'Association Mondiale de l'Appel Islamique (AMAI) fondée par Mouammar el Kadhafi et la FIIC. Le processus d'établissement des ONG musulmanes a été lent : en 1999, soit 18 ans après l'installation de la première ONG, il n'en y avait que trois qui avaient obtenu des accords de siège. Deux autres entreprenaient des démarches dans ce sens[6]. Mais généralement les ONG commencent leurs activités tout en faisant les démarches nécessaires à l'obtention de l'accord de siège qui officialise leur présence sur le territoire national. A côté des ONG musulmanes établies, il existe une multitude d'organismes islamiques intervenant au Burkina Faso dans divers domaines par l'intermédiaire d'un individu ou d'une association. Nous donnons ici les principales caractéristiques de quelques ONG musulmanes que nous connaissons à travers la littérature scientifique.

L'OIIS, dont le siège se trouve en Arabie Saoudite, intervient essentiellement dans le domaine de la santé et de l'action sociale. Au Burkina Faso, elle a construit et gère six dispensaires, dont trois à Ouagadougou, un à Dori, un à Ouahigouya et un à Bobo-Dioulasso. Environ 800 orphelins étaient pris en charge en 1998-99 par cet acteur confessionnel dans les provinces du Kadiogo, du Houet, du Soum et du Yatenga. En dehors du domaine de la santé et l'orphelinat, elle a construit des mosquées. Toutes les activités de l'OIIS étaient supervisées au cours des années 1980 par Aboubacar Doucouré, un arabisant titulaire d'une thèse doctorat en jurisprudence musulmane soutenue en 1981 à l'Université de Ryad.

L'AMA est la deuxième ONG musulmane à s'installer au Burkina. Elle y débute ses activités en 1986 à la suite d'un voyage d'Aboubacar Doucouré [7] à Koweit City répondant à l'invitation du Ministre koweitien des Affaires religieuses. En janvier 1988, elle signe son

[6] Diouf Mamadou Alioune, 1999, *L'Action de l'agence des musulmans d'Afrique au Burkina Faso de 1986 à 1996*. Université de Ouagadougou, mémoire de maîtrise d'histoire, p. 12.

[7] Cheikh Doucouré a été porteur de plusieurs projets et/ou associations financés par les pays arabes, en particulier l'Arabie Saoudite et le Koweit. Il reste aujourd'hui un des principaux relais de la mise en œuvre des actions humanitaires arabo-musulmans au Burkina Faso.

accord de siège avec le gouvernement burkinabè. Fondée en 1981 par le médecin koweitien Abdurahmane Summait, d'abord sous l'appellation d'Agence musulmane du Malawi, ensuite sous la dénomination actuelle, l'AMA est une structure caritative à l'organisation complexe : elle comprend des bureaux géographiques regroupant un ensemble de pays en fonction soit de la configuration géopolitique soit de la communauté des problèmes rencontrés et possédant des antennes nationales. Le Burkina Faso fait partie du bureau de la zone sahélienne. A côté des bureaux géographiques, il existe une administration technique éclatée en onze bureaux parmi lesquels, on relève des préoccupations à la fois caritatives et prosélytes : bureau des orphelins, bureau de la prédication, bureau des projets chargé de superviser la réalisation de mosquées, de centres islamiques, d'écoles, d'orphelinats, de dispensaires, de forages et de puits ; bureau de la recherche chargé de réaliser des études spécialisées sur l'appel à l'islam, etc.

Les objectifs de l'AMA comprennent donc le souci de réaliser des actions caritatives au profit des populations pauvres et vulnérables, mais aussi la question non négligée de la diffusion de l'islam.

L'AMA collecte des fonds au Koweït suivant le principe de la *sadaka* (aumône accordée à celui qui est dans le besoin), de la *sadakajarya* (aumône courante), legs pieux et *zakat*, aumône légale. Elle reçoit des dons en nature comme en espèce. Les dons spécifiques de personnes voulant par l'intermédiaire de l'AMA réaliser une œuvre spécifique (mosquée, puits, école, etc.). Dans ces conditions, le donateur précise le domaine dans lequel il faut utiliser son don[8]. Au total, personnes morales et physiques contribuent au financement de l'Agence.

Une autre ONG d'origine koweitienne dénommée Baytou Zakat (la maison de la *zakat*) a signé une convention avec l'Etat burkinabè en janvier 1998. Elle intervient cependant au Burkina Faso depuis des années par l'intermédiaire d'Aboubacar Doucouré, Abdurahmane Sidibé dans le Houet et Tidiane Doucouré dans le Soum. Son action se limite à ces trois provinces. Baytou Zakat intervient dans la construction de mosquées, d'écoles (médersa et lycée), de puits et de forages. Elle prend en charge des orphelins dans le Soum, le Kadiogo et le Houet.

[8] Diouf, Mamadou Alioune, 1999, *L'action de l'Agence des musulmans d'Afrique au Burkina Faso*, op. cit., p. 21.

A côté de ces ONG, plusieurs autres organismes interviennent au Burkina Faso dans la construction de mosquées, de médersas, de forages, de puits.

Mamadou Alioune Diouf a montré que les milieux et domaines d'interventions de l'AMA au Burkina de 1986 à 1996 sont fonction des préoccupations et des visions de chacun des représentants du bureau national. Ainsi de 1986 à 1989, Aboubacar Doucouré était plus préoccupé de questions d'assistance spirituelle aux musulmans des milieux principalement peuls du Nord et de l'Ouest du Burkina, ensuite du centre burkinabè. Il avait consacré 227 268 euros à la construction de mosquées, soit 56% de l'aide globale accordée au bureau nationale. Ensuite venaient les forages pour l'eau potable pour lesquels il avait consacré 79 647 euros, soit 20% du budget et les médersas avec 48 021 euros (12% du budget). La portion congrue, 47 556 euros des réalisations va au creusement de puits. Il faut relever qu'Aboubacar Doucouré qui est cheikh, c'est-à-dire un saint personnage objet de vénération et dont l'autorité spirituelle lui confère la direction d'une communauté, insiste à la fois sur la visibilité de l'islam à travers la construction de lieux de culte et la formation des musulmans aux lettres arabes. La formation intellectuelle, en retour, leur permettra de mieux pénétrer la parole divine contenue dans le Coran.

Abdurahmane Sidibé qui succède à Doucouré en 1990 a, pendant quatre ans, tenté de rééquilibrer les choses tout en maintenant les mêmes rubriques d'intervention. Il a consacré 36% du budget à la construction de mosquées et accordé plus d'importance à l'accès des populations à l'eau potable. Trente-huit pour cent du budget sont consacré aux forages, 21% au puits et seulement 5% aux médersas. Sidibé fut donc plus que son prédécesseur préoccupé de questions sociales liées à la résolution du problème crucial de l'accès à l'eau potable. Les aléas climatiques ont fait de l'eau une question de survie. Né à Nouna dans l'Ouest du Burkina et à quelques quarante kilomètres de la frontière du Mali, Sidibé ramène géographiquement les investissements de l'AMA au Centre (provinces du Kadiogo qui reçoit 59 433 635 fcfa et du Bazéga (27 525 864 fcfa) et dans la Kossi sa province natale (48 807 750 fcfa)[9]. Diouf souligne que l'AMA prit en charge en décembre 1992 les titres de transport de soixante pèlerins

[9] Diouf, Mamadou Alioune, 1999, op. cit. p. 42.

burkinabè, mais n'en précise pas le montant financier[10]. Ce domaine d'intervention ne ressort pas non plus de sa nomenclature. Doucouré et Sidibé sont des intellectuels arabisants peuls qui ont privilégié le recrutement des Peuls dans l'Agence.

En 1996, sur 28 personnes recrutées sur cinq ans, 15 étaient des Peuls, soit 53,6% du personnel[11]. En 2010, l'AMA employait au total 244 agents permanents, dont 7 expatriés[12].

C'est le Tunisien Ali Kardi, troisième représentant de l'AMA au Burkina qui étendit les interventions de l'ONG koweitienne sur l'ensemble des trente provinces que comptait alors le Burkina Faso, avec cependant une prédominance de la province du Kadiogo où se trouve la capitale burkinabè. Il diversifie les domaines d'intervention en construisant des orphelinats, des centres socio-éducatifs et des écoles. Ali Kardi préféra investir dans les écoles primaires privées musulmanes dispensant l'enseignement en français que de poursuivre l'expérience des médersas. Il consacre aux écoles 72 220 639 fcfa, soit 15,61% du budget. Avec 114 500 000 fcfa (25% du budget) destinés aux forages, 69 152 975 (16% du budget) aux puits, Kardi inscrit son action dans la continuité de celle de Sidibé. Il réserve toutefois 105 863 200 fcfa aux mosquées, soit 24% du budget[13]. Diouf fait remarquer qu'Ali Kardi, qui a été formé à l'école occidentale, a eu une gestion plus opérationnelle, plus efficiente. Il fut un homme remarquable par son habileté, qui au bout de deux ans a dû quitter l'ONG pour des raisons difficiles à cerner.

De la mobilisation des ressources humaines : une prédominance du choix confessionnel

Les ONG concernées par la présente étude emploient des laïcs en fonction de leur compétence, mais aussi de leur engagement religieux. Les ONG catholiques relevant directement de la conférence épiscopale comme l'OCADES et la Fondation Jean-Paul II pour le Sahel sont dirigées par des hommes du clergé, assistés de laïcs relevant de l'obédience catholique aux postes techniques les plus

[10] Ibidem, p. 39.

[11] Ibidem, p. 38.

[12] Sogoba, Seydou, 2010, *Contribution des ONG musulmanes à l'accroissement de l'offre éducative de base au Burkina Faso : le cas de l'Agence des musulmans d'Afrique (AMA)*. Mémoire de fin de formation aux fonctions d'inspecteur de l'enseignement du premier degré. Université de Koudougou, p. 46.

[13] Diouf, Mamadou Alioune, 1999, op. cit. p. 57.

importants. Toutefois, en fonction des opportunités, elles peuvent faire appel à la collaboration d'un technicien d'une autre obédience religieuse. L'Inades-formation et la CRS sont constituées d'équipes mixtes regroupant des personnels d'origines confessionnelles diverses sur la base de la compétence. En intervenant dans le Nord du Burkina, islamisé à plus de 80%, elles ne peuvent pas se passer de la collaboration avec des laïcs des autres obédiences.

La même logique a lieu au niveau des ONG protestantes. Elles sont gérées par un pasteur qui constitue autour de lui une équipe de coreligionnaires. Il s'agit d'institutions qui, au regard de l'organigramme, sont centralisées. Dans le discours officiel, elles déclarent recruter des personnes sans distinction de religion, mais dans la pratique le personnel est quasi exclusivement protestant. Les non-protestants sont emmenés progressivement à la conversion ou sont obligés de quitter l'ONG pour rechercher du travail ailleurs. Sur six appels d'offres d'emplois publiés par le CREDO, quatre posaient la condition d'être chrétien ou chrétienne né (e) de nouveau, les deux autres posaient la condition d'être tout simplement chrétien. Nous avons constaté au cours des entretiens que dans le discours officiel, toutes les ONG sont ouvertes du fait qu'elles font de l'humanitaire l'absolu de leur mission. Toutefois, des contre-témoignages ont été donnés par certains acteurs sur le terrain.

Quant aux ONG islamiques, elles sont dirigées par des personnalités de leur pays d'origine qui recrutent du personnel local parlant l'arabe et étant d'obédience musulmane. Certaines, comme l'AMA, ont d'abord recruté des arabisants comme leurs représentants, avant de rechercher du personnel étranger au Burkina, d'Afrique du Nord ou du Proche Orient, sans doute, pour un souci de plus grande efficacité.

Les objectifs poursuivis

Les objectifs mis en avant par les acteurs confessionnels sont d'abord caritatifs, donc humanitaires, ensuite explicitement ou implicitement religieux. Ils sont toujours conformes aux visions qui prônent la promotion globale d'une société harmonieuse, débarrassée des injustices et vivant en paix. Tous les domaines de la promotion sociale et des activités de la microéconomie pour le bien-être des populations bénéficiaires font partie de leur champ d'intervention. Mais les préoccupations éducatives et sanitaires sont prédominantes.

Suivent ensuite l'hydraulique, l'agriculture et la sécurité alimentaire du fait du caractère capricieux de la pluviométrie sur toute l'étendue du territoire national.

Les ONG confessionnelles catholiques se conforment aux orientations du discours social de l'Eglise avec des adaptations au contexte local. L'OCADES en particulier veut aider à l'autopromotion communautaire par la formation, les innovations agricoles, l'éducation, la santé, la promotion de la femme et le secours d'urgence. Cette aide est orientée vers la perspective d'une activité libératrice de la pauvreté. C'est pour cette raison qu'elle met l'accent sur la formation technique, en particulier sanitaire, agricole, socio-économique et de l'animation globale pour un développement intégral de l'homme. La Fondation Jean-Paul II en l'occurrence finance la recherche scientifique en vue de la sauvegarde de l'environnement et de la gestion rationnelle des ressources naturelles, dans le but d'améliorer la vie des hommes, des femmes, des jeunes, des enfants qui vivent dans les pays du Sahel. Les interventions de la Fondation Jean-Paul II visent à responsabiliser les populations face à leur devenir, dans une politique solidaire et communautaire.

Par leurs interventions, les acteurs confessionnels catholiques s'attellent à mettre en cohérence les objectifs et les missions poursuivis avec les valeurs défendues par l'Eglise : favoriser la formation et la promotion humaine des hommes et des femmes qui s'engagent dans un esprit citoyen aux côtés et avec leurs concitoyens au service du Burkina Faso, sans discrimination aucune, ni distinction d'ordre social, philosophique ou religieux. Ils entendent poursuivre la promotion humaine dans l'esprit de *Populorum Progressio* : rechercher le développement de tout homme et de tout l'homme, donc promouvoir un développement intégral et solidaire. Les valeurs d'amour, de solidarité, de justice sont présentées comme des instruments de lutte contre l'ignorance, comme des outils de paix et d'espérance.

A travers la promotion sociale, les ONG protestantes poursuivent l'objectif de créer un équilibre entre les questions spirituelles et les questions matérielles nécessaires à l'accomplissement de la mission spirituelle de l'homme. La promotion des droits de l'homme en rapport étroit avec la lutte contre l'ignorance occupe une place importante. Les ONG protestantes veulent former des sujets conscients de leurs droits et de leurs devoirs et prêts à relever les défis du sous-développement. Il s'agit de témoigner de l'amour de Dieu de façon concrète, en participant au développement social économique et spirituel du Burkina Faso. Elles s'engagent à travailler en réseau aux côtés des Eglises et missions évangéliques dans les communautés de base pour aider les personnes les plus défavorisées à retrouver leur dignité de femmes et d'hommes créés à l'image de Dieu. L'ANTB en particulier veut promouvoir la traduction de la Bible pour faciliter l'accès des populations aux Ecritures, facteur éminent de conversion. L'objectif est de constituer à terme le peuple de Dieu par la mise en application des Ecritures. L'approche par le moyen de l'alphabétisation et de la traduction de la Bible consiste à transformer les individus, les communautés et les nations à travers l'amour de Dieu exprimé dans leurs langues et cultures. Les objectifs religieux sont clairement exprimés dans les objectifs et l'approche est définie en fonction de ces objectifs.

Les ONG musulmanes, quant à elles, mentionnent en général explicitement la poursuite d'un objectif religieux. Au regard des domaines et milieux d'intervention, celles qui s'établissent au Burkina apportent une assistance aux communautés musulmanes principalement. Aucune ne néglige l'objectif de travailler à une plus grande visibilité de l'islam au Burkina. Les interventions visent à renforcer la connaissance, donc la compréhension de l'islam parmi les communautés, à diffuser des idées nouvelles sur l'organisation de la communauté et la conception de la charité en milieu musulman. L'humanitaire a du coup une connotation confraternelle. On vole, au secours d'autres musulmans sans viser de façon explicite autrui qui est non musulman et qui n'est en réalité qu'un bénéficiaire accidentel ou cible d'une éventuelle conversion à l'islam. La remarque faite par Rachid Lahlou, président du Secours islamique de France (SIF) à l'endroit des organisations musulmanes de France vaut exactement pour celles du Moyen-Orient intervenant au Burkina Faso :

> « Le SIF fait siennes ces valeurs d'impartialité et de neutralité. Il est choquant que notre organisation soit régulièrement interpellée sur la question de l'aide à des non musulmans. Jamais le SIF ne pose une quelconque appartenance religieuse comme condition pour apporter son aide. Un tel comportement serait contraire à la religion. Le SIF porte des valeurs universelles de compassion et de solidarité dans lesquelles chacun peut se reconnaître »[14].

---

[14] Lahlou Rachid, 2010, « De l'éthique à la technique, quels fondements pour l'action humanitaire du Secours Islamique France ? », communication au Séminaire

Cette réaction de Rachid Lahlou mériterait d'être adressée aux ONG confessionnelles musulmanes intervenant au Burkina Faso.

Les relations de partenariat et la capacité d'interpellations des pouvoirs publics

Le domaine de l'humanitaire, domaine du social par excellence, est le secteur non productif en termes de rentabilité financière. Mais tous les acteurs dans ce domaine affirment investir dans la formation du capital humain par la transformation qualitative du milieu à la fois naturel et sociétal. La réussite de l'investissement dépend des approches aussi bien que de la disponibilité du financement.

De la relation de partenariat

L'accréditation des ONG est conditionnée par le respect d'un cahier de charges en fonction de leur capacité supposée de contribution à la résolution de la question sociale. Le partenariat s'établit donc à un premier niveau avec l'Etat burkinabè à travers un accord de siège. L'Etat burkinabè pour faciliter leurs interventions les exonère des frais de douanes en cas d'importation de matériel ou de produits alimentaires en vue d'apporter une réponse à la question de l'insécurité alimentaire. L'Etat burkinabè apprécie les mobilisations de fonds par les acteurs qui s'engagent dans le champ social. Il devient lui-même un partenaire financier dans la mesure où les ONG confessionnelles, par le capital de leur expérience, ont sur le terrain une action plus efficace et plus efficiente. Le partenariat s'établit dans le cadre strict de la mise en œuvre des politiques étatiques de développement. Dans ce partenariat avec l'Etat burkinabè, toutes les ONG enquêtées affirment participer à des appels d'offres de l'Etat et sont financées lorsqu'elles les obtiennent ou bénéficient d'un appui technique de l'Etat, en cas de nécessité.

Pour le volet social, l'Etat sait toujours compter selon le principe de la subsidiarité sur les ONG et les associations nationales de développement. Les ONG bénéficient alors du financement de l'Etat par la voie de la soumission à ses appels d'offre de réalisation dans le

---

de réflexion sur *Quelle compréhension de la diversité culturelle et religieuse par les acteurs de l'aide ? Regard croisé sur les pratiques de l'AFD et du SIF au Tchad et à Gaza.* Agence Française de Développement (AFD) – Secours islamique de France (SIF).

domaine social. Grâce à la convention signée avec l'Etat au titre de l'accord de siège, les ONG de façon générale sont exonérées d'impôt et de droits de douane en cas d'importation de véhicules ou de produits liés à leurs interventions dans chacun des domaines sociaux.

Mais les relations de partenariat sont plus complexes. Aucune ONG ne pouvant agir en solitaire, les partenariats s'imposent comme une des modalités d'action idoines. Il existe en plus du partenariat avec l'Etat, un partenariat Nord-Sud et Sud-Sud. Les ONG du Nord collectent des fonds pour une intervention soit directement sur le terrain soit médiatement par l'entreprise d'une ONG du Sud, soit par les deux voies à la fois.

Ainsi la Caritas Internationalis représente un réseau de plus de 162 ONG catholiques en connexion. Les structures de solidarité des Eglises nationales sont les relais de la structure vaticane. Le partenariat réside à la fois dans la réflexion sur les problèmes sociaux et sur les voies de solution à mettre en œuvre suivant la vision catholique afin d'atteindre un impact significatif. Ces réflexions entrent dans la grille d'analyses du développement incarnée par la revue *Economie et Humanisme,* créée sous l'impulsion du Père Lebret, et dont l'objectif était de faire des recherches pour mettre en pratique la vision d'un changement social de type humaniste. La vision chrétienne du développement repose sur le principe selon lequel son succès serait une alternative à la fois à l'économie libérale et à l'économie de type socialiste[15].En fonction des milieux, les réflexions donnent lieu à des applications dont les retombées alimentent en retour le discours social de l'Eglise. Le partenariat se conçoit donc d'abord à ce premier niveau théorique, puis dans le champ des applications pratiques où la concertation s'impose en termes de partages d'expériences et d'approches du terrain. Jusqu'en 1983, l'Eglise bénéficiait de dons pour la réalisation d'ouvrages. Mais depuis cette date, le financement de sa pastorale sociale par ses partenaires du Nord est subordonné à l'élaboration de programmes ou de projets de réalisations sociales.

Les organisations onusiennes (UNICEF, PAM, FAO, UNESCO) établissent des partenariats avec les ONG chrétiennes jugées crédibles. Une autre forme de partenariat s'opère dans le cadre de la coopération bilatérale. Il se tisse donc des partenariats multiples à la fois dans le

---

[15] Pelletier Denis, *Economie et Humanisme. De l'utopie communautaire au combat pour le tiers-monde, 1941-1966*. Paris, Cerf, 1996. Le chapitre 9 de cet ouvrage est consacré à la « pensée chrétienne du développement ».

champ du financement et dans le cadre des activités entreprises sur le terrain.

Le partenariat est toutefois plus développé entre les ONG et les associations nationales de développement, de sorte que les ONG internationales confessionnelles passent pour être les bailleurs de fonds des associations locales. Une association comme l'Inades-Formation entretient par contre des relations de partenariats avec la *Katholische Zentralstelle für Entwicklungshilfe*/Misereor d'Allemagne, l'Agence Française du Développement, Développement et Paix du Canada, Fonds d'appui à l'état de droit (FAED), Fonds européen de développement/Union européenne, etc.

Le CREDO entretient des relations de partenariat avec l'Etat burkinabè, en particulier avec les départements ministériels concernés par leurs domaines d'intervention, les institutions de recherche étatiques comme le Centre de recherches de Farakoba, l'Institut national d'études et de recherches agronomiques (INERA), *Global Fund*, *Tearfund* UK, etc.

Toutes les ONG se dotent d'un pouvoir de médiatisation afin de rendre visibles leurs activités. Ce pouvoir est soit publicitaire via les médias, soit réticulaire, à travers les plaidoyers, soit adossé à la publication des résultats de la recherche comme dans le cas du CRS, de l'OCADES Caritas Burkina, de l'Inades-Formation ou de l'AEAD.

À travers le SPONG et d'autres réseaux comme le réseau évangélique dénommé Réseau des Organisations chrétiennes (ROC), les acteurs confessionnels interpellent l'Etat burkinabè sur la question des injustices, de la gabegie dans la gestion des affaires publics, des tracasseries administratives dans le partenariat avec l'Etat, sur la question de la citoyenneté au regard de leurs interventions dans le domaine de la décentralisation.

Du financement des ONG

Au sujet du financement des ONG, nos enquêtes nous permettent de distinguer trois types d'acteurs confessionnels :

- Les ONG de financement, généralement des ONG d'Eglises occidentales, collectant des fonds parmi leurs fidèles et les personnes morales (y compris le gouvernement) dans leurs pays d'origine. Elles financent ensuite des ONG d'intervention pouvant être du Nord comme du Sud. Comme ONG de financement, on noter Caritas Internationalis et les membres occidentales de son réseau (Misereor, CCFD, CRS, etc.)

- Les ONG d'intervention qui agissent sur le terrain généralement dans plusieurs domaines et les milieux censés correspondre à leurs vision et mission et aux objectifs qu'ils poursuivent. Il s'agit généralement des milieux les plus vulnérables. Il s'agit à la fois d'ONG du Nord et du Sud. Le CRS peut être classé à la fois comme une ONG de financement et une ONG d'intervention. Elle collecte des fonds aux Etats-Unis, principalement auprès du gouvernement américain pour intervenir partout dans le monde. Elle appuie les ONG nationales du réseau Caritas Internationalis, mais aussi, et surtout les associations nationales de développement. La fondation Jean-Paul II pour le Sahel correspond parfaitement au type d'ONG d'intervention. Elle dispose d'un fonds capitalisé et régulièrement recapitalisé par le Saint-Siège sur lequel elle s'appuie pour intervenir sur le terrain des neuf pays sahéliens.
- Les ONG d'appui qui apportent un appui pouvant être financier, humain ou technique aux ONG d'intervention. Le CRS peut être encore considéré comme une ONG d'appui.

Les ONG musulmanes sont plus difficiles à classifier, mais répondent plus ou moins aux trois critères ci-dessus présentés.

Conclusion

Par l'efficacité de leurs interventions et leurs capacités financières, les ONG confessionnelles se sont imposées au tournant des années 1990 comme des partenaires incontournables de l'Etat burkinabè. Elles couvrent par la diversité de leurs domaines d'intervention tout le secteur social depuis la question éducative qui occupe une place de choix, sanitaire, agricole, environnementale, alimentaire, financière, etc. L'Etat est à la fois un partenaire financier qui exonère les acteurs confessionnels des pressions fiscales et douanières, un commanditaire de travaux dans le domaine social et un partenaire technique pouvant affecter un fonctionnaire comme agent technique chargé de la réalisation d'un projet.

Les bénéficiaires apprécient bien les interventions qui les dotent d'infrastructures, couvrent les besoins alimentaires, éducatifs et sanitaires et parfois de secours d'urgence. L'efficacité de leurs interventions est liée aux choix des approches consistant à travailler avec des organisations paysannes, à maintenir avec elles des liens de durabilité de sorte qu'une confiance réciproque se tisse entre les parties. L'efficacité est aussi le résultat d'une mise en réseau des organisations confessionnelles par le jeu des appuis à différentes échelles pour atteindre les objectifs de la mission humanitaire.

Tous les acteurs confessionnels emploient peu ou prou des individus tantôt sur la base de la compétence des personnes employées, tantôt sur la base des affinités confessionnelles ou ethniques. Toutes les ONG auprès desquelles nous avons enquêté ont relevé le souci de prendre en compte le genre dans le recrutement. Toutefois les acteurs confessionnels catholiques aussi bien que les protestants de l'ODE ne fétichisent pas la question du genre. Ils recrutent en tenant compte de la compétence et de l'efficacité de l'agent dans certaines tâches à confier. Ils recrutent donc des femmes, mais n'insistent pas sur des considérations arithmétiques de la parité hommes/hommes. Mais la CRS, d'origine américaine, insiste en ce qui concerne les postes de responsabilités autant que faire se peut sur la parité homme/femme. Dans tous les cas, quel que soit l'acteur confessionnel, le recrutement suivant des considérations liées au genre ou à la parité hommes/femmes est aussi lié au programme de développement et aux conditions imposées par les bailleurs de fonds pour la réalisation de certains projets.

Concernant les ONG musulmanes, notre conclusion sur la question de la femme reste encore une hypothèse qui cherche à être vérifiée. Le constat fait sur le terrain est que le recrutement du personnel est exclusivement masculin. Lors des visites de prise de contact en vue de préparer les entretiens, nous avons vu au niveau de trois ONG, l'AMA, *Quatar Charity* et l'AMAI, que du secrétariat aux agents techniques et au directeur des structures, ce sont les hommes qui sont les acteurs. Dans le hall de l'AMA, nous avons pu observer des photos relatives à une formation des femmes au sein d'une mosquée. La traduction française de l'écriture arabe disait qu'il s'agissait d'une formation en vue de renforcer leur compréhension du Coran et des préceptes islamiques.

Notre hypothèse théorique qui mérite d'être confirmée par une étude approfondie est que les ONG confessionnelles musulmanes recrutent exclusivement des hommes comme acteurs de leurs structures caritatives, mais possèdent des projets destinées à la femme. Ici, ce que nous avons pu observer sans faire d'enquête montre que la préoccupation est plus religieuse qu'orientée vers le progrès social ou économique de la femme, encore moins vers son émancipation. La question du genre défendue par certaines ONG, en particulier, protestantes n'est pas une préoccupation des ONG musulmanes.

Les personnels employés trouvent des conditions plus ou moins propices à leur épanouissement. On peut se plaindre comme chez les catholiques des faibles taux de rémunération, comme chez les protestants des pressions exercées sur autrui pour le changement d'obédience, comme pour les musulmans d'une tendance à la confessionnalisation stricte et à l'ethnicisation des recrutements.

Bibliographie

Audouin, Jean et Déniel, Raymond, 1978, *L'Islam en Haute-Volta à l'époque coloniale*, Paris–Abidjan, L'Harmattan/Inades, 124 pages.

Balandier, Georges, 1982, *Sociologie actuelle de l'Afrique noire*, Paris : PUF, 4e édition, 529 pages.

BOSSELUT Clémence, « Don de soi ou professionnalisme ? » Recrutement et formation à la Délégation Catholique pour la Coopération, *Sociologies pratiques*, 2007/2 n° 15, p. 111-122.

Brunel, M., 1996, *Les relations entre l'Eglise catholique burkinabé et le pouvoir politique de 1960 à 1995*, Bordeaux : CEAN, Mémoire de DEA.

Bruno Duriez, François Mabille et Kathy Rousselet (dir.), 2007, *Les ONG confessionnelles. Religions et action internationale*. Paris, L'Harmattan, 282 pages.

CRS 2013, *Overview of CRS Burkina Faso Programs*. Ouagadougou, février, 15 pages.

Diawara, M., 1999, « Réseaux confessionnels de développement, pouvoirs locaux et décentralisation. » in Otayek, R., (dir.), *Dieu dans la cité : dynamiques religieuses en milieu urbain ouagalais*, Bordeaux : CEAN, pp. 91-107.

Diouf, Mamadou Alioune, 1999, *L'action de l'Agence des musulmans d'Afrique au Burkina Faso de 1986 à 1996*. Mémoire de maîtrise, Université de Ouagadougou, 113 pages.

Doli, O., 2001, *Les Eglises chrétiennes face au pouvoir politique de 1983 à 2000*, Ouagadougou : Université de Ouagadougou, mémoire de maîtrise, 110 pages.

Gruénais, Marc-Éric, « Les qualités de l'offre de soins confessionnelle en Afrique subsaharienne », *Autrepart*, 2004/1 n° 29, p. 29-46.

Inades-Formation 2004, *Décentralisation et Société civile au Burkina Faso : Les organisations de la Société civile de Banfora et de Niangoloko s'engagent*. Ouagadougou : Diakonia, 63 pages.

Inades-Formation 2009, *Mobilisation des ressources financières locales. Le Fonsdev de Passakongo : la solidarité communautaire au service de la lutte contre la pauvreté en milieu rural*. Ouagadougou : IF, « Expériences pédagogiques », 52 pages.

Inades-formation 2012, *Société civile et participation citoyenne : le combat des organisations de la Société civile de quatre régions (Centre, Centre-Nord, Centre-Sud et Plateau Central)*. Ouagadougou : IF « Expériences pédagogiques », 66 pages.

INSD, 2003, *Etude spécifique sur la pauvreté et la vulnérabilité au Burkina Faso*. Ouagadougou.

INSD, 2008, Recensement général de la Population et de l'Habitat de 2006. Synthèse des résultats définitifs, Ouagadougou, juillet, 2 pages.

Izard Michel, *Moogo : l'émergence d'un espace étatique ouest-africain au XVIe siècle*, Paris, Karthala, 2003.

Lahlou Rachid, 2010, « De l'éthique à la technique, quels fondements pour l'action humanitaire du Secours Islamique France ? », communication au Séminaire de réflexion sur *Quelle compréhension de la diversité culturelle et religieuse par les acteurs de l'aide ? Regard croisé sur les pratiques de l'AFD et du SIF au Tchad et à Gaza*. Agence Française de Développement (AFD) – Secours islamique de France (SIF).

Lejeal, F., 2002, *Le Burkina Faso*, Paris : Karthala, 335 pages.

Masson Nicolas, 2007, « La dimension géopolitique des fondamentalismes. Le cas des ONG confessionnelles », in *Esprit* n°3, mars-avril, pp. 219-221.

OCADES 2009, *Guidé par l'évangile, engage-toi à une promotion intégrale de la femme*. Actes du colloque sur la promotion intégrale de la femme. Ouagadougou 13-15 mai 2009, 225 pages.

OCADES 2011, *Actes du colloque sur l'engagement de l'Eglise catholique pour le développement du Burkina Faso*. Ouagadougou 7-11 février 2011. Ouagadougou : Presses africaines 2012, 197 pages.

OCADES 2012, *Plan stratégique 2012-2016*. Ouagadougou : Presses africaines, 45 pages.

Otayek, R., (dir.), 1999, *Dieu dans la cité : dynamiques religieuses en milieu urbain ouagalais*, Bordeaux : CEAN.

Ouali K.S, 2003, « L'économie burkinabé depuis 1960 : du sous-développement à la pauvreté », in Madiéga et Nao, *Burkina Faso, cent ans d'histoire, 1895-1995*, Paris, Karthala.

Ouédraogo Paul Y., 2008, *Contribution de l'Eglise au développement à travers l'Organisation catholique pour le développement et la solidarité (OCADES – Caritas – Burkina)*. Ouagadougou 28 avril, 22 pages.

Ouédraogo Philippe, 2010, *Overcoming Obstacles to Female Education in Burkina Faso*. Ouagadougou : IAD, 247 pages.

Ouédraogo, Isidore, 2006, *Les défis majeurs de la pastorale sociale au Burkina Faso : "éviter de construire sur le sable"*. Ouagadougou : OCADES Caristas Burkina, 164 pages.

Pelletier Denis, *Economie et humanisme. De l'utopie communautaire au combat pour le tiers-monde, 1941-1966*. Paris, Cerf, 1996.

Savonnet-Guyot, Claudette, 1986, *Etat et sociétés au Burkina, Essai sur le politique africain*, Paris, Karthala 227 pages.

Sogoba, Seydou, 2010, *Contribution des ONG musulmanes à l'accroissement de l'offre éducative de base au Burkina Faso : le cas de l'Agence des musulmans d'Afrique (AMA)*. Mémoire de fin de formation aux fonctions d'inspecteur de l'enseignement du premier degré. Université de Koudougou, 89 pages.

Somé M., 1999, « Les stratégies de développement de l'Eglise catholique au Burkina Faso de 1960 à 1983 », in *Cahiers du CERLESHS* n°16, Université de Ouagadougou, pp. 267-299.

Vankrunkelsven, Jan, 1990, *Concertation pour le développement.* Bobo-Dioulasso : CESAO/BEL.

« Les acteurs confessionnels du développement : spécificités, place, méthodes, avenir » Étude pays : Haïti

Benjamin Fernandez,
Docteur en sciences sociales

I. Contexte

Le contexte haïtien : des inégalités structurelles

A la veille du séisme qui a frappé Haïti le 11 janvier 2010, 70 % de la population vivait avec moins de 2 dollars par jour, plus de 40 % n'avait pas accès à l'eau potable. Dans le même temps, 1% de la population se partageait la moitié des richesses du pays.

Avant les accords de libre échange passés avec les Etats-Unis ainsi que les trois plans d'ajustement structurel imposés par le Fonds monétaire international (FMI) et la Banque mondiale au cours des années 1990, Haïti parvenait à assurer son autonomie alimentaire. Aujourd'hui il est contraint d'importer la majeure partie de sa subsistance.

L'introduction de produits alimentaires étatsuniens subventionnés sur le marché local à des prix inférieurs a causé une chute dramatique de la production agricole et un afflux sans précédent des personnes vers les zones urbaines ou frontalières, où se trouvent les usines manufacturières de multinationales implantées grâce à l'accord de franchises. La population de Port au Prince est passée de 732 000 au début des années 1980 à 3 millions en 2008, principalement dans les bidonvilles de Cité Soleil, Lasaline ou Bel Air (Dupuy 2010).

Dans ce contexte d'extrême fragilité de dépendance quasi totale de l'Etat et de l'économie haïtienne, l'ampleur des catastrophes successives doit être comprise au regard des causes structurelles – et non accidentelles ou conjoncturelles – de la pauvreté, qui n'ont cessé d'affaiblir le pays depuis son indépendance. Alors qu'il fut le premier Etat républicain émergé de l'esclavage et de la colonisation, Haïti est aujourd'hui entièrement dépendant de l'aide extérieure, et exposé à toutes ses ambiguïtés.

C'est également dans ce contexte que l'on peut comprendre la présence massive d'acteurs religieux du développement. Car la religion en Haïti (sinon dans toute l'histoire de l'humanité), est inséparablement liée aux inégalités, soit qu'elle tente d'y remédier, soit qu'elle s'en alimente pour rallier les âmes à son empire.

Religion et histoire en Haïti

- Le catholicisme

Les fondements religieux d'Haïti, tout comme les inégalités, sont un héritage direct de son passé colonial. Le catholicisme en est l'expression la plus évidente. Les esclaves amenés d'Afrique pour travailler dans les plantations de Saint-Domingue se voyaient baptisés de force et obligés de se rendre à l'église. Seule autorisée, la religion des maîtres a cependant (par la présence de frères et prêtres sur les terres sucrières) dans une certaine mesure freiné l'exploitation sans limite des esclaves, en leur reconnaissant (bien que tardivement) le statut d'êtres humains (bien qu'inférieurs par leur couleur de peau) et parfois le droit de ne pas travailler le dimanche, au grand regret des propriétaires terriens.

Après la révolution qui vit naître la République d'Haïti le 1er janvier 1804, le Vatican, à l'instar les autres puissances politiques occidentales, refusa de reconnaître la nation haïtienne et ses citoyens comme chrétiens. Ainsi, pendant 56 ans, avant le Concordat signé en 1860, la chrétienté parcourut un chemin libre et solitaire dans la société haïtienne et le clergé haïtien acéphale, sans jamais se tarir.

Quand il arrive au pouvoir en 1957, François Duvalier, nationaliste issu de la classe noire, comprend que l'Eglise catholique, soutien à la bourgeoisie mulâtre, exerce une influence considérable sur les cercles du pouvoir en Haïti et parvient à nationaliser le clergé. Cependant, durant la féroce dictature des Duvalier, la contestation s'est appuyée de manière notable sur les prêtres catholiques partisans de la « théologie de la libération » (doctrine d'émancipation des pauvres par la lutte contre les structures d'oppression, importante à l'époque dans les pays d'Amérique latine). C'est de ce mouvement qu'est notamment issu l'ex-président Jean-Bertrand Aristide – deux fois renversé par des coups d'Etats appuyés par des nations étrangères, et exclu de l'ordre salésien en 1988. C'est la coalition religieuse *Ti Legliz* qui a porté la contestation et M. Aristide au pouvoir en 1990, sur la promesse de rétablir la justice sociale. Son éviction par un coup d'Etat militaire quelques mois plus tard laissera ce projet lettre morte. Un vide dans l'organisation des forces sociales qui laissera la place aux acteurs du développement après la chute du mur de Berlin. La très forte corruption qui règne au sein de l'église et de l'Etat, conjuguée à la condamnation du courant de la théologie de la libération par le pape Jean Paul II et le cardinal Joseph Ratzinger, a cependant érodé l'influence de ce courant émancipateur.

Enfin, il faut noter les efforts de coordination des églises au sein de la plateforme Religion pour la paix présidée par Mr Dumas, médiatrice dans les conflits et les nombreuses impasses politiques. Mais cette plateforme a renoncé à sa mission de médiation le 18 janvier 2013 devant le blocage des négociations dans le cadre des élections prévues la même année.

- Le vaudou

Mais plus profond encore dans la culture haïtienne se trouve le vaudou. Un adage courant en Haïti veut que la population haïtienne se compose de 80% de chrétiens, et de 99% de vaudouisants – que « tout vaudouisant est un chrétien vivant ». Le vaudou, plus qu'une religion, est l'une des pierres angulaires de l'identité haïtienne, profondément enraciné dans la fierté de son indépendance. Le vaudou est donc un socle identitaire plus qu'une religion qui exclurait d'autres appartenances religieuses. Sans éluder la superstition et les rapports de pouvoir qui prennent corps dans le culte animiste, il est nécessaire de comprendre que la culture vaudou est le ciment de la tradition et de l'attachement aux valeurs de la révolution et de la terre des ancêtres. Il constitue aujourd'hui encore un fort catalyseur des luttes des populations rurales. Un socle culturel que les églises et les acteurs confessionnels, comme nous le verrons, ne cessent de nier ou de minimiser. M. Aristide obtint la reconnaissance du culte vaudou, mais aucune organisation confessionnelle du développement ne se revendique de cette religion, ni ne reconnaît sa réalité.

- Les églises évangéliques

L'occupation américaine qui a duré de 1915 à 1934 s'est accompagnée d'une première vague d'églises évangéliques, spécialisées dans les « campagnes anti-superstitieuses » dirigées contre le culte vaudou, qui ont entraîné la destruction de nombreux lieux de culte, la persécution des pratiquants ainsi que l'appropriation des terres. Depuis, Haïti a constamment été la cible d'un prosélytisme mené par les églises évangélistes ou les sectes Nord-américaines – une stratégie qui prend des nouvelles formes avec l'intervention humanitaire à caractère confessionnel. Aujourd'hui, l'adage selon lequel tout Haïtien est chrétien *et* vaudouisant n'est plus vrai.

Là encore, il est important d'observer que la religion évangélique, plus précisément le *pentecôtisme* – religion qui connaît la plus rapide expansion au niveau mondial – a grandi dans le creuset des bidonvilles (Davis, 2004), et attire un nombre toujours plus grand de croyants parmi les populations pauvres, en partie parce qu'elle supprime en son sein la discrimination entre riches et pauvres, se concentrant sur la séparation entre croyants et non-croyants. Elle ne propose cependant pas d'issue à la pauvreté, puisque ses fondements théologiques invitent à accepter la pauvreté comme un attribut indépassable de la vie mortelle.

Religion et inégalités

Force est de constater que l'idée d'un déclin inéluctable du religieux dans la modernité se révèle inadéquate. En raison de la dissolution des valeurs sous l'effet de la multiplication et l'accélération des échanges, mais également peut être en raison de la faillite manifeste des valeurs et dispositifs « modernes » devant la promesse de résoudre les inégalités. Dans cette perspective, le retour ou l'essor des organisations religieuses peut s'expliquer par une aspiration des habitants à se rapprocher au sein de communautés locales pour se prémunir des déséquilibres et inégalités globaux.

Dans le même temps, l'essor des religions importées a trait également à la densification des échanges avec les puissances voisines, en premier lieu les Etats-Unis, au moyen de stratégies d'implantation d'Eglises, ou d'échanges avec la diaspora haïtienne (forte à Miami et à Montréal).

Peut être apportent-elles une meilleure réponse aux problèmes que rencontrent la population que les structures étatiques et que les acteurs humanitaires non religieux ? Car les inégalités, comme cela est de triste notoriété, ne se sont pas résorbées après la catastrophe qu'a subie le pays le 12 janvier 2010.

Les acteurs religieux après le séisme

Près de deux années après le séisme, seulement 15 % de l'aide financière a été versée. Presque 6 milliards de dollars ont été distribués au sein des organismes officiels d'aide. 3 milliards de plus ont été envoyés sous forme de contributions privées. Le gouvernement étatsunien a pour lui seul distribué 2 milliards de dollars. Les ONG et contractants privés (principalement états-uniens) ont été, comme intermédiaires, les principaux bénéficiaires de ces fonds. L'Etat haïtien en a perçu moins de 1% (Ramachandran et Walz, 2011). Ce qui fait de l'aide internationale un secteur *de facto* privatisé. De nombreuses critiques ont été soulevées contre l'aide monopolisée par des organisations privées, baptisées Organisations non gouvernementales quand bien même une part significative de leur financement provient d'Etats (Vorbe, 2010). Parmi elles, plus de la moitié sont des organisations à caractère religieux.

Après le séisme de 2010, qui a fait près de 300 000 victimes, autant de blessés et plus d'un million de déplacés, l'île a vu affluer, souvent sans contrôle, des organismes confessionnels de toute obédience, en grande partie évangélistes. Les « églises nouvelles » venues du Nord se multiplient, sous l'enseigne humanitaire, avec un soutien plus ou moins affiché des autorités étatsuniennes. La plupart sont originaires de la « Bible Belt », la ceinture des États religieux américains.

Les acteurs confessionnels laïques cités plus haut se sont regroupés au sein de plateformes, des ONG traditionnellement peu présentes dans la région comme le Secours islamique participent à la hauteur de leurs moyens à l'aide aux sinistrés. L'Islam est pour l'instant anecdotique, mais pourrait prendre dans l'avenir une place importante en Haïti, notamment dans le sillon d'acteurs confessionnels musulmans tels qu'Islamic Relief, arrivé sur le territoire en 2010.

II. Les enjeux de l'étude

Approche quantitative

La faiblesse de l'Etat haïtien le maintient dans l'incapacité de contrôler le grand nombre d'acteurs présents sur son territoire *(voir la carte 1)*, et par conséquent d'effectuer un recensement exhaustif. Les données que l'on peut recueillir sont inévitablement lacunaires.

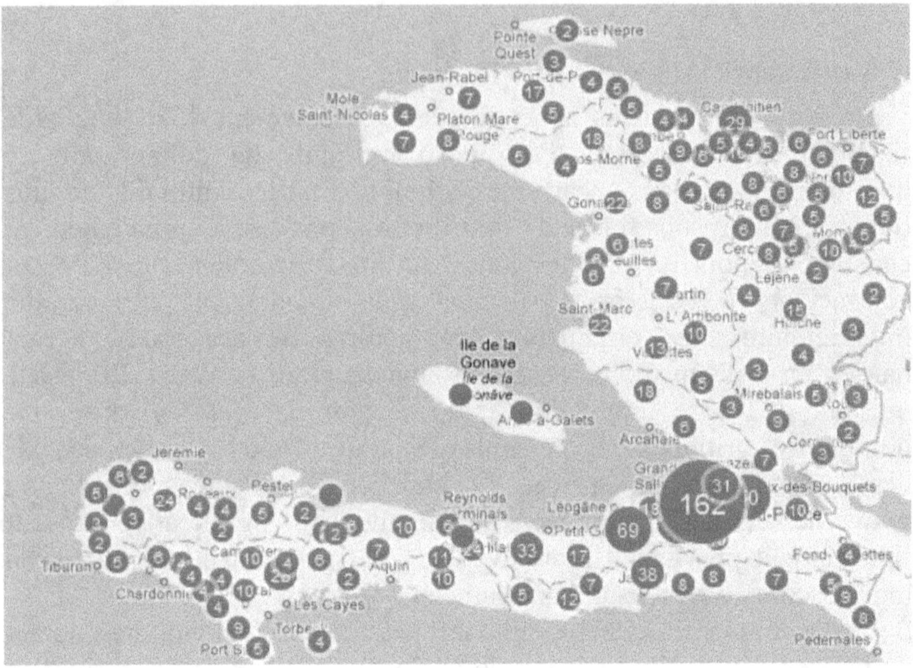

Document 1 : Nombre de projets actifs en Haïti (Ramachandran et Walz, 2011)

De nombreuses structures se dispensent de fournir au gouvernement des données ainsi que leur comptabilité. Le projet "Disaster Accountability Project" a publié en 2011 un rapport sur la comptabilité et la transparence des ONG opérant en Haïti un an après le séisme. Sur 196 organisations identifiées, seulement 8 tenaient des dossiers publics régulièrement actualisés ; 65% n'avaient aucun rapport disponible. Ainsi les données disponibles varient en fonction des listes de partenaires volontairement fournies par les bailleurs et agences de coopération. L'office de coordination humanitaire des Nations unies OCHA (Office for the Coordination of Humanitarian Affairs) recense 863 ONG, et déclare un partenariat avec 269 ONG actives, alors que le l'Unité de Coordination des Activités des ONG (UCAONG), dépendante du Ministère de la Planification et de la Coopération Externe (MPCE), en compte 462 (enregistrées auprès du ministère). Le Catholic Institute for International Relations (CIIR) va jusqu'à estimer que 10 à 20 000 ONG opèrent sur le territoire haïtien *(voir le graphique 2)*, ce qui est fort probable si l'on considère que chaque hameau ou village abrite une organisation ou une école religieuse. Parmi les organisations inscrites, un grand nombre se déclare, par commodité ou dissimulation, comme ONG *haïtiennes*, alors que leurs bureaux (et leurs acteurs) se trouvent à l'étranger.

Selon le ministère, la moitié des ONG enregistrées au minimum sont des acteurs religieux. En croisant les listes officielles des partenaires de l'OCHA et de l'UCAONG, nous avons identifié **250 acteurs confessionnels *actifs*** (certains n'ont pas donné confirmation).

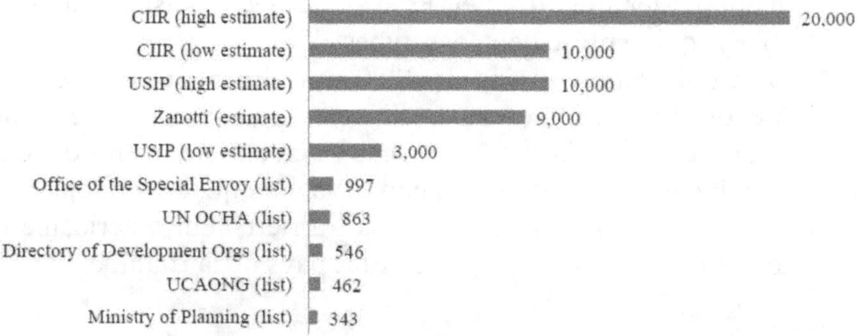

Note: "List" means that source lists individual organizations. "Estimate" means source gives ballpark figures. Sources: Catholic Institute for International Relations, "Haiti: 2004," 18. US Institute for Peace (USIP) Brief, "Haiti: A Republic of NGOs?" April 2010. Zanotti, Laura, 757. Office of the Special Envoy: http://csohaiti.org/. UN Office for the Coordination of Humanitarian Affairs, Haiti: http://bit.ly/sW1YJ2. Directory of Development Organizations: http://www.devdir.org/files/Haiti.PDF. Unite de Coordination des Activites des ONG (UCAONG): http://www.mpce.gouv.ht/ongreconnues.pdf. Ministry of Planning estimate from 2004, Schuller, "Invasion or Infusion?"

Document 2 : Estimation du nombre d'ONG en Haïti
(Ramachandran et Walz, 2011)

Nous avons choisi dans cette liste **8 acteurs confessionnels**, qui présentent des aspects intéressants pour notre étude (que nous explicitons ici). Notre intérêt s'est porté en particulier sur :

- Des organisations religieuses très puissantes et étendues, fortement appuyées par le gouvernement des Etats-Unis telles que **Catholic Relief Services** (CRS, 45 millions de dollars d'aide reçus du gouvernement) et **World Vision** (58 millions). *Voir le graphique 3.*
- Des acteurs religieux haïtiens engagés dans le long terme auprès des populations rurales, telles que L'Institut de Technologie et d'Animation (**ITECA**), qui privilégie la lutte contre les inégalités (notamment éducative) et les structures d'oppression culturelle.

- Un acteur confessionnel français, acteur de long terme qui correspond à la tradition humanitaire française et ses valeurs : le **Secours catholique-Caritas France,** membre de Caritas Internationalis (de même que CRS).
- Un acteur confessionnel récemment apparu et actif en Haïti après le séisme : l'ONG confessionnelle suisse **Medair**, qui incarne une nouvelle génération d'acteurs confessionnels de l'humanitaire.
- Des acteurs religieux musulmans : **Islamic Relief Worldwide**, et son partenaire affilié en France : le Secours Islamique France (**SIF**), qui représentent des types d'acteurs nouveaux dans un pays qui compte moins de 3000 musulmans, et qui pourraient prendre de l'importance. D'autres acteurs confessionnels pourraient voir dans ces nouveaux acteurs une menace, comme certains médias étatsuniens conservateurs qui crient déjà – à tort – au péril de l'islamisation dans l'arrière-cour américaine qu'a toujours représenté à leurs yeux les pays de la Caraïbe.

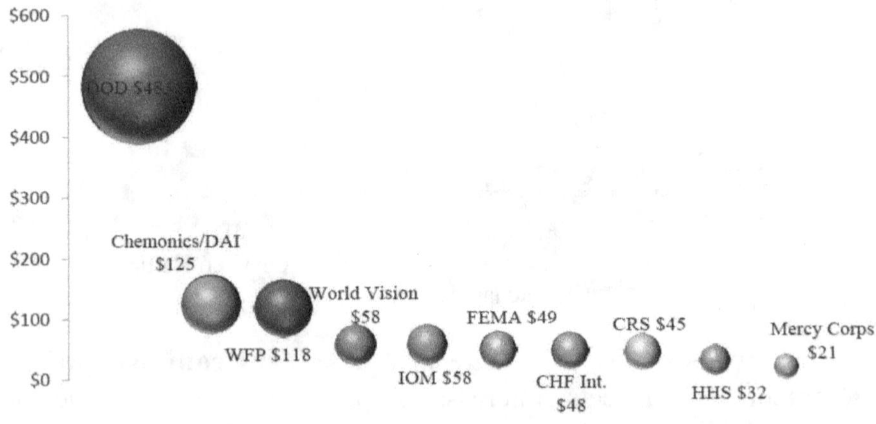

Total Humanitarian Assistance from USAID, State, and DOD. USAID and State are not listed since their money was re-allocated to the implementing partners above. Represents obligated amounts as of September 29, 2011. Source: USAID

Document 3 : Principaux bénéficiaires des fonds alloués par le gouvernement des Etats-Unis pour l'aide après le séisme.

L'approche qualitative

Aux questions soulevées par l'étude, nous proposons, dans le contexte haïtien et les enjeux que nous avons soulevés, d'être attentifs aux problématiques suivantes, liées au pouvoir et à la légitimité des acteurs de l'aide en Haïti :

- Les acteurs religieux en Haïti sont-ils un vecteur de progrès social, où reproduisent/redessinent-elles les structures de domination ? Lesquelles proposent des réponses à l'enjeu majeur des inégalités ?
- Contribuent-ils à affaiblir le rôle de l'Etat ou s'engagent-ils à une coopération avec les services publics dans le cadre des objectifs définis par l'Etat haïtien? Ont-ils pour objectif l'intérêt du pays ou, plus largement, du groupe religieux ?
- Jouent-ils un rôle dans les stratégies géopolitiques, notamment en servant l'intérêt d'acteurs extérieurs, ou occupent-ils une position de neutralité ? Lesquels respectent strictement les engagements qu'ils affichent ? Lesquels se déclarent et s'enregistrent légalement auprès du ministère ?
- Les acteurs religieux sont-ils ou s'appuient-ils sur des communautés organisées au niveau local ou à l'étranger (notamment les communautés issues de la diaspora). Lesquels prennent en compte le besoin d'un enracinement identitaire de l'aide humanitaire ?
- Favorisent-ils une participation équitable des bénéficiaires à la définition des objectifs et moyens de l'aide ?
- Interviennent-ils dans l'urgence ou le long terme ? Opèrent-ils d'après la conviction que le sous-développement est la cause des inégalités (démarche de développement et aide d'urgence), ou au contraire que ce sont les inégalités qui sont à la racine du sous-développement démarche d'émancipation)?

III. Typologie des acteurs confessionnels du développement en Haïti

Par acteur confessionnel du développement (ACD), nous entendons une organisation humanitaire dont les motivations, les valeurs ou la stratégie sont d'ordre religieux – appuyés sur la foi (ce que souligne le terme anglais Faith-based organisation). Un terme qui ne fait pas l'unanimité et est l'objet d'une lutte pour la caractérisation (et la définition) de ces acteurs. Le fondateur d'Islamic Relief, M. El Banna, déclare préférer le terme d'Organisation fondée sur des valeurs (Value-based organisation) à celui d'Organisation fondée sur la foi (faith-based Organisation). Le ministère norvégien du développement (NORAD) a même conforté cette idée, faisant valoir que le développement n'est jamais neutre, et est toujours appuyé sur des valeurs (Hovland, 2008). Est-ce à dire que les ACD doivent être avant tout considérés comme tout autre acteur selon leur engagement moral ou stratégique ? Si l'on persiste à vouloir différencier les valeurs séculières des valeurs religieuses, comment distinguer au sein du paysage humanitaire religieux les singularités et catégories qui permettent de les appréhender et de comprendre leur approche ?

Thomas Jeavons (1997) a été l'un des premiers à établir des catégories un cadre taxinomique pour les organisations confessionnelles du développement. Il établit 7 catégories pour analyser l'importance de la foi dans les différentes organisations : Manière de se définir ; sélection des participants ; source des ressources ; buts recherchés, produits et services ; architecture de l'information et de la décision ; organisation et répartition du pouvoir ; champs d'activité.

Par la suite, Sider and Unruh (2004) insiste sur le degré de proximité avec la foi, différenciant les catégories de « faith-saturated », « faith-centered », « faith-affiliated », « faith background », « faith-secular partnership », et « secular ».

Andrea Steinke, doctorante en Anthropologie à l'université de Berlin, à qui nous devons une importante synthèse des catégorisations des acteurs confessionnels du développement en Haïti, préfère les catégoriser en fonction de leur position sur la frontière qui sépare confessionnel et séculier, quand bien même cette frontière paraît souvent difficile à identifier dans la réalité.

Benedetti (2006) différencie deux types d'acteurs non gouvernementaux chrétiens : les acteurs *séculiers* et les acteurs *militants*. Alors que les premières cultivent une approche « relativiste », les premières se caractérisent par une *« faible pénétration religieuse dans le recrutement et la mission. Leur langage est similaire aux autres ONG séculières. (...) Cependant leur mission utilise toujours la chrétienté comme point de référence et idéologie ».* Les seconds font preuve au contraire d'une *« forte présence dans le recrutement (qui requière des motivations religieuses) et la mission. (...) ceux-ci ne considèrent pas le principe humanitaire de neutralité et d'impartialité »* (Benedetti 2006).

Cette distinction nous paraît pertinente pour comprendre la nature spécifique de l'action humanitaire confessionnelle. Nous conservons donc la désignation de séculier, mais divisons la désignation de militant en deux groupes : religieux et prosélyte. **Séculier** signifie que l'action se déroule dans un environnement laïque, **religieux** qu'elle se déroule et recrute dans une communauté de même foi, **prosélyte** qu'elle s'efforce de convertir à sa foi les bénéficiaires ou employés.

En tenant compte de la dimension lacunaire des informations relatives aux acteurs confessionnels du développement en Haïti (une infime partie rend des comptes à l'Etat haïtien), nous nous efforçons de renseigner les critères suivants :

1. Domaine d'intervention et historique dans le pays
2. identité/dimension de la foi dans l'organisation, du recrutement et de la distribution ;
3. Structure de l'information et de la décision
4. stratégie/activité déclarée et réelle ;
5. relations avec l'Etat haïtien
6. relations avec des institutions étrangères/pays étrangers/communautés diaspora ;
7. sources de financement et ressources ;
8. objectifs recherchés/atteints,
9. approche et contribution effective au développement

IV. Analyse qualitative

Avertissement

Les infrastructures détruites et les chantiers en cours en Haïti, conjugué à de nouvelles catastrophes – Haïti a été de nouveau lourdement touché par des ouragans en 2012 et 2015 – rendent les déplacements et les communications lentes et difficiles. Le recueil des données a donc été laborieux. Les acteurs confessionnels, bien qu'ouverts à l'étude, se sont montrés peu disponibles, les acteurs institutionnels d'abord peu coopératifs – à l'exception notable de l'UE – et le gouvernement haïtien muet. Nous regrettons donc les conditions ne permettent à cette réflexion de s'étendre à un plus large éventail d'acteurs et à une plus grande étendue géographique. Cette analyse présente néanmoins un échantillon représentatif des acteurs confessionnels travaillant sur le sol haïtien, pour quiconque est soucieux de comprendre leur action dans le contexte haïtien contemporain.

Les acteurs confessionnels en Haïti

Au lendemain du séisme, une véritable armada d'ONG confessionnelles, principalement des Etats-Unis, a débarqué à Port-au-

Prince et opère depuis sans contrôle et dans le plus pur secret dans des églises, orphelinats ou écoles confessionnelles.

L'on peut citer l'organisation Crisis Response International (CRI), qui a permis à plusieurs dizaines de citoyens des Etats-Unis de venir se présenter comme les *« missionnaires prophétiques de la fin des temps »*, Act of Mercy, originaire du Texas, Open Hands venue d'Ohio, La Mission Inc., International Fellowship of Chaplains, la scientologie… qui ont fait l'objet d'articles dans la presse. La liste est difficile à établir. Ce sont des ONG qui, en dehors d'un attachement à des principes religieux, ont aussi pour vocation de diffuser leur foi.

Elles ne représentent pas l'ensemble des acteurs confessionnels, bien qu'elles en partagent certaines pratiques. A l'instar des grandes ONG religieuses nord-américaines, elles ne tiennent pas compte des cultures dans lesquelles elles interviennent et se fondent sur une démarche prosélyte.

Nous nous penchons ici sur les acteurs qui se réclament et défendent une approche du développement respectueuse des valeurs et méthodes de l'humanitaire international, se montrent soucieux de leur image et rendent (plus ou moins, comme nous le verrons) des comptes aux pouvoirs publics haïtiens.

La crise du développement en Haïti

Historiquement, l'humanitaire international, né pourtant au cœur des guerres qui ont vu se déchirer les pays européens dans la première moitié du XXe siècle, a pris un véritable essor sur les ruines des mouvements d'émancipation dans les années 1990. Après l'étouffement par les puissances engagées dans la Guerre Froide des mouvements révolutionnaires qui visaient l'instauration d'une société plus juste et l'autodétermination des peuples, la doctrine du « développement », en injectant l'aide sans toucher aux structures inégalitaires des pays, a au contraire contribué à instaurer un état de sous-développement durable et de fragilisation de l'Etat, rendant les nations et peuples du Sud incapables de sortir rapidement de leur position subalterne. Aujourd'hui, en attirant les classes moyennes éduquées vers les métiers techniques des ONG, l'humanitaire international continue d'affaiblir les conditions d'une véritable construction de ces pays. Haïti en est un triste exemple.

Notre étude se situe dans un contexte de crise de confiance sans précédent envers les ONG en Haïti. Trois ans après le séisme, un véritable progrès de conditions de vie des victimes se fait attendre, sans parler du développement tant espéré du pays. Les humanitaires semblent installés définitivement dans la vie haïtienne, et le président a lui-même dénoncé vigoureusement le gaspillage de l'argent mobilisé pour Haïti, absorbé majoritairement par la logistique des ONG au lieu de bénéficier au pays. Après près de 30 ans de présence de missions militaires étatsuniennes ou onusiennes, et plus encore de présence d'organisations humanitaires, les Haïtiens éprouvent globalement une lassitude et un mécontentement certain, exacerbé par le scandale du Cholera introduit par le contingent népalais de la Minustah (Mission des Nations unies pour la stabilisation en Haïti). Ce climat de défiance appelle à repenser, plus que jamais, les méthodes et les objectifs des acteurs de l'humanitaire.

Les ACD, des acteurs comme les autres ?

Nous nous sommes entretenus avec M. Yves Malpel, directeur de l'AFD en Haïti, M. Leandro Medeot, Chargé de Programme Secteur Social et Société Civile de la Délégation de l'Union Européenne en Haïti, et M. Jean-Sebastien Roca, Urban Infrastructures & Housing Program Manager à l'UNOPS, afin de connaître le positionnement de leur agence par rapport aux acteurs confessionnels.

Il ressort de ces consultations que les bailleurs abordent ces acteurs selon les mêmes critères que les humanitaires laïques. M. Médéot (UE) affirme même qu'« *en général leur appartenance confessionnelle n'a pas d'impact majeur sur les activités* ». Il semble qu'aucune réflexion spécifique n'ait été entreprise pour en comprendre la spécificité et établir un positionnement spécifique ; chaque agence procède au cas par cas où selon sa propre appréciation (et ses modalités d'évaluation). Cependant leur indépendance grâce aux dons ou aux financements d'autres Etats (Etats-Unis) ou organismes privés influents (Banque islamique de développement) suscitent une certaine attention.

Pourtant ils montrent bien des spécificités. Il apparaît que – en laissant de côté toutes les colonies d'excentriques déversées depuis le séisme sur Port-au-Prince depuis la *Bible belt* américaine qui pèsent fortement sur la désorganisation haïtienne – les organisations plus sérieuses sont très diverses, et répondent à des stratégies différentes des acteurs classiques.

Les interviews font cependant apparaître des traits importants : M. Malpel souligne notamment « *la place très importante qu'ils prennent dans le secteur éducatif – primaire, secondaire et universitaire. Ils sont plus présents que l'éducation nationale. »* La condition d'une collaboration avec l'AFD serait *« qu'ils soient respectueux des règles, notamment qu'ils acceptent d'être dirigés par la puissance publique. »*

M. Médéot fait valoir que, dans le contexte haïtien, la plupart des ONG confessionnelles sont étatsuniennes, et ne bénéficient pas du soutien des bailleurs publics internationaux. La capacité de lever rapidement des fonds privés auprès des croyants les rend plus efficaces. Mais ce même procédé les met souvent au dehors des réseaux de concertation et coordination entre les bailleurs, les ONG et le gouvernement.

Sur l'implantation dans les communautés, M. Médéot estime que les ONG confessionnelles européennes, même si la confession est la même, ne sont pas nécessairement plus proches des bénéficiaires qu'une ONG laïque locale. Une réflexion sur la spécificité de ces acteurs en Haïti semble donc justifiée.

Acteur	**Domaines**	**Zone date**	**Nationalité**	**Religion**	**Financements et ressources (USD, 2012) pour Haïti**	**Partenariats en Haïti**	**Rôle et place de la foi dans le développement**	**Approche du développement**
Iteca (Institut de Technologie et d'Animation)	Formation technique Agriculture, Abris	Gressier (Ouest), Petit Boucan	Haïtienne	Catholique	CCFD-terre solidaire, Activités de production **4 Millions**	Justice et Paix	Séculier *Fondé par des religieux, ne fait plus mention de la religion*	Long terme, émancipation
CRS (Christian Relief Services)	Ass. Sociale Santé Education, Aide sanitaire	1954	Etats-unienne	Catholique	USAID Dons privés **40 Millions**	Fondation pour les Enfants d'Haïti (FEH)	Religieux *appui aux projets essentiellement liés aux églises*	Urgence, Caritative
Islamic relief Worldwide	Logement Construction Formation adultes Ass. humanitaire	Ouest 12 janv. 2010	Britannique	Musulmane	Banque islamique de développement Dons privés (UK) **3 millions**	Municipalités	Séculier *Effort stratégique en faveur de la représentation de l'Islam dans une culture où il est très minoritaire.*	Aide d'urgence
Secours Catholique-Caritas France	Education Santé Agriculture Infrastructures Justice Droits humains	1964	Française	Catholique	Dons privés **15, 2 millions**	- Commission épiscopale Justice et Paix - PAPDA	Séculier *Appui à des organisations paysannes*	Soutien sur le long terme, appui à des structures émancipatrices

Medair	Infrastructures (abris)	Jacmel (Sud-Est) 2010	Suisse	Protestante	USAID Chaîne du bonheur(Société de placements Suisse) Dons étatsuniens **4 millions**		Prosélytisme *Recrutement basé sur la foi*	Aide d'urgence
Secours Islamique de France	Protection de l'enfance WASH	12 janv. 2010	Française	Musulmane	Fondation de France, OIM, PAM, Ministère des affaires étrangères français dons **1 million**	IHCD	Séculier *Soucieux de son image, porte un grand soin à la transparence et la laïcité*	Aide d'urgence
Word vision	Education Santé Assistance sociale Plaidoyer	Ouest 1959	Etats-unienne	Protestante	USAID Dons privés **50 millions**	Eglises Ministères	Prosélytisme *Education religieuse à travers les partenariats avec les églises*	Caritative

Tableau général, 2012.

1. Positionnement religieux

Dans le tableau ci-dessus, nous présentons les acteurs confessionnels sélectionnés dans un tableau général selon les critères suivants : Identité, domaine et zone d'intervention, nationalité, religion, partenariat, hypothèses de stratégie.

Séculier signifie que l'action se déroule dans un environnement laïque, **religieux** qu'elle se déroule et recrute dans une communauté de même foi, **prosélyte** qu'elle s'efforce de convertir à la foi de l'acteur les bénéficiaires ou employés.

Sécularisme et prosélytisme

Les ACD sont-ils prosélytes ou séculaires ? Influencent-ils les valeurs des bénéficiaires et employés ou pratiquent-elles une neutralité réelle ?

La première chose à noter est que l'ensemble des ACD se réclame d'une éthique humanitaire universelle, progressiste. Certains, comme World Vision et Islamic Relief, citent leur strict respect du *Code de conduite de la croix rouge »*. Cependant, ces valeurs « universelles » paraissent parfois moins évidentes lorsqu'elles sont énoncées. Si le responsable d'Islamic relief Worldwide compte « *l'égalité, l'excellence, la responsabilité* » parmi ses valeurs religieuses, le site de Medair identifie les valeurs humanitaires universelles suivantes : « *intégrité, espoir, compassion, redevabilité, foi* ». Le Secours islamique de France est pour sa part très clair sur ce point : « *La dimension religieuse ne rentre pas en compte dans notre conception de l'humanitaire »*.

Une réflexion sur la proximité naturelle des droits humains avec les principes religieux fondamentaux nous renverrait à de plus âpres discussions. Notons simplement ici que compter la foi au nombre des valeurs qui guident l'action humanitaire peut induire un certain prosélytisme envers les bénéficiaires ou employés.

Une hypothèse induite par les prises de position vis-à-vis de l'engagement humanitaire de certaines congrégations chrétiennes internationales à partir de la fin des années 1970. Ainsi, par exemple, au congrès de Toronto en 1980, l'Alliance baptiste mondiale (qui regroupe les ONG baptistes étatsuniennes) déclarait que *« l'évangélisation est l'ingrédient nécessaire à la protection des droits humains. Parce que les droits humains viennent de Dieu, tous les citoyens du monde doivent le connaître »*[1]. La liberté de religion inclurait le droit d'évangéliser et, si possible, de convertir les non-baptistes.

Dans le contexte haïtien, là encore, concernant les bénéficiaires, les ACD sont aujourd'hui unanimes pour rejeter le prosélytisme et se défendent de pratiquer une quelconque évangélisation. *« Surtout pas d'influence sur le recrutement. Ethiquement, cela ne doit surtout pas être un critère de prise en compte. »* précise, M. Bonal, de Caritas France. Le prosélytisme direct – l'évangélisation forcée – sont en effet des pratiques à présent bannies de l'humanitaire en Haïti. Pourtant, un prosélytisme indirect est pratiqué par les ACD chrétiennes étatsuniennes (CRS et WV). Si l'évangélisation ne figure plus parmi leurs actions et que le prosélytisme n'est plus un critère de recrutement pour se conformer aux valeurs et méthodes de l'humanitaire laïc, leur enracinement dans le réseau diocésain les mène de fait à contribuer à privilégier une éducation religieuse.

World Vision Haïti pratique inconditionnellement l'éducation religieuse dans le cadre des parrainages : *« On ne fait pas de prosélytisme. La religion n'a pas de place dans nos services. Les enfants que nous parrainons doivent développer un rapport avec dieu. Ce n'est pas religieux, mais sur une base biblique, par les animateurs de Club... »*. Madame Manita Pierrot, que nous avons rencontrée, dirige un département des « engagements chrétiens », un *« département qui met l'accent sur les relations des employés avec*

[1] Déclaration des droits de l'homme du congrès baptiste, Toronto, 1980.

Dieu. On met l'accent sur l'aide aux communautés à réaliser cette relation avec dieu – par la nourriture spirituelle, les thèmes de réflexions, la dévotion matinale ».

CRS n'affiche pas le prosélytisme au nombre de ses valeurs, mais s'appuie pour ses programmes sur un réseau d'églises en Haïti qui elles sélectionnent de fait leurs bénéficiaires sur leur foi. Son principal partenaire, Fondation pour les enfants d'Haïti, est très fortement prosélyte.

Choix des bénéficiaires

	Laïc	**Religieux**	**évangélisation**
Iteca	×		
CRS			×
Islamic relief Worldwide	×		
Secours Catholique -Caritas France	×		
Medair		×	
Secours Islamique de France	×		
World Vision		×	×

Plus généralement, il apparaît qu'en Haïti, les ACD étrangères chrétiennes identifient la culture haïtienne à la culture chrétienne sans en interroger la complexité. Aucune ne s'interroge sur la religion des bénéficiaires. Ce qui crée une confusion selon laquelle Haïti n'est pas un pays laïc. En retour, de nombreuses personnes tendent à se définir comme chrétiens pour bénéficier de l'aide. Ce qui mène Mme Hagerman, de Medair, lorsqu'on lui demande de quelle culture ou foi sont les bénéficiaires, à répondre sans hésiter : *« Chrétiens. Les gens le disent, le vaudou n'est pas important ici ».*

En ce qui concerne le recrutement, même si toutes tiennent fermement à la laïcité de la sélection, les ACD chrétiennes (ou d'origine) se montrent également attentifs à la confession des employés. M. Bonal (Caritas France) admet qu'*« il y a quand même une préférence pour les organismes catholiques en Haïti ou le christianisme est répandu ». « Lorsque l'employé est de notre religion, ca aide »* consent M. Chenet Jean-Baptiste d'Iteca. World Vision et Médair déclarent ouvertement le choix religieux de leurs équipes. *« On insiste pour qu'ils soient de foi chrétienne. Nos leaders sont tous des chrétiens, pour garder notre identité chrétienne. Dans les niveaux plus bas, on souhaite que les employés soient chrétiens, mais nous acceptons les non-chrétiens quand ils respectent nos valeurs. Nous travaillons aussi dans des pays musulmans, bouddhistes, là ce n'est pas facile d'avoir des employés chrétiens. Mais en Haïti ou la religion chrétienne est majoritaire, c'est plus facile de travailler avec des gens qui acceptent nos valeurs »* déclare M. César (World Vision Haïti). De même pour Medair, où les employés (expatriés, mais pas seulement) sont nécessairement chrétiens pratiquants : *« Medair n'est pas impliqué dans des activités d'évangélisation. Mais les expatriés se retrouvent chaque jour pour des dévotions et une fois par mois ils se retrouvent avec l'équipe des employés locaux pour des chants dévotionnels religieux »*

Par contraste, Islamic Relief et SIF choisissent des bénéficiaires comme des employés sans aucune considération religieuse.

Recrutement des employés

	Laïc	**Religieux**	**Prosélyte**
Iteca	×		
CRS	×		
Islamic relief Worldwide	×		
Secours catholique-Caritas France	×		
Medair			×
Secours Islamique de France	×		
World Vision		×	

Rôle des femmes

Dans les questions dites de « genre », qui ont trait à la place des femmes dans la société, aux actions de santé sexuelle, les ACD restent pour la plupart relativement conservatrices. Les ACD sont attentifs à la représentation des femmes dans leurs programmes et dans le recrutement, mais la plupart évitent de s'impliquer dans ces domaines, préférant les aborder à travers des projets visant l'enfance, ou le rapport de la mère à l'enfant. *« On vise les enfants, donc nous passons par des groupes de mères »*, déclare World Vision. Presque aucune, dans les programmes de santé et d'éducation, ne s'investit dans la planification familiale. Ainsi pour Sophie Demay (SIF), *« culturellement, ce n'est pas le moment d'en parler en Haïti. Quand cela ne s'y prête pas, nous n'en faisons pas ».* Pour M. Hercyk de

CRS, « *c'est un sujet sensible, nous suivons évidemment la ligne de l'Eglise catholique américaine* ».

Différence notable, World vision déclare s'investir à présent dans les programmes de santé sexuelle : « *On s'est longtemps tenus à l'écart des questions de reproduction et contraceptions. Nous avons eu des problèmes avec des programmes de nutrition, des gens faisaient des enfants pour y être inclus. Maintenant nous avons un programme de planning familial avec l'USAID, ainsi que de santé sexuelle et sida.* » Un signe de progressisme décisif ? Pas si l'on écoute la suite de l'entrevue : « *Nous faisons à présent un travail de promotion du préservatif, quand nous sommes obligés. Mais nos programmes sont basés sur la sensibilisation aux comportements : abstinence, fidélité... diminuer les comportements à risques* ». Les programmes de WV restent dans le fond traditionalistes.

Seule Iteca, qui a créé un secteur des femmes paysannes, prend le risque de se positionner sur cette question : « *Nous avons eu à soutenir d'autres organisations confessionnelles ou non qui travaillent dans le droit des femmes, notamment au Canada des organisations attaquées par les « pro-vies »* (des anti-avortement, ndr), *ou en Haïti des organisations qui défendaient les droits des femmes et étaient attaquées comme « pro-avortement » par des organismes de développement.* »

Approche des questions de genre

	conservatrice	**progressiste**
Iteca		×
CRS	×	
Islamic relief Worldwide	×	
Secours catholique -Caritas France	×	
Medair	×	
Secours Islamique de France	×	
World Vision	×	

La question des droits des femmes est un point résolument faible dans le progressisme affiché par les ACD.

2. Relation avec l'Etat Haïtien

Les ACD ont-ils une démarche transparente ? Travaillent-ils en priorité avec la puissance publique haïtienne ? Sont-elles répertoriées par le ministère ?

L'une des critiques les plus récurrentes à l'encontre des ONG (en particulier en Haïti) porte sur le contournement de l'Etat qui contribue à son affaiblissement, et avec lui à toute chance de développement sur le long terme de la nation. Les ACD ne dérogent pas à cette tendance, souvent en raison de la complexité et de la lenteur administrative. Caritas France a renoncé devant les procédures d'enregistrement administratives complexes, et cherche à présent à s'inscrire comme fondation. Navigant avec peine dans les méandres de l'administration, elle incarne une stratégie mal définie, difficilement articulée avec le secteur public, en dépit d'efforts. Caritas France est contrôlée par la cours des comptes français, mais pas par l'Etat haïtien.

Non enregistrée auprès du ministère, Medair montre des relations difficiles avec les autorités locales. En dépit de ses prétentions de transparence – *« Nous travaillons avec les chefs de communautés et le maire. Nous établissons un document d'entente (mémorandum of understanding) avec eux avant d'entreprendre tout travail avec la communauté. »* – un conflit a éclaté avec la mairie de Jacmel en 2011. L'ancien maire a exigé de Medair qu'il enclenche une phase de construction après deux ans de campement temporaire.

Les ACD étatsuniennes WV et CRS travaillent en proximité avec les pouvoirs publics locaux et gouvernementaux, bien que leur coopération soient tournée en priorité en direction des églises.

Islamic Relief, qui a choisit de construire des écoles gouvernementales, montre encore un effort de coopération ainsi qu'une transparence exemplaire dans ce cas : *« Nous faisons un rapport chaque semaine au gouvernement, même s'ils ne les lisent pas toujours. »* SIF s'investit dans un volet d'enregistrement et de détection des enfants non enregistrés dans l'Etat civil, pour assurer ses droits sociaux, bénéficier de l'école, des campagnes de vaccination.

Coopération avec l'Etat haïtien

	Primordiale	Régulière	Faible	nulle
Iteca		×		
CRS		×		
Islamic relief Worldwide	×			
Secours catholique -Caritas France			×	
Medair				×
Secours Islamique de France	×			
World Vision		×		

Léandro Médéot de l'UE souligne chez les ACD une plus grande efficacité et une implantation plus forte que l'Etat (notamment pour le système scolaire), et M. Malpel (AFD) une plus large offre éducative (pour celles liées aux églises) que celle dont est capable l'Etat. Ce qui plaiderait en faveur des ces acteurs pour toucher le plus grand nombre de bénéficiaires.

L'avantage des ACD résiderait dans les moyens importants dont ceux-ci disposent, en raison de leur lien avec les réseaux de nombreux donateurs religieux ou d'appuis financiers étrangers.

3. Relation avec des intérêts étrangers

Les ACD participent-ils d'une stratégie de type impérialiste ? ou pratiquent-ils une politique de neutralité ? Sont-ils désintéressés ?

Il est à noter que toutes les organisations confessionnelles arrivées avant le séisme ont été créées par des missionnaires étrangers. Aucune n'est a priori dénuée d'intérêt.

De nombreuses critiques se sont élevées quant à l'utilisation du terme « Organisation non gouvernementale », quand une organisation est financée par une agence gouvernementale étrangère. Ainsi l'agence étatsunienne de développement USAID finance les acteurs les plus religieusement militants et les mieux dotés en moyens : World Vision, CRS, Medair (pourtant suisse). Le lien avec les puissances étrangères est proportionnel à la puissance des acteurs.

World Vision déclare toucher près d'un million de bénéficiaires (somme des bénéficiaires par projet) et un budget de 50 millions pour 2012, soit au moins dix fois supérieur aux autres ACD non étatsuniens évalués ici. Islamic Relief, qui montre une transparence et des principes d'action exemplaires (approche participative, partenariats systématiques avec le public). Leur financement par les pays du Golfe à travers la Banque islamique de développement suscite cependant quelques interrogations quand à la stratégie de long terme de ces groupes. Est-elle purement désintéressée ou vise-t-elle à marquer une présence géostratégique du Moyen-Orient dans un paysage humanitaire principalement occidental ?

Les finalités des pays bailleurs et des organisations récipiendaires pourraient, comme dans le cas des acteurs laïcs, être différentes. De la part de ces dernières, il pourrait s'agir d'une volonté de représenter un Islam progressiste et humaniste, comme le déclare M. Bajha (IR) : « *Je suis très content de travailler dans une organisation qui porte le nom de l'Islam d'une orientation humanitaire si belle, car elle est mal représentée dans le monde.* »

Acteur	Financements et ressources (USD, 2012) pour Haïti
Iteca	CCFD-terre solidaire, Activités de production **4 Millions**
CRS	USAID (Etats-Unis) Dons privés **40 Millions**
Islamic relief Worldwide	Banque islamique de développement Dons privés (UK) **3 millions**
Secours Catholique-Caritas France	Dons privés **15, 2 millions**
Medair	USAID Chaîne de bonheur (Société de placements suisse) Dons étatsuniens **4 millions**
Secours Islamique de France	Fondation de France, OIM, PAM, Centre de crise du Ministère des affaires étrangères français Dons **1 million**
Word vision	USAID (Etats-Unis) Dons privés **50 millions**

4. Approche et contribution au développement

Les ACD favorisent-ils un développement communautaire participatif ? Une approche novatrice du développement ?

Comme le notent les bailleurs consultés, les ACD diffèrent assez peu sur le fond des ONG laïques. Tous affirment passer *« de la réponse urgentiste au développement »* (SIF). L'ensemble garantit une conformité aux valeurs humanitaires classiques, encourage la représentation des groupes au sein des communautés et intègre des méthodes participatives. A quelques nuances près.

Participation

Chez World vision, les décisions doivent être approuvées par le bureau international, mais les équipes tentent d'identifier les besoins avec les populations et de dialoguer avec des représentations de la population des villages : *« s'il y a un groupe que nous rencontrons, nous insistons pour que les enfants, les femmes soient représentés ».*

De même pour Medair : *« Nous organisons des CAT – des réunions communautaires, pour mobiliser les familles pour construire des latrines. Et nous encourageons la formation de compétence – des charpentiers et maçons. »*

SIF va plus loin encore en privilégiant une démarche expérimentale, en procédant par enquêtes et diagnostics pour faire évoluer leurs programmes en fonction des données empiriques, que Mme Demay décrit comme une « prise de risque » : *« nous faisons évoluer les approches. Nous envisageons des méthodes expérimentales. »*

Caritas France finance et appuie des projets proposés par des collectifs haïtiens, dans ce sens il stimule l'organisation plutôt que de s'y substituer.

C'est à Iteca, acteur haïtien inspiré des méthodes d'éducation populaire du pédagogue brésilien Paulo Freire dans les années 1970, que nous trouvons l'implication la plus démocratique des bénéficiaires dans la définition et l'exécution des projets : *« Comme organisation d'éducation populaire, la participation est un élément-clé : avec les communautés. Les organisations paysannes participent à l'assemblée générale, les employés sont membres du conseil d'administration. Les projets interviennent dans les organisations. Les programmes répondent à des demandes d'organisation. »*

Tableau : Approche participative

	Réelle	Relative	absente
Iteca	×		
CRS		×	
Islamic relief Worldwide		×	
Secours catholique -Caritas France		×	
Medair		×	
Secours Islamique de France		×	
World Vision		×	

Pauvreté

La dernière observation porte sur la conception de la pauvreté. Celle-ci détermine l'articulation politique du développement avec la capacité à imprimer des changements sur le long terme dans la société et les institutions haïtiennes. Tous les acteurs identifient leurs populations cibles comme étant « les pauvres », les « vulnérables ».

Mais l'on trouve chez ces acteurs une distorsion entre la manière de définir la pauvreté qu'elles s'engagent à combattre et la réalité politique et sociale haïtienne. La pauvreté (ou vulnérabilité) est largement définie hors de toute considération historique et politique. Beaucoup s'adressent à la pauvreté (et donc au sous-développement) comme une donnée anthropologique fondamentale ou l'expression de la condition humaine (biblique) et non comme conséquence des inégalités structurelles (politiques). Ce qui les conduit à faire le choix du « développement » (spirituel et matériel, individuel ou communautaire) plutôt que celui de l'émancipation (la quête collective de l'autonomie culturelle, sociale et politique par la connaissance et la lutte contre ce qui l'entrave).

Le terme *relief*, qui renvoie à assistance, dans le sens matériel et psychologique, dénote une conception du développement problématique, qui se construit autour de la notion de charité, au détriment d'une solidarité et d'une coopération avec un processus d'émancipation et d'accession à l'autonomie réelle. Le site de CRS décrit sa mission comme celle de *« soulager la souffrance »*. SIF, membre indépendant d'Islamic Relief Woldwide, a choisi de traduire ce terme par « secours » plutôt qu'assistance ou soulagement. Medair inscrit sur son site que sa *« motivation est de prendre soin de ceux qui souffrent, car nous suivons Jésus Christ, qui nous a enseigné que notre but essentiel est d'aimer Dieu et de prendre soin de ceux qui en ont besoin.* »

SIF identifie « *trois facteurs de pauvreté : la malnutrition, le manque d'eau et la violence faite aux enfants. C'est pourquoi nous avons trois axes : l'eau, la sécurité alimentaire et l'enfance* ». Il cible ainsi les conséquences de la pauvreté, non les causes. World Vision parle de la pauvreté comme d'*« un rapport brisé avec dieu et ses frères humains »*. On est loin d'une identification des causes historiques et politiques qui expliquent l'état d'extrême vulnérabilité dont souffre Haïti.

De plus, le choix des partenaires – Etats, milieux d'affaires dans le cas de CRS et World vision – montre que ces organisations n'ont pas inclus une compréhension des lignes de domination historiques et sociales qui expliquent la vulnérabilité du pays, voire qu'ils contribuent à les reproduire.

Aucun de ces acteurs ne montre un véritable agenda politique : *« Nous n'avons pas de pouvoir politique*, admet M. Bahja d'Islamic Relief, *mais à travers l'éducation nous espérons qu'une nouvelle génération éduquée s'engagera, et qu'ils seront capables d'introduire des changements.* »

Ce qui nous conduit en conclusion à évoquer un parallèle entre le positionnement religieux de ces acteurs et la faiblesse qu'ils manifestent dans le positionnement politique en faveur du dépassement de la dépendance à l'aide extérieure et à l'accès à l'autonomie du peuple et de la nation haïtienne.

Sur ce point les ACD diffèrent également peu des acteurs humanitaires laïcs, en s'inscrivant dans une vision du développement qui privilégie l'assistance à la transformation sociale, l'adaptation à l'autonomie économique.

Conclusions

Les ACD respectent globalement les règles établies de l'humanitaire, et représentent en cela des partenaires pour la plupart autant crédibles que les autres. Les plus proches des valeurs de l'action laïque restent les ACD françaises Secours catholique et Secours islamique de France, auxquelles s'ajoutent Islamic Relief et Iteca.

La proximité plus grande des ACD avec les communautés n'est pas prouvée, et supposerait dans le cas des acteurs très majoritairement chrétiens de considérer *a priori* Haïti comme un pays de culture chrétienne, ce qui est loin d'être une évidence. L'on négligerait les formes multiples du syncrétisme haïtien, les différentes influences du christianisme en concurrence, et à négliger qu'Haïti est un Etat laïc. A l'inverse, identifier les Haïtiens comme chrétiens de fait peut conduire un certain nombre de bénéficiaires à se déclarer comme chrétiens pour en bénéficier.

Les moyens dont ils disposent (par leur capacité à lever des dons ou leur relation avec de puissants bailleurs étrangers) leur permettent une plus grande efficacité, mais leur donnent une autonomie par rapport aux contrôles et à l'effort de coordination humanitaire qui peut s'avérer contre-productif dans un contexte de désorganisation global.

Surtout, les ACD s'investissent insuffisamment dans les questions de genre et de santé sexuelle, marquant un retard sur ces sujets essentiels pour le développement.

A l'instar des autres humanitaires, ils établissent globalement un diagnostic insuffisant des causes et une définition tronquée de la pauvreté, inspirée de principes religieux plutôt qu'appuyés sur une observation empirique et une réflexion politique pourtant nécessaires à une sortie durable du sous-développement.

Bibliographie

Benedetti, C. (2006). Islamic and Christian Inspired Relief NGOs: Between Tactical Collaboration and Strategic Difference. Journal of International Development, 18, 849–859.

Davis, Mike 2004. Planet of Slums. *New Left Review*. Vol. 26, pp. 5-34.

Dayan, Joan. 1996. *Haiti, History and the Gods.* Berkeley: University of California Press.

Desmangles, Leslie. 1992. *The Faces of the Gods: Vodou and Roman Catholicism in Haiti.* Chapel Hill: University of North Carolina Press.

Dupuy, Alex. 2010. After the Earthquake. Recovery and Sovereignty in Haiti. *LASA Forum*. Vol. XLI. Issue 3. Summer 2010, pp. 13-16.

Hallward, Peter 2007. *Damming the flood. Haiti, Aristide, and the politics of containment.* London: Verso.

Hovland, I. (2008). Who's Afraid of Religion? Tensions between 'Mission' and 'Development' in the Norwegian Mission Society. In: Clarke, Gerard and Michael Jennings 2008. Development, Civil Society and Faith-Based Organizations. Bridging the Sacred and the Secular. 171-186. Hampshire: Palgrave Macmillan.

Hurbon, Laennec 1987. *Comprendre Haiti : Essai sur l'Etat, la nation, la culture.* Paris : Editions Karthala.

Jean Elissaint Jean-Jacques (2009), Fait-based Organizations and Community change in Haïti, University of California Davis, 2009.

Jeavons, T. (1997). Identifying characteristics of 'religious' organizations: An exploratory proposal. In Demerarh, P. D. Hall, T. Schmitt, and R.H. Williams. Sacred companies: Organizational Aspects of Religion and Religious Aspects of Organization. New York: Oxford University Press, 1997.

Metraux, Alfred. 1958. *Le vaudou haïtien*, Paris, Gallimard.

Ramachandran, Vijaya and Walz, Julie. 2012. "Haiti: Where Has All the Money Gone?" CGD Policy Paper 004. Washington, D.C.: Center for Global Development. http://www.cgdev.org/content/publications/detail/1426185

Rapport de l'Agence des Nations Unis pour le développement (UNDPHR, 2009). http://hdrstats.undp.org/en/countries/country_fact_sheets/cty_fs_HTI.html

Sauveur, Pierre-Etienne. 1997. *Haiti* : *Invasion des ONG*, *CRESFED.*

Schuller, Mark et Morales, Pablo. 2012. *Tectonic Shifts. Haiti Since the Earthquake*. Sterling, VA: Kumarian Press.

Sider, Ronald J. and Heidi Rolland Unruh (2004). Typology of Religious Characteristics of Social Service and Educational Organizations and Programs. Nonproft and Voluntary Sector, Quarterly 33:1, 109-134.

Timothy T. Schawartz, Travesty in Haïti, *A true account of Christian missions, orphanages, food aid, fraud and drug trafficking.*

Vorbe, Charles. 2010. Earthquake, Humanitarianism and Intervention in Haiti. *LASA Forum*. Vol. XLI. Issue 3. Summer 2010, pp. 16-19.

Les ONG confessionnelles en Amérique latine

Silvia Macedo

Introduction

Dans cet article nous proposons une première cartographie des organisations non gouvernementales confessionnelles en Amérique latine, plus précisément au Brésil, en Argentine et au Chili[1].

Cette étude a pour objectif l'identification des acteurs et des organisations confessionnelles en fonction de leur région d'implantation, de leur mode d'organisation et de leur fonctionnement. Il s'agit notamment de caractériser les organisations et d'analyser leurs objectifs en matière de développement, d'examiner leur mode de financement, ainsi que leurs relations politiques tant entre elles qu'avec les pouvoirs locaux, nationaux ou encore leurs liens au plan international.

A partir d'une enquête de la bibliographie disponible sur le sujet dans la région concernée (Amérique latine) nous avons listé les principales organisations en activité. Nous avons ensuite recueilli les informations disponibles sur ces ONG confessionnelles à travers la consultation de leurs sites internet. Cette lecture a permis d'une part la construction d'un tableau indicatif qui décrit les principales organisations existantes et d'autre part de réaliser une première caractérisation des organisations présentes en Amérique latine : confession, modes d'action, domaines d'intérêt et région visée.

Les spécificités du déroulement de cette enquête doivent être prises en compte dans l'interprétation de la description proposée. Tout d'abord, les moyens engagés ne permettaient pas de réaliser une

[1] Cette recherche fait partie d'une enquête plus large sur les Acteurs Confessionnels intervenant dans différentes régions du monde (Burkina Faso, Cameroun, Haïti, Egypte, Inde, Palestine) financée par l'AFD en 2013.

enquête approfondie couvrant l'ensemble de l'Amérique latine. La taille de la région ciblée et les spécificités de chaque pays dans leurs rapports aux ONG et aux confessions exigeraient en réalité une enquête propre pour chaque pays. Ensuite, l'accès à l'information détaillée et impartiale concernant les ONG confessionnelles est limité. Exception faite aux grandes organisations, très peu de données ont pu été recueillies sur les petites organisations, qui n'utilisent pas d'internet pour publiciser leurs actions, leurs intentions, leurs projets et leurs besoins.

Deux facteurs ont été fondamentaux pour la réalisation de cette enquête et pour l'accès aux donnés, sans lesquelles ce travail n'aurait pu être mené à bien : la préexistence d'un réseau d'information brésilien et latino-américain mobilisé par la chercheuse, et la collecte d'informations réalisée au Brésil par une assistante de recherche. La réalisation d'une enquête sur place s'est montrée fondamentale pour la collecte des données. Cela explique, en retour, la prééminence des informations sur le Brésil dans ce rapport. Le cas argentin, et les quelques données sur le cas chilien sont donc essentiellement utilisés dans la perspective d'une comparaison avec la référence brésilienne. La faible quantité d'information collectée ne permet pas cependant de mener à bien une comparaison systématique. Il s'agit surtout d'une mise en perspective. Nous nous limiterons donc à évoquer des éléments que nous pourrions qualifier d'illustratifs. Les tendances plus générales qu'ils semblent indiquer devraient être vérifiées par des enquêtes propres à ces deux pays hispanophones.

Par ailleurs, l'information publique sur le financement et la gestion des organisations demeure totalement inexistante dans les sources consultées. Une enquête ethnographique auprès de ces organisations serait le seul moyen d'accéder à ce type de données très peu divulguées par ces organisations, dont la démarche de publicisation est souvent considérée avec méfiance par les acteurs des ONGc.

En dépit de ces difficultés et limites, l'enquête a permis de dresser un premier panorama des organisations présentes dans ces trois pays et de proposer une première analyse de la spécificité de cette région.

Tout d'abord, il convient de rappeler que l'Amérique latine est composée de pays fondamentalement catholiques. La présence amérindienne, majoritaire dans certains pays (en Bolivie, Paraguay, Équateur et Pérou par exemple), affecte les pratiques confessionnelles et celles des organisations non-gouvernementales. Toutefois l'histoire coloniale continue de marquer profondément ces pays et la confession la plus répandue demeure le catholicisme (l'Eglise catholique apostolique romaine), même s'il s'agit d'un catholicisme métissé.

Une deuxième tendance générale à souligner réside dans le développement des églises évangélistes dans toute l'Amérique latine. Ce courant chrétien érode à grand pas l'homogénéité catholique latino-américaine et son prosélytisme s'articule avec un activisme social auprès des communautés de fidèles qui sont assistées dans la résolution de leurs problèmes quotidiens (questions foncières, de droits, sociaux, politiques, éducatifs et, bien entendu, économiques).

Enfin, dans l'ensemble de ces pays, l'Etat est souvent absent, ou en tous les cas peu présent, dans les zones les plus pauvres qu'il s'agisse des bidonvilles, des immenses périphéries des villes, ou des campagnes éloignées et mal desservies. Les Etats latino-américains n'y garantissent pas les droits sociaux minimaux des habitants, les abandonnant le plus souvent à leur sort. Cet élément contribue à la présence et à l'action des organisations confessionnelles — historiquement les pionnières dans ces zones défavorisées — qui cherchent à répondre à une partie de la multitude des besoins des populations concernées (souvent qualifiées de 'communautés').

Caractérisation de la cartographie religieuse en Amérique latine

Selon les recensements les plus récents en Amérique latine, la majorité de la population de cette région déclare être chrétienne.

Colonisée par des pays catholiques, le catholicisme conserve sa place majoritaire dans la région. Cependant d'autres confessions commencent à ébranler cette position dominante. Les confessions évangélistes gagnent en force et en nombre de fidèles et grignotent petit à petit l'unanimité catholique.

Il est important de rappeler que la foi catholique et chrétienne fut pendant longtemps la religion des Etats et des élites locales. Celles-ci menaient une répression plus ou moins ouverte contre les autres confessions religieuses conduisant les adeptes des religions amérindiennes ou afro-américaines, pourtant très vivaces au sein de la population, à ne pas se déclarer comme fidèles, biaisant ainsi les données censitaires.

Le cas du Brésil est paradigmatique. Ce pays, majoritairement catholique, voit sa démographie religieuse évoluer très rapidement. Le dernier recensement réalisé en 2010[2] fait apparaître une diminution rapide de la taille de la majorité catholique — passée de 73,6 à 64,6% en dix ans — s'accompagnant d'un accroissement de la diversité religieuse, ainsi que d'une croissance du nombre d'individus se déclarant sans religion : 8%. Les évangélistes sont le groupe qui croît le plus rapidement. Ils sont passés de 6,6% à 22,2% de la population au cours des trente dernières années. Bien que moins importantes, d'autres confessions se renforcent également comme le spiritisme, le judaïsme, le bouddhisme, les religions afro-brésiliennes…

Les cas argentin et chilien sont marqués par des tendances identiques. En Argentine, cependant, le catholicisme conserve une place prépondérante. Selon le recensement de 2010, 92% de la population s'est auto déclarée catholique (apostolique Romaine). Les évangélistes ne représentent que 3% de la population. Les 5% restants sont répartis entre plusieurs confessions : protestantisme, témoins de Jéhovah, église orthodoxe russe, judaïsme (qui constitue une communauté importante en Argentine). Dans sa Constitution, l'Argentine continue de reconnaître le catholicisme comme religion officielle, tout en affirmant la liberté individuelle de culte. Cette relation intime entre la religion et l'Etat est attestée par la loi, révoquée en 1994 cependant, qui obligeait les candidats à la Présidence à être catholiques. Un survol des lieux de culte et des associations enregistrés auprès du service gouvernemental de 'registre des cultes' de la 'Secretaria de Culto'[3], témoigne à la fois de leur nombre important et de la prédominance des organisations catholiques dans les régions (províncias) argentines.

Le cas chilien semble se situer à mi-chemin entre les cas brésiliens et argentins, et marqué par les mêmes évolutions de fond. D'après le recensement de 2002, 70% des Chiliens se déclarent catholiques, 15% sont évangéliques, 1% témoins de Jéhovah, et moins de 1% sont mormons ou juifs. 10% de la population se déclare athée ou sans religion. Contrairement à l'Argentine, la séparation entre l'église et Etat chilien date du début du XXème siècle (1925), et la liberté de culte est affirmée en tant que valeur constitutionnelle et individuelle.

L'Eglise catholique, proche des Etats et élites nationales, est de longue date très active dans les champs de l'assistance sociale,

---

[2] IBGE, 2010, voir http://www.ibge.gov.br/home/presidencia/noticias/noticia_visualiza.php?id_noticia=170&id_pagina=1

[3] http://www.culto.gov.ar/registro.php?q=&qq

économique, politique, juridique et éducative. Responsables de la 'civilisation' des Amérindiens et de leur éducation — depuis le début de la colonisation et jusqu'à une période très récente —, les 'missions' catholiques ont fondé des villages et reformulé la distribution ethnique de l'Amérique latine.

La dynamique historique et sociale latino-américaine, qui a entretenu de fortes inégalités sociales et a maintenu une grande majorité de la population en état de pauvreté, a conduit, par ailleurs, à faire perdurer les activités d'assistance sociale, éducative et économique des organisations confessionnelles.

La diversité religieuse grandissante — telle qu'avérée par les données censitaires —, et la stabilisation des régimes démocratiques dans les pays latino-américains font cependant que l'assistance, longtemps investie par la seule Eglise catholique, devient le champ d'action d'autres associations et organisations.

Le nombre d'organisations non gouvernementales crées au cours de la dernière décennie en témoigne. Au Brésil, par exemple, on constate, d'après le recensement de 2010[4], l'existence de 290 700 organisations, en hausse de 8,8% de plus qu'en 2006. Parmi ces dernières, 28,5% sont confessionnelles. Ceux types d'organisation sont celles qui ont le plus progressé au cours de la période 2006-2010 en représentant presque la moitié (47,8%) des organisations qui y ont été créées.

En Argentine, l'estimation du nombre d'ONG varie selon les sources. D'après les données de la 'Federacion des Asociaciones civiles et y Fundaciones' — qui regroupe 230 de ces organisations — on dénombrerait plus de 3500 associations. Le travail de Vinci (sans date) [5] suggère quand à lui un chiffre de 6000 associations et fondations composant le 'secteur social' en Argentine.

La démographie associative chilienne est également difficile à appréhender. En dépit de la création d'un registre civil et d'identification des personnes juridiques sans but lucratif (Registro civil e identificacion de personas jurídicas sin fines de lucro) en 2012, nous n'avons pas pu retrouver une donnée officielle du nombre des ONGs au Chili. D'après plusieurs sources le Chili aurait moins d'organisations qu'en Argentine avec un total d'environ un millier d'organisations. Toutefois, ce nombre assez bas par rapport aux

---

[4] Voir IBGE, 2010 ; et les rapports de l'ABONG in http://abong.org.br/ongs.php

[5] Vinci, A. « ENTIDADES SIN FINES DE LUCRO ». Séminario de integracion y aplicacion, Faculdade de Ciências econômicas, Universidade de Buenos Aires.

données concernant le Brésil et l'Argentine, laisse à penser qu'il existe en réalité une participation plus importante de la société civile.

Dans ce qui suit, on concentre l'analyse sur l'histoire et à la caractérisation des ONG au Brésil, pays continental qui a une influence politique et économique marquée sur le reste de l'Amérique latine. On retrouve de nombreux traits de ce qui caractérise la situation brésilienne dans les cas argentins et chiliens. La proximité légale, la carte religieuse et les types d'organisations retrouvées dans les trois pays nous permettent de supposer une tendance commune. Pour ces raisons, ainsi que du fait des données plus lacunaires dont nous disposons sur ces deux derniers pays, nous concentrerons notre exposé sur le cas brésilien. Les informations spécifiques concernant l'Argentine et/ou Chili seront apportées dans ce qui suit dans les notes de bas de page.

La place des ONG au Brésil

Au Brésil, 18,6% des organisations non gouvernementales agissent dans les domaines de la santé, de l'éducation et de l'assistance sociale, avec une forte concentration de leurs activités sur les régions sud et sud-est (65,7%). 22,9% des associations sont présentes dans la région du nord-est ('nordeste' brésilien). On constate une faible implication dans les régions Nord et Centre Ouest[6].

Si 28,5% des ONGs sont reconnues comme des organisations religieuses, parce que directement liées aux activités rituelles, une bonne partie des organisations d'assistance, d'éducation et de santé, cataloguées officiellement par leur type d'activité sont également d'origine religieuse. Le nombre des ONG confessionnelles est donc beaucoup plus important que ne le laisse croire au premier abord les chiffres officiels[7].

Deux questions se posent lors de l'analyse des données censitaires et des tendances qu'elles suggèrent. Il y a, tout d'abord, le problème de la définition de ce qu'est une organisation non gouvernementale.

---

[6] La représentation significative de ces organisations dans les régions plus riches du sud et sud-est du pays est liée à la fois à une participation plus importante des classes sociales moyennes des sociétés urbaines aux activités sociales ainsi qu'à la forte concentration des populations dans les banlieues des mégalopoles latino-américaines.

[7] Voir les définitions utilisées par le recensement IBGE, http://www.ibge.gov.br/home/estatistica/economia/fasfil/default.shtm.

Ensuite les complications concernant la définition spécifique des ONG confessionnelles.

ONG, association, société ou association civile à but non lucratif ?

La définition même de l'objet qui nous concerne dans cette recherche tient à ce que dans la législation juridique brésilienne les organisations non gouvernementales n'existent pas.

"Les ONGs n'existent pas dans notre ordre juridique. Elles sont un phénomène mondial où la société civile s'organise de façon spontanée pour l'exécution d'un certain type d'activité d'intérêt public. La forme sociétale la plus utilisée est celle d'association civile. Elles sont réglementées par leurs statuts et ont un but non économique ni lucratif. Les fondations peuvent également être reconnues comme ONG (Martins, Paulo)[8].

Une étude sérieuse menée sur les ONG au Brésil (Landim, 1993)[9] témoigne de la diversité des organisations catégorisées par cette qualification.

D'après le Code Civil de 1916, les ONG sont des sociétés civiles à but non lucratif (article 16,I). Ces sociétés peuvent être « les sociétés civiles, religieuses, morales scientifiques ou littéraires, les associations d'utilité publique et les fondations ».

Les associations ou ONG, les termes pouvant être utilisés comme synonymes dans le langage courant, bénéficient d'avantages fiscaux (exemption fiscale et pas de déclaration d'impôt sur le revenu) et peuvent avoir accès aux subventions gouvernementales quand elles sont considérées 'd'utilité publique'[10]. Ce label est attribué par le

---

[8] Dans l'original : "Ongs não existem em nosso ordenamento jurídico. São um fenômeno mundial onde a sociedade civil se organiza espontaneamente para a execução de certo tipo de atividade cujo cunho, o caráter, é de interesse público. A forma societária mais utilizada é a associação civil (em contrapartida às organizações públicas e organizações comerciais) São regidas por estatutos, têm finalidade não econômica e não lucrativa. Fundações também podem vir a ser genericamente reconhecidas como Ongs".
http://www.ecoterrabrasil.com.br/home/index.php?pg=busca

[9] Landim, L. (1993). A invenção das ONGS. Do serviço invisível à profissão impossível. Thèse de doctorat en Anthropologie sociale. Museu Nacional, Université Fédérale de Rio de Janeiro.

[10] Le cas argentin et chilien ne diffère pas du cas brésilien. L'article 33 du Code Civil argentin et le titre XXXiII du livre I du Code Civil chilien définissent les personnes juridiques de caractère privé comme des fondations ou associations. Les

gouvernement fédéral, l'état ou la région et est défini en fonction du caractère caritatif ou culturel de la mission assurée par l'organisation au profit de la collectivité. Une fois acquis ce statut, les bénéfices sont d'ordre fiscal, d'accès aux subventions publiques ainsi qu'aux fonds 'de charité' dont disposent députés et sénateurs[11].

Un certain nombre d'éléments mis en évidences par Landim (ibidem) soulignent l'existence de traits historiques communs et des convergences dans les projets des ONG au Brésil. La grande majorité de ces associations est née de l'opposition au régime dictatorial militaire des années 1960, 1970 et 1980, et a été portée par des personnes liées à l'église et à la gauche traditionnelle, en relation directe avec les mouvements populaires des classes sociales les plus défavorisées. (ibidem, 24)[12].

La définition de la notion d'ONG soutenue par l'organisation qui les représente au Brésil, l'ABONG (Association Brésilienne des ONG), le confirme. Cette définition démarre par un contrepoint — les ONG ne sont pas des entreprises à but lucratif, ne sont pas des entités représentatives de leurs associés ou des intérêts corporatifs, ne sont pas des entités assistance traditionnelle, et se termine par l'expression d'un point de vue : les ONG sont 'des organisations qui servent de façon désintéressée les communautés par la réalisation d'un travail éducatif, de promotion de la citoyenneté et de défense des droits collectifs, qui contribue au développement des capacités (*empowerement*) des mouvements sociaux par la formation de leurs leaders, dans le but de la construction et de l'exercice de nouveaux droits sociaux à partir de la participation populaire dans la formulation et l'implémentation des politiques sociales (ABONG, 1993)[13].

Dans les années 1990, une explosion du nombre d'organisations a eu lieu au Brésil. De nouveaux acteurs, n'ayant pas nécessairement de relation avec les mouvements 'populaires' classiques, ont surgi sur la

---

associations sont des institutions de caractère civil avec des intérêts publics sans fin lucratif. Elles sont réglementées et registrées auprès du Ministère de la Justice et peuvent recevoir des financements publics et privés.

[11] Il convient de signaler le nombre croissant des élus (députés et sénateurs) représentant les différentes confessions (évangélistes et catholiques) à l'Assemblée brésilienne, fait qui nous laisse croire à une participation importante de leurs fonds de charité aux financements des ONGs confessionnelles.

[12] « Les ongs sont liées à certains mouvements sociaux provenant des couches de la population oppressée, exploitée ou exclue, dans une perspective de transformation sociale » (Landim, 1988 : 24).

[13] Voir http://abong.org.br/

scène associative, augmentant de façon considérable la diversité de ce champ, au demeurant très hétérogène et aux frontières floues. Cette diversité et cette évolutivité conduisent, en suivant Landim (ibidem, 19), à souligner le caractère complexe de ce champ encore en construction. Les ONG sont :

> « Un ensemble en construction d'entités et d'acteurs divers aux frontières peu définies et ambiguës, qui risquent de ne jamais se constituer en tant que champ structuré. Les organisations sont assez diverses et manipulent souvent leur identité, mettant en avant des images et des critères de légitimité en fonction du contexte, ajoutant de la complexité à la définition déjà instable des ONG » (ibidem, 19).

L'intime relation entre les églises et les ONGs

L'histoire des ONG au Brésil est caractérisée par une relation intime entre la création des ONG, les partis de gauche et les religions chrétiennes. Une bonne partie des grandes organisations bien connues, établies de longue date est née au cœur des mouvements religieux, souvent catholiques.

Un 'ennemi' commun a favorisé le rassemblement des mouvements de gauche et des mouvements populaires de l'Eglise catholique, expliquant en part cette relation : la dictature militaire des années 1960 aux années 1980[14]. L'Eglise catholique, pour laquelle l'assistance aux 'pauvres et démunis' est une pratique constitutive, a pris une place active auprès des mouvements dits 'populaires' contre le régime dictatorial, la torture et la forte censure qui régnaient à l'époque. Des prêtes de 'gauche' animaient et s'engageaient dans ces mouvements brouillant la distinction entre l'action de la 'gauche' et celle de l'église.

Cette relation structurelle entre les deux pôles d'action a commencé à évoluer vers la fin des années 1980, avec la fin du régime militaire, les élections libres et la promulgation d'une nouvelle Constitution Fédérale. A ce moment-là, les ONG non confessionnelles ont commencé à afficher leur séparation avec les églises, affirmant leur non-prosélytisme et l'indépendance de leurs actions par rapport à celles des organisations religieuses.

---

[14] Tenant compte de la spécificité des histoires nationales, il convient de rappeler que tant l'Argentine comme le Chili ont également vécu des régimes dictatoriaux par la même période qui ont marqué de façon similaire l'histoire de leurs mouvements sociaux.

Toutefois cette rupture n'a jamais été radicale. Les ONG non confessionnelles ont conservé un rapport aux églises : passant d'une certaine 'subordination' à une 'relation' à travers la participation de religieux à l'action des ONG ou par le biais du financement d'ONG laïques par des organisations catholiques.

Si les ONG laïques gardent la trace de leur relation historique avec les institutions et organisations religieuses, il en va de même des organisations confessionnelles. Depuis les années 1990, des études montrent une incorporation par les ONG confessionnelles de la logique et des formes d'action propres aux ONG laïques.

C'est ce que montre Gonçalves (2010) dans son ethnographie sur deux organisations confessionnelles dans la région de Minas Gerais, au Brésil[15]. Même dans le cas de ces organisations étudiées qui sont ouvertement prosélytes, leur action diffère peu des actions sociales laïques. Le discours évangélisateur n'est pas affiché et le prosélytisme se manifeste surtout lors des relations individuelles.

> « Même si parfois critiquées, les entités religieuses exercent un rôle important dans le contexte actuel brésilien. Parmi l'ensemble des projets développés il y a ceux qui peuvent être classifiés comme d'assistance et ceux qui sont considérés comme exemples d'une éducation à la citoyenneté. D'après Burity (2008) il y aurait un processus 'd'ONG-isation' des entités religieuses para-institutionnelles (non liées aux églises ou diocèses) qui agissent dans le champ des actions sociales. Elles développent un ensemble de pratiques de planification, de suivi et d'évaluation qui sont propres aux logiques stratégiques des ONG et du troisième secteur, s'approchant ainsi de la pratique des ces dernières brouillant la distinction entre elles ». (idem).

D'après les données 2010 citées plus haut, les ONG religieuses représentent presque un tiers des ONG existantes actuellement au Brésil. Elles sont en pleine expansion : les organisations confessionnelles créées depuis 2006 représentent 47,8% de toutes les organisations crées dans la période. De plus, pour ce qui concerne les organisations qui ne s'affichent pas comme religieuses, des travaux

---

[15] Gonçalves, R. « A ATUAÇÃO CARITATIVA DE ONGS RELIGIOSAS EM COMUNIDADES RURAIS DE MINAS GERAIS -BRASIL ». Communication au VIII Congrès Latinoamericano de Sociologie rurale, Porto de Galinhas, Brésil, 2010.

récents attestent d'une forte motivation religieuse dans leur combat contre la grave situation de pauvreté[16].

Les ONG confessionnelles interviennent dans les domaines similaires à ceux de l'Eglise catholique : programmes de santé, d'éducation, d'aide à l'enfance, d'alimentation, d'assistance juridique, économique et de lutte contre la pauvreté urbaine et rurale.

Cette diversité d'acteurs influence le 'marché religieux' et les options des fidèles. Des études ethnographiques dans des zones sensibles, comme les 'favelas' à São Paulo et Rio de Janeiro au Brésil (Zaluar, 2003 ; Almeida et D'Andrea, 2004)[17], démontrent le rôle social, politique et économique grandissant des organisations et associations confessionnelles parmi les populations défavorisées. L'insuffisante présence de l'Etat dans ces zones favorise tant l'action des ONG et associations confessionnelles, que celles de leaders locaux. Ce sont les réseaux familiaux associés aux réseaux confessionnels qui promeuvent dans de tels environnements les services publics non garantis par l'Etat. Ce sont également ces réseaux qui contribuent à la création d'une solidarité communautaire et sociale dans ces zones démunies.

Cette présence croissante des groupes et organisations religieuses dans le champ des politiques sociales est concomitante d'un processus de transformation des relations entre l'Etat et la société :

> « Il y a une crise de l'état réformiste (Santos, 1998 ; Offe, 1998) qui, associée aux questionnements – théoriques et pratiques, structurels et ponctuels – du sujet politique moderne — quel qu'il soit : l'Etat, le parti, la classe sociale ou même la société (Laclau, 1996 ; Touraine, 1994a ; Hollanda, 1992) — contribue à la prolifération de pratiques associatives volontaires. Cette vague d'auto-organisation sociale vient compenser le relatif effacement des structures de l'Etat providence (*welfare state*) et de régulation de l'économie par l'Etat. Toutefois, cela ne signifie pas que nous assistons à l'émergence d'une société qui pourrait vivre sans l'Etat ou avec un Etat minimal ; qui garantirait la vie, les libertés individuelles et la propriété. Il y a une redéfinition de la frontière entre la société et

---

[16] Voir par exemple Burity, J. « REDES SOCIAIS E O LUGAR DA RELIGIÃO NO ENFRENTAMENTO DE SITUAÇÕES DE POBREZA » In :Caderno soc. Recife, *v. 16, n. 1, p.29-53, jan./jun., 2000.*

[17] ZALUAR, A. M. Crime Organizado e Crise Institucional. In: obra coletiva: Alba Zaluar ; Ana LaudelinaF. Gomes etc. (Org.). Violência & Sociedade. 1ed.Natal: Letras & Letras, 2003, v., p. 35-54 ; Almeida, Ronaldo ; Tiarají D´Andrea . Pobreza e redes sociais em uma favela paulistana. Novos Estudos, São Paulo, v. 68, p. 94-106, 2004.

l'Etat qui implique plus d'action sociale en marge ou en collaboration avec l'Etat. Dans les deux cas l'idée d'une pure autonomie ne fait pas de sens : la réforme de l'Etat et les ajustements macro structurels ont imposé à la partie organisée de la société civile de porter la charge d'une redéfinition dans le but d'assumer des fonctions de fourniture de services collectifs et de protection sociale délaissées par l'Etat » (Burity, 2000 : 30).

Ces changements constituent la toile de fond sur laquelle le champ de l'intervention sociale confessionnelle se construit ; une action qui repose principalement sur trois piliers. Tout d'abord, ces changements structurels de la relation entre l'Etat et la société. Ensuite, le changement d'identité des militants sociaux, qui incorporent des éléments diffus de spiritualité et de religiosité dans leurs discours et actions. Enfin, le mode d'action, proche des actions laïques et du non-prosélytisme, mis en œuvre par un groupe d'agences para-ecclésiastiques (et de structures similaires aux ONG).

Il convient d'ajouter à ce cadre, la concurrence croissante entre ONG pour l'accès aux financements. Ce qui génère une pression en faveur d'une normalisation et standardisation des actions parfois peu professionnelles compte tenu du caractère bénévole de plusieurs associations.

> « Il y a une pression croissante sur les ONGs pour qu'elles obtiennent des résultats et rendent public le résultat de leurs actions. Au-delà, il y a une concurrence croissante entre elles, qui engendre un besoin croissant de disposer d'une image connue et bien évaluée pour pouvoir trouver des ressources et favoriser leur travail. Une faible connaissance des rouages et des responsabilités institutionnelles sont caractéristiques de plusieurs ONG, résultant d'un manque de normativité et de mœurs professionnelles qui impriment sur les organisations » (Oxfam/ABong, 2002:14)[18].

Analyse des données

Passons maintenant à l'analyse des données exposées dans les tableaux ci-joints (à partir de la p. 12).

Comme nous l'avons annoncé dans l'introduction de cet article, quelques tendances générales apparaissent à la lecture de ces données, en association avec la bibliographie consultée.

---

[18] Oxfam, Abong. Avaliação de impacto dos trabalhos de Ongs. Aprendendo a valorizar mudnaças
São Paulo, Cortez Editora, 2002.

Comme décrit plus haut, le catholicisme reste la confession dominante, même si l'avancée des évangélistes, mis en avant par le nombre des ONG s'en revendiquant, est incontestable.

L'absence de l'Etat dans les zones pauvres de plusieurs pays est également un facteur qui contribue à la forte présence et à l'action des organisations confessionnelles.

Celles-ci agissent dans les domaines classiques d'assistance - aide aux défavorisés, orphelinats, accueil des enfants, adolescents et âgés, distribution de nourriture, etc. - mais également dans les domaines propres à l'action étatique comme ceux de la formation professionnelle, du logement, de la santé, de l'éducation et de la garde des enfants ou de l'emploi.

L'ancienneté des organisations catholiques est frappante au Brésil. Certaines, créées depuis plus d'un demi-siècle, se transforment avec le temps associant des pratiques d'assistance et de charité à celles de formation des leaders communautaires et de citoyens engagés dans la lutte pour leurs droits.

Si les organisations catholiques brésiliennes sont plus anciennes, la jeunesse des organisations chiliennes et argentines est frappante. Cela peut être dû aux régimes politiques de ces deux pays, ainsi qu'au type d'action civique et civile propre à chacun en fonction des cadres légaux ainsi que de la répression exercée par les régimes militaires.

Il est curieux de noter qu'une bonne partie des organisations n'affichent pas leur confession. Leurs noms, parfois explicites, rendent évident le type de confession et expliquent cette information manquante. Toutefois cette donnée accorde aussi du crédit à la thèse proposée par Gonçalves (2010) sur le discours des ONGs confessionnelles se présentant comme des organisations à buts non évangélistes, ni prosélytes.

Si dans la description de leurs actions la majorité des organisations avance leurs principes confessionnels d'ordre moral, dans leurs actions le prosélytisme ne serait pas le principal leitmotiv devenant une partie 'privée' et 'individualisée' de l'action des organisations. Cela dit, il convient de souligner que plusieurs organisations consultées affichent leurs fidèles comme la cible exclusive de leur action (notamment dans le cas des organisations évangélistes, musulmanes, juives…). Par ailleurs, certaines affirment ouvertement leur objectif de conversion.

La description du type de financement est également frappante, et confirme le commentaire proposé plus haut sur l'opacité des financements. La grosse majorité des organisations dépendrait du volontariat et des dons, ce qui devrait générer une certaine instabilité impactant sur le fonctionnement et la continuité de ces institutions. Pourtant, une bonne partie des ONG existe depuis plus d'une décennie, suggérant une stabilité de financements pas publicisés dont les raisons méritent d'être étudiées.

Accéder à des données financières demanderait, comme on l'a noté plus haut, des recherches in situ. La méfiance concernant la divulgation de telles données ne peut être surmontée que par l'établissement d'une relation de confiance entre le chercheur et l'organisation lors d'une recherche sur place. La même chose peut être dite de la compréhension plus fine et détaillée de l'institution, de ses modes de fonctionnement, de ses relations avec les pouvoirs politiques et avec les confessions. L'observation et l'entretien auprès des acteurs nous semblent indispensables pour pouvoir avancer dans la description et l'analyse de ces organisations.

Toutefois une conclusion peut être esquissée ici. D'après l'histoire politique, sociale et économique des pays concernés, la relation entre les religions et les ONG est constitutive et structurelle. Les organisations confessionnelles sont la matrice des futures ONG laïques, qui conservent alors une relation proche avec les institutions confessionnelles. A leur tour, ces dernières se transforment également, adoptant des modes d'action, de fonctionnement et des principes qui caractérisent les ONG laïques.

A cette relation génétique, s'ajoute la concurrence pour le financement ainsi que les transformations dans la relation entre l'Etat et la société qui structurent le cadre commun dans lequel évoluent les ONG confessionnelles et laïques, et également le boom économique qui vit actuellement le Brésil.

Une institutionnalisation de ces organisations et une formalisation et réglementation de leurs pratiques renforcent ce fond organisationnel commun. Cependant, la diversité et la fluidité des institutions qualifiées d'ONG ne cessent d'être mises en évidence par les travaux de recherche et par les données. Les organisations civiles sans but lucratif varient énormément dans leurs pratiques et objectifs.

Les ONG confessionnelles ajoutent à cette variabilité le facteur confessionnel. Parfois affiché comme but principal, la conversion n'est ni le seul, ni le principal objectif de ces institutions. Ces institutions restent dans une zone confuse aux frontières fluides qui associe une action caritative à une action politique - pas nécessairement confessionnelle -, structurée selon les principes d'action des ONG laïques, d'où le besoin fondamental d'observation de ces relations in situ, seul moyen de dépasser ce premier niveau d'analyse que les données recueillies permettent de proposer.

Bibliographie

Almeida, Ronaldo ; Tiarají D´Andrea . Pobreza e redes sociais em uma favela paulistana. Novos Estudos, São Paulo, v. 68, p. 94-106, 2004.

Burity, J. « Redes sociais e o lugar da religião no enfrentamento de situações de pobreza » In :Caderno soc. Recife, v. 16, n. 1, p.29-53, jan./jun., 2000.

Gonçalves, R. « A atuação caritativa de ONGs religiosas em comunidades ruais de Minas Gerais - Brasil ». Communication au VIII Congrès Latinoamericano de Sociologie rurale, Porto de Galinhas, Brésil, 2010.

Landim, L. (1993). A invenção das ONGS. Do serviço invisível à profissão impossível. Thèse de doctorat en Anthropologie sociale. Museu Nacional, Université Fédérale de Rio de Janeiro.

Oxfam, Abong. Avaliação de impacto dos trabalhos de Ongs. Aprendendo a valorizar mudnaças

São Paulo, Cortez Editora, 2002.

Vinci, A. « Entidades sin fines de lucro ». Séminario de integracion y aplicacion, Faculdade de Ciências econômicas, Universidade de Buenos Aires.

Zaluar, A. Crime Organizado e Crise Institucional. In: obra coletiva: Alba Zaluar ; Ana LaudelinaF. Gomes etc.. (Org.). Violência & Sociedade. 1ed.Natal: Letras & Letras, 2003, p. 35-54.

Tableaux ONGs confessionnelles
Brésil

NOM	ANNEE CREA-TION	SITE	BUT	CONFIS-SION	REGION	FINANCEMENT
Obra Kolping do Brasil		www.kolping.org.br	Effort commun de toutes les communautés Kokping pour Le tiers monde. Vers Le Brésil – construction des maisons pour les familles en vulnérabilité sociale. Visites à domicile. Donations.	Chrétienne	3° monde	Donations
Visão Mundial - Internacional	1961		Organisation Humaniste chrétienne. Elle accueille les enfants, leurs familles et les communautés dans le but de combattre la pauvreté, de prêter secours lors des situations d'émergence, de promouvoir la justice. Évangélisation non-prosélyte.	Protestante		Donations et partenariats
Associação Educacional e beneficente Vale da Benção	1980	www.valedabencao.org.br	Amener l'Evangile à plusieurs villes brésiliennes et évangéliser le Nord-est brésilien. S'occupe des enfants, adolescents et de la famille avec les services de crèche et centres communautaires..	Evangélique	Brésil	Donations mensuelles
Associação Evangélica Beneficente	1928		Développement humain. S'occupe des familles, communautés et SDF.	Evangélique	São Paulo, Sorocaba et São José dos Campos.	Donation et partenariats .
Fundação Hey Denreich	1929		Développement des projets sociaux vers les enfants et jeunes.	Evangélique		
Igreja da Paz		www.igrejadapaz.com.br	Grandes églises dans plusieurs métropoles. « Etablissent le contact et ouvrent les portes à l'Evangile. » Expansion des églises.	Evangélique	Fortaleza	Donations.
Mãos que Ajudam		www.maosqueajudam.org.b r	Programme d'aide humanitaire et de service communautaire. Membre de l'Eglise Jesus Cristo dos Santos dos Ultimos dias. Maison de repos, orphelinats, crèches, rues.			Donation et partenariat
Centro Espírita Nosso Lar	1949	www.andreluiz.org.br	Traitement gratuit aux personnes avec des déficiences intellectuelles. Protection aux personnes déficientes, inclusion sociale, sensibilisation de la population et respect.	Spiritualiste	Guarulhos – SP.	Donations et partenariats.

REPAS – Rede Evangélica Paranaense de Ação Social		www.repas.org.br	Diffuser l'Evangile de Jesus. Dignité de la vie (santé, éducation, nutrition). Justice, respect.			Ressources économiques
Summer Institute of Linguistics			Conversion des Amérindiens	Évangélique		
Associação Religiosa Israelita			Assistance et promotion de personnes dans les institutions de communautés juives.	Israélite		Donations spontanées et travail volontaire.
Federação das Associações Muçulmanas no Brasil.	1979	www.fambras.org.br	Unifier et fortifier les entités islamiques au Brésil. Développement et divulgation de la culture arabo-islamique.	Musulmane		Donations
Liga da Juventude Islâmica Beneficente do Brasil.		www.ligaislamica.org.br	Diffusion et prosélyte des bonnes coutumes et de la morale islamiques. Aide aux musulmans.	Musulmane		Donations et partenariats.
Igreja Messiânica Mundial do Brasil	1954	www.messiânica.org.br	Activités philanthropiques. Rassemblement, organisation, stockage, transport et distribution d'aliments dans les maisons de repos, orphelinats et hôpitaux.	Messianique.	Brésil.	Donations et volontariat messianique
Associação Espírita e Kardecista Casa do Caminho Irmã Sheila.	1992	www.neapa.org.br	Aider les frères en besoin. Distribution d'aliments, dispensaires et crèches.	Spiritualiste		Volontariat et donations.
Arquidiocese de São Paulo		www.arquidiocesedesaopaulo.org.br	Caritas archidiocèse. Pastorales sociales pour l'enfant, l'indien, pour la santé, les gens âgés, prisonniers, écologiques, nomades, déficients.			
Associação Religiosa Nossa Senhora das Graças	1997	www.arnsg.org.br	Formation religieuse et morale des jeunes.	Catholique.	São Paulo – SP.	Donations
Audi – Agência de Notícias dos Direitos da Infância.	1993	www.audi.org.br	Articulation entre média et développement. Dialogue professionnel et éthique entre les rédacteurs, les facultés de communication et le pouvoir public. Fait la médiation entre la presse et les groupes sociaux défenseurs des droits des enfants et des adolescents.			

Caritas Brasileira – Internacional	1956		Doctrine sociale de l'Eglise catholique et les directions de la pastorale CNBB (Conférence Nationale des évêques du Brésil). Travail avec les exclus. Amener l'Evangile de Jesus Cristo. Pour une société plus juste, égalitaire et plurielle. Education de base.	Catholique	Brésil.	Partenariat avec institutions et mouvements sociaux. Coopération internationale, diocèses, Campagne de fraternité..
Centro de Estudos Bíblicos	1979	www.cebi.org.br	Comprendre et diffuser la façon populaire de lire la bible. Créer de la spiritualité, solidarité et coopération pour résoudre les problèmes sociaux, dont l'éducation, la santé, l'habitation, la nutrition, les conditions de travail et de salaire.	Association œcuménique.	Rio Grande do Sul.	Partenariats avec des organisations et entités pastorales.
Ação Comunitária	1967	www.acaomunitaria.org.br	Inclusion et protection sociale des enfants, des jeunes, des adolescents. Education et employabilité.		São Paulo – SP.	Donations et partenariats.
Centro Social São José	1987	www.centrosocialsaojose.com.br	Améliorer la qualité de vie et la condition sociale des familles en besoin. S'occupe d'enfants et d'adolescents – alimentation, santé, éducation et recréation. Atelier professionnalisant.	Catholique	Santa Cruz do Rio Pardo – São Paulo	Donation et partenariat.
Centro Social D. João Costa	1969	www.centrosocialdjc.org.br	Protection sociale et défense des droits à la justice. Maison d'accueil pour les gens de faible revenu, vulnérables et en situation de risque. Education, pratiques Ludo sportives, atelier professionnalisant.	Catholique	Pernambuco	Rente des biens et des services. Locations, donations et promotions de charité
Centro Ecumênico de Serviços à Evangelização e Educação Popular	1982	www.ceseep.org.br	Offrir des services aux leaders de mouvements sociaux et aux communautés des différentes églises chrétiennes.	œcuménique	São Paulo. Amérique Latine e Caribe.	Entité 'd'utilité publique' de la région, de l'Etat et de la fédération
Conselho indigenista missionário.	1982	www.cimi.org.br	Partie de la CNBB. Favoriser l'articulation entre les villages et peuples amérindiens. Lutte pour la garantie au droit à la diversité culturale. Valorisation des connaissances traditionnelles des peuples amérindiens. Garantir les droits historiques. Lutte pour la protection des territoires indigènes.	Catholique		Financement catholique et donations.
Congregação Cristã no Brasil	1910	www.congregacaocrista.org.br	Aide aux fidèles de l'Eglise.	Pentecôtiste		Dons volontaires et anonymes.
Conselho Nacional de Igrejas Cristãs no Brasil	1982	www.conic.org.br	Promotion des relations œcuméniques entre les églises chrétiennes. Défense de droits humains à la condition d'être fidèle à l'Evangile.	œcuménique	Rio Grande do Sul	Donations et partenariats

Pequeno Cotolengo	1965	www.cotolengosp.org.br	Reçoit personnes handicapées physiques ou mentaux envoyés par les institutions d'assistance ou personnes abandonnées ou à risque. Programme d'éducation spéciale.	Catholique	São Paulo.	Partenariats, volontaires et entreprises. Bingos et événements pour la collecte de fonds.
Fraternidade Santo Agostinho	1966	www.santoagostinho.org.br	Orientation des enfants et adolescents à la banlieue de la ville de Mogi das Cruzes. Région très pauvre avec une population à risque de vie et sociale. Accueil, orientation et développement d' activités éducatives et culturelles	Catholique	São Paulo	Donations.
Instituto Meninos de São Judas Tadeu	1967	www.imsjt.org.br	Accueillir, assister et éduquer des enfants et adolescents. Foyer, crèche. Donations philanthropiques d'émergence.	Pères Dehonianos	Nordeste.	Donation et partenariat avec la Casa Povo de Deus.
Legião da Boa Vontade	1950	www.lbv.org.br	Assistance sociale, à des familles aux faibles revenus, promotion des valeurs de la spiritualité œcuménique.	œcuménique	Brésil, Argen-tine, Uruguay, Paraguay, Bolivie, EUA et Europe.	Donations, entreprises partenaires, volontariat.
Nação Brasil		www.nacaobrasil.org.br	Offrir des bonnes conditions de santé, formation professionnelle, réconfort émotionnel et spirituel à la population en besoin.	œcuménique	Minas Gerais, Rio Grande do Sul, Paraguay, Belo Horizonte e Piauí.	Volontariat, donations.
Obra de Ação Social Pio XII		www.hpioxii.com.br	Hôpital pour les gens âgées en situation de vulnérabilité sociale. Crèche, accueil des enfants.	Catholique	São José dos Campos – SP.	Donations
Liberdade Religiosa		www.liberdadereligiosa.org.br	Défendre et promouvoir la liberté religieuse et de conscience. Séparation entre Eglise et Etat, refus de la discrimination religieuse. .	œcuménique		Donations
Pestalozzi	1950	www.pestalozzi.org.br	Accueil des enfants et jeunes déficients mentaux ou autistes. Santé, éducation et travail adaptés. Aide aux familles, formation professionnelle.			Donations et partenariats avec des entreprises et avec le gouvernement de la région et de l'état.

Chili et Amérique latine

Mission Network			Aide aux victimes des crimes. Éducation comme prévention au crime. Réseau des ONGs et organisations religieuses de l'aide à la victime.		Amérique latine	
Agência Latino-Americana e Caribenha de Comunicação	1994	Alcnoticias.net	Offre des informations et des analyses sur la réalité sociale Action ecclésiastique en matière de développement des droits de l'homme en Amérique latine. Coopération avec plusieurs églises.	Luthérienne	Equateur	
Consejo Latino Americano de Iglesas	1982		Promouvoir l'union entre les chrétiens du continent. Unifier les églises baptistes, congrégationnistes, épiscopales, évangéliques, luthériennes, moraves, menotistes, méthodistes, nazaréennes, orthodoxes, pentecôtistes, presbytériennes, reformées, valdences.		Amérique latine et Caribe.	
Centro Ecumênico Diego de Medellin		www.sctalliance.org	Promouvoir la coordination et influencer les communautés chrétiennes, les groupes œcuméniques vers une société plus juste et plus égalitaire.	œcuménique	Chile	
Um Techo para mim País	2010 (Brasil) 1997 (Chile)	www.techo.org	Surmonter la situation de pauvreté dans laquelle des milliers de personnes vivent. Occupation territoriale et développement communautaire.		Amérique latine et Caribe	80% de financement du secteur privé. Contributions individuelles
Programa de voluntariado de La Vicaria Pastoral Social y de los Trabajadores	2008		Intégration et accueil des réfugiés palestiniens.	Enseignement de Jesus	Santiago, Chile	volontariat
FUNDACION Ecam	2007		Accueil et aide aux enfants et jeunes abandonnés ou en maison d'accueil. Enfants dans la rue, autistes, séropositifs.		Santiago, Chile	volontariat

Accion integral de La Iglesia HESED	1997		Assister les séropositifs démunis financièrement, conscientisation de la société civile. Maison d'accueil.		Valparaíso, Chile	
El Amor de Cristo	2007		Promouvoir le développement des personnes, familles, groupes et communautés pauvres et marginales. Centres d'accueil ouverts, jardins d'enfance, maisons d'accueil et centres communautaires	Évangéliste	Valparaíso, Chile	
OPSO	1985		Aide aux communautés isolées et pauvres des cordillères. Santé, information sur le travail des enfants, aide matérielle.	adventiste	Santiago, Chile	volontariat
CIFAN CRIANÇA, FAMÍLIA INTEGRAL	1993		Développement des enfants et leurs familles par le biais des pratiques artistiques.		Los Lagos, Chile	Donations gouvernementales nationales et internationales, volontariat.
OrGANIZAÇÃO COMUNIDADE EVANGELICA-EM VALPARAÍSO	2000		SDF, aide aux personnes atteintes par des séismes ou des tsunamis. Matériel scolaire.		Chile	volontariat
BENÇÃO	2006		Développement social, éducatif et culturel. Projet éducatif – renforcement scolaire pour les enfants victimes de séisme et de tsunami			volontariat
Un techo para Chile	1997		Habitations et opportunités sociales	catholique		volontariat

Argentine

Caritas			Idem à La description sur Le Brésil.	catholique	Argentina, Brésil. Costa Rica, El Salvador, Guatemala, Haïti, Honduras, Mexique, Panamá, Pérou, Porto Rico, Uruguay.	
Visão Mundial				catholique	Amérique latine	
Legião da Boa Vontade	1985	lbv.org.ar	Éducation des enfants gratuite, repas aux enfants en situation de risque.	œcuménique	Argentine	Donations, collectes, contribution du gouvernement
Pastoral Social e Indígena da Diocese de Comodoro Rivadávia	1988	Verbonet.com.br	Accès à l'internet.	Catholique	Patagonie	
Fundación Sagrada Família de Nazareth	2006		Assister les familles et leurs membres. Donations aux familles.	Charismatique	Argentine	volontariat
Centro Familiar Cristiano El Refugio	2005		Éducation, réponse aux besoins des enfants à la rue, santé, bien-être.		Chaco	volontariat
Amigos Del Catolico	2008		Santé et éducation, chômeurs. Cours de formation, parrainage d'élèves.			Volontariat et évènements type bingo
Asrau-Aiut-CAB	2003		Pour La liberté humaine.	Africaniste et d'umbanda (religions afro-américaines)	Chubut	volontariat
Accion Católica Argentina	1931	accioncatolica.orga.ar	Formation de leaders, évangélisation, jardins communautaires, cantines, écoles asiles, hôpitaux, accompagnement scolaire des infirmes, bourses.	catholique	Amérique latine	

Iglesia Evangélica “Admirable”	2006		L’aide humanitaire Nourrir les enfants, adolescents et gens âgés, SDF.	Évangéliste	Argentine	
Talleres de capacitacion de Capilla San Cayetano	2009		Formation des mères d’enfants en bas âges pour capacitation professionnelle			Instituteurs `la retraite, donations et volontariat
Parroquia Nuestra Sra de lãs Mercedes	1960		Formation des enfants, adolescents et adultes. Catéchèse et activités ludiques.		Buenos Aires	donations
Habitat para La Humanidade Argentina	2002		Solutions d’habitation (construction des maisons, loyers à faible coût, aides), prêts.	Chrétienne non confessionnelle	Buenos Aires	
Fundacion Anawin	2010	anawin.org.ar	Assistance sociale, nutrition, santé, arts		Argentina	volontariat
Hogar El Arca de Noé	1986		Solidarité, respect du prochain, éducation et catéchèse.	catholique	Buenos Aires	Prête et volontariat. En réseau avec Fondation ‘Todavia es Tiempo »

CONCLUSION

Quelques éléments explicatifs de contextualisation

1. Le facteur religieux

Le religieux n'est pas seulement un objet parmi d'autres susceptible d'être politiquement instrumentalisé, mais il est aussi une ressource politique. En tant que ressource, les chercheurs sur le fait religieux considèrent que ce dernier constitue une puissance qu'il faut questionner avec précaution afin d'éviter toute instrumentalisation.

> « *Parce qu'en effet, le religieux n'est pas, comme la puissance financière, un capital en quelque sorte brut et passif, passivement objet de manipulation, d'échange, de chantage, de négociation, mais un capital actif, fondé sur les aspirations, les espoirs, les craintes humaines les plus irréductibles qui n'ont pas la limitation phénoménale de l'argent, mais l'illimitation métaphysique de la foi. On ne négocie pas avec un croyant : les intérêts terrestres, rationnels, ont cédé la place à un intérêt transcendant, qui ne peut plus faire l'objet d'un marché, qui ne peut plus être mesuré, et qui pour cela peut permettre de mener des entreprises démesurées. En retour de ce pouvoir démesuré, le chef d'un groupe de croyants — qu'il soit lui-même croyant ou non — est parti d'une logique symbolique complexe qu'il ne peut impunément transgresser. Cela vaut pour la plus petite secte religieuse comme pour la foule des croyants suivant un chef charismatique* »[1].

Ainsi, la dimension religieuse est non seulement une ressource, mais aussi une contrainte.

> « *On ne saurait oublier non plus que les actions de secours humanitaires ou de solidarité internationale ne sont pas seulement conçues comme des instruments aux mains des organisations religieuses à des fins exogènes*

---

[1] Liogier R., « *Le facteur religieux dans la géopolitique transnantionale* », Géopolitique du Christianisme, in Référence Géopolitique, Editions Ellipses 2003

(de prosélytisme notamment), mais qu'elles sont la finalité même de l'organisation religieuse au nom du respect de l'injonction de s'occuper du plus démuni, du pauvre, de l'étranger, qu'il s'agisse de la charité ou de la zakat. Et, dans les institutions religieuses, la légitimité se mesure à l'aune de ces prescriptions ». [2]

D'ailleurs, les actions en matière de développement de la part des Acteurs Confessionnels peuvent être considérées comme le prolongement ou plutôt comme l'adaptation des principes et des valeurs de la très grande majorité des religions qui sont de porter secours, d'aider, de témoigner, d'accompagner les humains face aux interrogations métaphysiques. C'est-à-dire de proposer des réponses compréhensives et ritualisées aux questions fondamentales quant à l'existence de l'univers et donc de notre monde et par conséquent de ces mêmes êtres humains.

Mais, ce rôle des religions ne s'est pas limité à cette seule dimension explicative. Les hommes subissent des difficultés, des catastrophes, des crises sociales, ils vivent dans des systèmes de pouvoir qui très souvent génèrent des conflits et des différences en termes de richesses, d'accès aux biens primordiaux (nourriture, logement, par exemple), à l'éducation et à la santé. Les confessions se sont penchées compassionnellement sur ces souffrances diverses et récurrentes. Dès lors, les différentes confessions ont voulu conférer aux hommes une dimension qui ne se réduit pas à une sorte d'animalité sans âme.

« *Une caractéristique centrale de la mission des nombreuses ONGc est la reconnaissance de la nature spirituelle de l'individu et de la source divine de l'engagement, qui fournissent un projet pour le développement de l'individu et de la société.* »[3]

Aussi, les religions au travers de leurs doctrines respectives et de leurs clergés ont mis en place des actions caritatives pour suppléer aux défaillances des pouvoirs et de l'accaparement des richesses naturelles et de celles produites par les sociétés. Et, plus particulièrement les trois religions monothéistes, dites du Livre, ont prôné et préconisé le partage, le souci de l'autre et donc des formes de charité en conformité avec leurs valeurs et évoluant en fonction des changements politiques, économiques et sociaux.

---

[2] Duriez B., Mabille F., Rousselet K., *op.cit.*

[3] *idem*

« *L'islam a emprunté au judaïsme et conservé la pratique de l'aumône. Le devoir judaïque d'aumône est passé aussi au christianisme ancien qui a développé des institutions charitables, hôpitaux, hospices, maisons des pauvres, aujourd'hui laïcisées et étatisées, mais dont il a été l'inventeur.* »[4]

Ce qui permet de penser que les interventions des Acteurs confessionnels en matière de développement (éducation, santé, famille, organisation économique, etc.) s'ancrent dans une tradition et une pratique originelles. Simplement, peut-on dire, les problématiques se sont considérablement élargies et ont même connues des mutations profondes au cours de l'Histoire.

A ce stade de notre réflexion, nous nous intéressons aux convergences et aux différences dans les conceptions respectives de l'humanitaire et du développement au regard des valeurs confessionnelles.

2. Développement/humanitaire

Pour Stephane Madaule[5], « *le développement, ce n'est plus uniquement le développement économique et la satisfaction pour le plus grand nombre des besoins sociaux, c'est aussi la préservation de l'environnement pour les générations futures, du capital naturel de la terre que l'on se doit de transmettre, car les ressources sont rares et limitées* ».

Pourtant, il semble qu'il faille distinguer l'aide au développement de l'aide humanitaire. Pour rapidement établir cette distinction, nous reprendrons les propos de Rony Brauman[6] qui nous éclaire sur cet aspect.

« *L'aide humanitaire n'a pas pour ambition de transformer une société, mais d'aider ses membres à traverser une période de crise. Le développement concernerait, au contraire, le terrain d'une aide structurelle à long terme qui s'adresse aux causes supposées, plus qu'aux conséquences, du sous-développement* ».

« *On explique parfois la différence de la manière suivante : la réponse humanitaire est censée découler d'une logique morale et éthique qui vise à pallier la souffrance, alors que la logique des droits rend à une*

---

[4] Veyne P., *Quand notre monde est devenu chrétien, Paris*, Albin Michel, 2008

[5] Madaule S., Le manuel du développement, Paris, L'Harmattan, 2012.

[6] Brauman R., *L'action humanitaire*, Paris, Flammarion, 1996.

personne ce dont elle a été injustement privée (ou la protège contre une telle privation). L'humanitaire serait donc une forme de charité qui dépendrait du fait que le donataire suscite chez le donateur des sentiments de pitié, de compassion ou de tendresse. »[7]

L'humanitaire, comme le précisent J. Furniss et D. Meier[8], découle d'une logique morale et éthique qui vise à pallier la souffrance. L'humanitaire correspondrait donc davantage à une forme de charité. « *Le geste humanitaire resterait donc discrétionnaire même lorsque les raisons pour l'accomplir sont impérieuses* ». Il semble que les considérations humanitaires soient alors très proches des idéologies religieuses dans leur acception la plus large, et voire même « *pallier l'absence de volonté politique dans la défense des projets de développement* [9]». Dans ce champ, les ONGc jouent un rôle de plus en plus important en matière de coopération pour favoriser le développement international.

La notion du développement pour les ONG confessionnelles (ONGc) relève d'une définition propre à chacune. Aujourd'hui, elles ont des visions plus lointaines et elles mettent en place des stratégies et des moyens sur le long terme. Elles prennent en compte le rôle et l'importance qu'elles ont auprès des populations et aussi auprès des bailleurs de fonds. En effet, elles ont l'expertise de leur terrain et une légitimité dans leur action. Elles sont devenues un acteur incontournable du développement international.

Il faut cependant se poser la question, de savoir si à travers leur domaine d'intervention, elles apportent une contribution significative dans le développement et quelles sont les formes de développement concernées par leurs actions. En effet, celles-ci recouvrent-elles les attentes et les besoins des populations ? En particulier, pour accéder à un développement qui ne se limite pas aux actions primaires telles que la santé ou encore l'éducation. D'autant que le contexte actuel des pays bénéficiant d'aide au développement a fortement évolué tant économiquement, politiquement qu'écologiquement. Les rapports ne peuvent plus être seulement appréhendés sous l'angle de l'opposition pays riches/pays pauvres, pays du Nord/pays du Sud. Le champ du développement, même s'il inclut l'aide humanitaire à plus court terme, doit à son tour s'inscrire dans une temporalité plus longue basée sur

---

[7] Furniss J., Meïer D., « Le laïc et le religieux dans l'action humanitaire, une introduction », *a contrario*, N°18, 2012.

[8] Furniss J., Meier D., *op.cit.*

[9] Furniss J., Meier D., *op.cit.*

une pédagogie du « *faire avec* » en nouant de nouveaux partenariats proches des populations locales.

3. Le rôle de l'histoire et ses effets dans le passage du compassionnel à l'humanitaire et au développement

> « *En effet, la solidarité internationale, l'action humanitaire et l'aide au développement, telles que nous les connaissons aujourd'hui, avec leur vocation universelle, paraissent à bien des égards comme l'aboutissement d'une sécularisation de l'utopie missionnaire en utopie du développement* »[10]

On ne peut appréhender le rôle et le poids des Acteurs Confessionnels, qui ne recouvrent pas les seules ONGc, s'ils ne sont pas contextualisés dans l'Histoire des pays, des peuples et des cultures respectifs. Une histoire qui comprend celle des pouvoirs et des états et qui a influé sur le cheminement des religions vis-à-vis du rapport à l'autre en termes d'écoute, d'aide et de contribution. Pour ce qui est de l'Europe, ce sont surtout les Églises chrétiennes qui sont ici concernées.

> « *Entre mission et développement. Telle est la tension essentielle qui traverse les ONGc occidentales, en particulier catholiques. Largement héritières des missions des XIXe et XXème siècles, tant par leur mode d'organisation que par leurs actions, dans le vaste mouvement de sécularisation des sociétés occidentales des années 1960-1970, elles ont de moins en moins affiché leurs finalités religieuses, les militants s'inscrivant dans la démarche tiers-mondiste. Ceci n'empêche pas aujourd'hui une réactivation de la dimension religieuse de l'engagement dans des contextes régionaux marqués par une forte confrontation religieuse, ce qui provoque des incompréhensions au sein même des organisations, entre le siège et les acteurs locaux, entre professionnels du développement et donateurs : la logique universaliste du développement entre en conflit avec la logique confessionnelle et particulariste* ».[11]

On peut prendre comme repère généalogique, pour le christianisme, l'action de Bartolomé de Las Casas lors de la conquête des Caraïbes et de l'Amérique du Sud et de sa christianisation. En effet, ce théologien dominicain espagnol en rédigeant en 1540, une *très brève relation sur la destruction des Indes* destinée à l'empereur Charles Quint, a pris

---

[10] *a contrario,* N°18, 2012

[11] Sous la direction de B. Duriez, F. Mabille et K. Rousselet, Paris, L' Harmattan, 2007, *Les ONG confessionnelles, religions et action internationale*

parti pour la défense des Indiens en rapportant à partir de ses observations de terrain, les exactions des colons et leur accaparement de domaines immenses et pour s'y opposer.

Il serait possible de dire que ce texte préfigure, d'une certaine manière, celui des droits de l'homme : « *Les lois, les règles naturelles et les droits des hommes sont communs à toutes les nations, chrétiennes et gentilles, et quels que soient leur secte, loi, état, couleur et condition, sans aucune différence* »[12]. Lors de la controverse de Vallalolid, Las Casas informe sur les relations de type dominantes des colons sur les Indiens et à partir du message de l'Évangile porteur des notions d'« humanité » sans distinction entre les êtres humains et de l'« universalité » de la parole du Christ.

Ne serait-ce pas là le moment fondateur d'un souci envers des populations conquises par l'Europe, qui se prolongera quelques siècles plus tard dans certaines actions des missionnaires, catholiques et protestants, dans les colonies, celles de la Grande-Bretagne, de la France, de la Belgique ou du Portugal ?

• La période coloniale

Lors des entretiens réalisés aux sièges parisiens d'Acteurs Confessionnels, la période s'étendant de la moitié du XIXème siècle aux années 1960 a fait l'objet de cette question afin d'appréhender la stratégie de ces Acteurs Confessionnels dans une temporalité ne se limitant à leurs propres activités :

> « *Est-il nécessaire ou possible de prendre en compte l'implantation des missions chrétiennes dans le contexte de la colonisation pour analyser le rôle et l'importance des ONG de confession chrétienne contemporaine sur les mêmes aires géographiques ?* »

> « *Si vous maintenez l'expression "acteurs de confessions chrétiennes" et non pas uniquement les ONG, votre champ d'étude comprend alors les Églises et leurs départements d'action (santé, éducation). Alors, oui, il serait vraiment pertinent pour comprendre leur origine, leur développement et leur réseau actuel d'implantation de rechercher dans une perspective historique ces missions chrétiennes.* » Réponse du Defap.

> « *C'est certainement le cas en Afrique où les congrégations religieuses continuent à jouer un rôle très important dans certains pays. Elles sont parfois en rapport direct avec des organisations internationales chrétiennes. Je pense notamment à des pays particulièrement difficiles,*

[12] B. de La Casas, *Très brève relation sur la destruction des Indes, 1540*

où ces congrégations sont parfois les seuls relais locaux, comme le Tchad ou la République Centre Africaine. Dans d'autres pays où les ONG internationales sont plus présentes, et/ou dans lesquels la société civile locale est active, ce rôle des congrégations est beaucoup moins fort. » Entretien avec le CCFD-Terre Solidaire

« *Le lien entre l'aventure coloniale du tournant XIX-XXe siècle et l'aventure missionnaire à la même époque est assez bien documenté par les historiens de nos jours. Deux logiques parallèles, convergentes souvent, qui fonctionnent en synergie parfois, en rivalité parfois, qui s'autonomisent finalement... À l'échelle d'un pays, et en général on prend ici comme exemple la Grande-Bretagne, la France et la Belgique, il y a quasi superposition de la carte coloniale et de la carte de la projection missionnaire de ce même pays. Mais il faut ajouter à ce tableau les pays qui envoient des missionnaires (institutions, fonds, personnels...), mais qui n'ont guère participé à la grande vague colonisatrice du XIXe siècle : USA, Allemagne, Pays-Bas, Irlande... Cela perturbe déjà un peu cette « carte » de la superposition mission-colonisation* ». Secours catholique

À l'échelle globale du monde entier, la superposition des cartes coloniale et missionnaire est moins claire pour plusieurs raisons :

- l'existence « d'ONGs confessionnelles » antérieures à la colonisation du XIX siècle : Ordre de Malte, œuvres de bienfaisance dans la mouvance de certains ordres religieux antérieurs au XIX siècle…
- la naissance d'une génération d'ONG confessionnelles dans les années 1960 dont le substrat idéologique n'est pas lié à l'aventure missionnaire, mais plutôt aux thèmes du Tiers Monde, aux indépendances des « nouveaux pays », au développement… : il s'agit des agences CIDSE, pour la France le CCFD par exemple…

De nos jours, cette superposition des cartes aventure coloniale/aventure missionnaire est largement perturbée pour plusieurs raisons :

- certains pays qui envoient le plus de « missionnaires » aujourd'hui n'ont pas de tradition coloniale, sont parfois d'anciens pays colonisés : États-Unis, Corée du Sud, certains pays d'Amérique latine,
- l'arrivée de nouveaux « acteurs humanitaires » confessionnels chrétiens enracinés dans la mouvance évangélique.

Au plan historique, on peut répondre 'oui' à la question : il est pertinent de prendre en compte l'implantation des missions chrétiennes dans le contexte de la colonisation pour analyser le rôle des ONG de confession chrétienne sur les mêmes aires géographiques.

Pour comprendre la carte des implantations actuelles des ONG chrétiennes aujourd'hui, un retour historique est utile. Cela se vérifie en particulier pour les pays coloniaux toujours cités : Grande Bretagne, France, Belgique.

> « *Mais cela est de moins en moins explicatif aujourd'hui, et ne doit pas nous empêcher de voir ce qui est nouveau dans le paysage : le « tiers mondisme » chrétien est en fort recul... Il s'est reconverti largement en altermondialisme, solidarité internationale, soutien à une gouvernance globale.....l'apparition de nouveaux acteurs confessionnels humanitaires, en particulier liés à la mouvance évangélique (y compris la mouvance évangélique et pentecôtiste interne à l'Eglise catholique)* » Secours catholique

Ces réponses argumentées accréditent l'hypothèse que les églises chrétiennes (à distinguer des ONGc), au moins, ont mené des actions dans le caritatif et d'une certaine manière dans le développement à la faveur des expéditions coloniales pour d'une part, évangéliser (prosélytisme) des populations africaines en particulier, mais aussi asiatiques. Par exemple avec « *le Père Comboni (qui) visait initialement la libération des esclaves et l'évangélisation du Soudan* » Entretien avec le Père Justin, Le Caire.

Et, d'autre part, pour apporter un secours aux populations dominées et aussi pour y créer des écoles, facteur de développement, par exemple, les Pères Blancs en Algérie ou au Mali. Ceux-ci constituant une « société de vie apostolique de missionnaires » ont exercé également des travaux de géographie et d'ethnographie contribuant au processus de colonisation. Il y a donc une sensibilisation et une acculturation propres aux missions chrétiennes qui ont rendu aisé l'organisation et l'implantation d'ONGc., phénomène à prendre en compte pour apprécier la prégnance de ces dernières. Le rapport sur le Burkina-Faso (Haute-Volta, auparavant) le démontre.

Ce que l'ouvrage *Les ONG confessionnelles, religions et action internationale* historicise afin de souligner le poids et le rôle de certains Acteurs Confessionnels.

> « *Alors que les organisations séculières doivent constituer leurs ressources et leurs réseaux de soutien ex nihilo, les organisations religieuses ont accès à de larges réseaux sociaux et d'importantes*

ressources grâce à la présence de longue date de communautés religieuses dans le monde entier. Dans certains cas, les réseaux et les infrastructures religieux sont plus stables que les gouvernements locaux ou nationaux, procurent des chaînes d'information et distribuent des ressources en l'absence d'initiatives soutenues par l'état. » p. 27[13]

Cette approche permet de différencier les ONGc de celles laïques par leur antériorité et leur implantation.

« *C'est la dimension organisationnelle – à savoir les larges réseaux de congrégations, d'organisations et d'individus – qui distingue les ONGc des autres ONG. À la différence de ces dernières, les ONGC s'attachent souvent à des infrastructures déjà existantes, à partir desquelles elles puisent leurs ressources humaines et financières, rassemblant les individus en fonction de leur devoir moral plutôt qu'en fonction de la pure rationalité.* » [14]

• Une seconde étape : L'ONU et les Institutions Internationales dans le développement

Pour approcher le rôle et l'impact actuels des Acteurs Confessionnels dans le développement, il est nécessaire d'identifier les politiques de développement successives à dater de 1945, achèvement de la Seconde Guerre mondiale et création de l'Organisation des Nations Unies. L'un des objectifs principaux de celle-ci est la contribution à un développement partagé axé particulièrement sur l'accès aux « besoins primaires », eau potable, soin de base et éducation élémentaire. Un grand nombre d'audits, d'enquêtes et de missions d'observations ont souligné qu' « *Après cinquante ans de politiques et de programmes de développement menées par l'Etat et vingt-cinq ans de politiques économiques néo-libérales (prônées tant par la Banque Mondiale que par le F.M.I., le développement offrait une perspective désolante dans les années 1990, celle de la pauvreté mondiale grandissante et des inégalités qui se creusent.* »[15]

Cette première phase post-1945 en direction du développement concerne essentiellement les États et les Institutions internationales,

---

[13] Duriez, Mabille, Rousselet, *op.cit.*

[14] *idem*

[15] J. Haynes, Les Organisations Confessionnelles, le développement et la Banque Mondiale, *Revue internationale de politique de développement,* Genève, N°4, 2013

les ONG, confessionnelles et laïques étant, soit peu intégrées, soit n'existant pas encore.

Les constats d'échecs successifs conduisirent à l'aube du XXIème siècle à l'élaboration de la Déclaration du Millénaire avec huit objectifs (cf. le chapitre consacré aux O.M.D.) dans un contexte profondément modifié, avec la fin de la guerre froide par l'effacement du « bloc soviétique », la mondialisation accompagnée de la croissance de certains pays, résumés incomplètement sous l'acronyme des BRICS[16] ou encore l'extension des technologies de l'information et de la communication et une numérisation exponentielle.

Les besoins en termes d'humanitaire, approchés différemment au début des années 1970 par ceux que l'on a nommés les « *French Doctors* » et surtout les objectifs de développement ont modifié le rapport entre les institutions internationales et les ONG. Celles-ci ont vu leur rôle mieux reconnu et donc s'accroître. Et, ce d'autant plus que les évolutions en matière de modes de vie et/ou de mœurs, en particulier le consumérisme proposé et la course à l'argent comme valeurs « modernes » ont suscité progressivement des objections et même des rejets. Ceux-ci dans certains cas se sont appuyés sur des principes et des objectifs de type religieux. Pour des individus et/ou des communautés partageant une même foi, la libéralisation des mœurs assimilée au libéralisme économique – *le veau d'or* - souvent est perçue comme destructrice et suscite alors un besoin de renouveau spirituel.

Ce phénomène qui émerge depuis une vingtaine d'années a favorisé la constitution et le renforcement d'Acteurs Confessionnels qui dans le même temps ont fait évoluer leurs activités en direction du développement.

> « (….), *l'échec de l'effort des gouvernements pour consolider les programmes d'amélioration du développement a aussi poussé les formations religieuses à agir en créant notamment des programmes confessionnels de solidarité et de développement. (...) Au final, des organisations confessionnelles en nombre croissant cherchent maintenant à s'impliquer dans des domaines que l'on croyait autrefois propres à la laïcité, y compris le développement, la politique et les affaires sociales.* »[17]

---

[16] Brésil, Russie, Inde, Chine, Afrique du Sud

[17] idem

Mais, il faut faire un retour en arrière afin de mieux appréhender les enjeux liés à ces changements portés par des acteurs confessionnels. En effet, la période dite de la guerre froide est caractérisée par un affrontement entre deux blocs antagonistes politiquement, idéologiquement, socialement et économiquement avec des conséquences sur le monde religieux et plus précisément, celui chrétien.

Le discours de Winston Churchill (mars 1946 à Fulton, Missouri) annonce l'instauration d'un « rideau de fer » entre l'Europe de l'Ouest et celle de l'Est qui regroupe outre l'Union Soviétique, la Pologne, la Bulgarie, la Roumanie, la Hongrie, la Tchécoslovaquie et l'Albanie, la Yougoslavie ayant un statut spécifique.

La Pologne et la Hongrie étaient de tradition catholique. La République Démocratique d'Allemagne était de confession protestante d'obédience luthérienne. Comme son alter ego, celle Fédérale. D'autres, comme la Roumanie ou la Bulgarie relevaient de l'Eglise Orthodoxe, de même que l'Union Soviétique. L'Albanie était de confession musulmane, conséquence de la domination ottomane. Le cas de la Yougoslavie étant à part du fait d'une mosaïque de cultures et de religions (plutôt catholique pour les Croates, plutôt orthodoxe pour la Serbie et plutôt musulmane pour la Bosnie). Ces différentes confessions rentrent alors dans une clandestinité plus ou moins organisée, puisque dans le même temps des cardinaux comme Mindszenty en Hongrie (Budapest, 1956) assurent leur ministère tout en s'opposant aux gouvernements dirigés par des partis communistes. Dans la zone dite « orientale », il y a une volonté politique d'embrigader des prélats au travers de contraintes, d'interdictions, de poursuites, d'exils ou encore d'emprisonnements.

Du côté occidental, les églises chrétiennes, et pour une part de leurs fidèles participent, plus ou moins volontairement à cette confrontation. La construction de l'Europe, face au bloc de l'Est, au début des années 1950 est le fait principalement de dirigeants de partis démocrates chrétiens en Allemagne, en Italie et en France. Une rivalité s'engage quant aux développements économique, social, scientifique, culturel entre les deux univers, l'occidental sous l'égide des États-Unis et celui oriental sous la direction de l'Union Soviétique.

Mais, la pauvreté, la misère, le manque de logements sont toujours sensibles et nécessitent des réponses par rapport à des déficits des états, par exemple, en France, L'Appel de l'Abbé Pierre en 1954. Ainsi s'organisent des mouvements différents, mais se réclamant du secours aux pauvres. D'un côté le Secours catholique, qui émerge en 1946, affiche son ancrage religieux. De l'autre, le Secours populaire, laïc et proche alors du Parti Communiste, créé en 1945.

Donc, on peut constater une forme de concurrence dans la démarche d'aide aux plus fragiles marquée par des positions idéologiques différentes.

Ces conflits politiques, idéologiques et même militaires, par l'intermédiaire de pays dits alors du « tiers monde » concernent également les continents africains et latino-américains aux fidèles chrétiens très nombreux.

Pour l'Afrique, les décolonisations du début des années 1960 n'altèrent pas trop la place et le poids des églises chrétiennes. Les mutations visibles avec l'arrivée massive de celles évangéliques, souvent d'origine anglo-saxonne, ne se manifesteront que deux décennies plus tard.

Pour ce qui est de l'Amérique latine, l'Église Catholique est traversée alors par des mouvements contradictoires qui se traduiront par l'émergence de ce qui est désigné sous le terme de « Théologie de la libération » dans les années 1960.

Une approche de ce mouvement est proposée par Jean-Thierry Verhelst dans la revue Le Chemin, 73, hiver 2006.

> « *Cette théologie de la libération s'est développée dans les pays d'Amérique latine, puis en Afrique du Sud, aux Philippines et en Corée du Sud ainsi qu'en d'autres lieux frappés par la misère et la dictature. Elle est le fruit de théologiens qui, à partir des années 1970, se veulent solidaires des plus pauvres. Ces théologiens visent à expliciter la foi des communautés chrétiennes qui vivent l'oppression et la misère, mais qui sont portées par l'espérance évangélique. Partant de la conviction que la pauvreté extrême n'est pas une fatalité, mais la conséquence de structures sociales et économiques injustes, ces théologiens – catholiques et protestants – font appel aux sciences sociales pour déceler les mécanismes sociaux qui produisent la pauvreté.(...) Les théologiens de la libération dénoncent non seulement les structures sociales et économiques injustes, mais aussi, et très concrètement, les pouvoirs en place et l'égoïsme de minorités puissantes qui condamnent la majorité des habitants des pays du Sud à des conditions de vie infrahumaines. Le monde actuel n'est donc pas plus civilisé, disent-ils, que quand les hommes réglaient leurs différends à coups de poings et de gourdins. Il est, au contraire, plus dangereux et plus cruel. Le capitalisme, particulièrement sauvage dans les pays du Sud, en est la cause. Ils*

estiment que les masses du « tiers-monde » ont à recouvrer la dignité humaine que le Créateur leur a donnée. »

En 1962, l'ouverture de Vatican II par le pape Jean XXIII coïncide chronologiquement avec les processus de décolonisation et d'une certaine détente dans la guerre froide. Ce qui va influer plus ou moins sur les modes d'organisation et de fonctionnement des missions chrétiennes et plus largement chez les acteurs confessionnels paroissiaux ou plus importants.

> « *Pour ce qui concerne l'action religieuse, le virage avait été amorcé avec l'implication de personnel laïc et avec la valorisation de l'aide technique, des activités économiques et des œuvres sociales comme piliers de la mission. Cette évolution semble avoir eu lieu d'abord dans les cercles missionnaires protestants, ainsi que dans le cadre des missions en terre d'Islam. Ce dernier point s'explique par le fait que si le prosélytisme direct y est impossible, sauf auprès des populations déjà chrétiennes (par exemple, les communautés orthodoxes), des activités sociales, médicales et hygiéniques s'imposèrent au « détriment » du prosélytisme – en présumant qu'il soit possible de distinguer ces deux formes d'engagement – pour des raisons stratégiques. Les missions protestantes ciblant des populations musulmanes ou les missions allemandes, anglaises et américaines en Égypte ont a fortiori emprunté cette voie de façon précoce et constante. (....) Au cours du XXe siècle, mais surtout après Vatican II, la promotion de la justice sociale est devenue progressivement inséparable de la mission évangélisatrice pour la Compagnie de Jésus. L'élection de Pedro Arrupe comme supérieur général des jésuites (1965-1981) est une période charnière : sous l'influence de la théologie de la libération, qui avait envisagé de reformuler les activités et le message chrétiens en les recentrant sur l'existence des plus marginalisés, il accorda une grande importance à l'apostolat social et considéra les deux objectifs d'évangélisation et de justice sociale liés de manière consubstantielle.* »[18]

On observe ainsi que le monde chrétien et plus spécifiquement par rapport à l'objet de l'étude, les Acteurs Confessionnels qui le composent se sont imposés dans la problématique du développement par leur histoire et par une volonté d'adaptation afin, d'une part, pour participer à la dynamique du développement. Et, d'autre part, afin de ne pas rester figés dans une posture conservatrice qui aurait des effets négatifs dans leur communauté respective et de manière plus large dans les populations bénéficiaires ou donatrices.

---

[18] *a contrario,* N°18, 2012

• **Les ONGc islamiques dans l'histoire**

Elles sont relativement plus récentes, tout en soulignant qu'après la création de la Croix-Rouge en 1860, une guerre entre la Serbie et la Turquie incitera celle-ci à organiser le Croissant Rouge, en 1876. Organisation humanitaire non confessionnelle qui essaimera progressivement dans les différents pays de religion musulmane.

Le chapitre consacré aux ONG musulmanes en Egypte apporte un éclairage développé quant à la dimension historique.

En 1967, naît la Fondation Aga Khan qui « *s'inscrit dans la célèbre tradition de solidarité et de philanthropie – assez féodale – de la secte ismaélienne.* »[19]. Mais, ce sont les transformations géopolitiques portant sur le Maghreb et sur le Moyen-Orient et plus largement sur les nations à dominante islamique qui vont contribuer à l'efflorescence d'acteurs Confessionnels.

D'une part, les conséquences des décolonisations, et, d'autre part, le conflit israélo-palestinien qui aboutit à des alliances politiques et militaires entre certains pays, Egypte, Syrie et Jordanie, en particulier lors de la guerre de 1967 qui les voit affronter l'État d'Israël.

> « *Ces organisations – les ONG islamiques – n'existaient guère en 1970 et les informations dont on dispose à leur sujet sont encore peu nombreuses. Elles forment un carrefour pour deux phénomènes distincts qui ont marqué cette période : les développements des ONG et le renouveau islamique* »[20]

Le cas des Acteurs Confessionnels islamiques souligne l'articulation entre la dimension historique des Acteurs Confessionnels, sans distinction de religion, et les facteurs relevant de la société civile. C'est ainsi que des évènements de type militaire ou des catastrophes naturelles favorisent la naissance et l'action d'ONG, qui incluent celles confessionnelles.

Et, dans le cas des Acteurs Confessionnels islamiques, il est possible d'identifier une corrélation entre situations politiques et affirmation de ces acteurs. C'est ainsi que le 11 septembre 2001 a généré, en occident tout particulièrement, des discours et des décisions de différents ordres – militaires, politiques, idéologiques, médiatiques – stigmatisant par amalgame, la culture arabe et la religion musulmane. Et, qu'en miroir, des ONGc islamiques ont été mises en œuvre, afin dans un premier temps d'apporter des secours à des

---

[19] Duriez, Mabille et Rousselet, *op.cit.*

[20] *idem*

populations en danger, en Irak et en Afghanistan. Et, par un premier processus d'élargissement, en ayant pour mission d'aider toute personne de cette confession et depuis, en intervenant dans les domaines du développement que sont la santé, l'éducation, l'accès à l'eau, ou encore le micro-crédit. Celui-ci s'appuie sur les principes de la finance islamique, en particulier, l'interdit coranique de l'intérêt.

Les conflits politiques et armés, à l'orée du XXIème siècle ont favorisé l'émergence d'Acteurs Confessionnels voulant se substituer à ceux d'origine chrétienne et aussi aux ONG laïques.

- **La Société Civile : rôle, stratégie et enjeux**

Une nation est composée des trois pouvoirs principaux, séparés entre eux – dans le cas des démocraties –, l'exécutif, le législatif, le juridique. On peut également indiquer la présence des corps intermédiaires ; les religions, les associations, la presse, les organisations syndicales... Pour certains pays, nos interlocuteurs de l'AFD nous informent que l'Agence agit aussi à travers des formations à l'accès aux droits sociaux.

À leurs côtés, il existe ce qui est dénommé comme étant la « société civile » terme qui recouvre une pluralité d'acteurs qui vont des fondations aux associations aux objets hétérogènes. Pour ce qui est du secteur religieux, le plaidoyer est un levier incontournable :

> "*Le plaidoyer est un processus de long terme qui vise à influencer l'élaboration, la mise en place, la suppression ou le changement d'une politique afin de créer les conditions d'un monde plus juste et respectueux des droits humains*" [21]

Ces sociétés civiles agissent frontalement ou implicitement, visiblement ou discrètement, majoritairement ou pas, pour exprimer leurs attentes, leurs revendications, leurs propositions dans une multitude de domaines : les droits des femmes, l'École, le logement, la santé, l'environnement, l'emploi, la culture, etc.

Ce qui à certains moments, comme on a pu l'observer ces deux dernières années dans le cadre des « Printemps arabes », mais que l'on peut généraliser à tous les pays et à toutes les époques, le moteur de ces mouvements de revendications et de propositions, à l'instar du « Serment du Jeu de Paume » en 1789, c'est le partage conscient ou

---

[21] Marc Laroche, Directeur Direction de l'Action et du Plaidoyer Internationaux Secours Catholique - Caritas France

inconscient de valeurs manifestées et qui identifient et singularisent telle ou telle société.

- **La société et ses valeurs**

Il faut alors proposer une approche du terme « valeur » qui structure la société et en permet une compréhension et un usage permettant la discussion :

> « *Dans la conception pratique et dynamique que je défends, la notion de valeur ne nomme pas un principe (moral ou politique) figé dans une culture qui la transmettrait immanquablement à un individu qui l'intériorise et règle mécaniquement ses conduites ou ses attitudes sur ce qu'il prescrit. Elle est plutôt appréhendée en tant que catégorie descriptive appartenant au savoir pratique des membres d'une société et dont ils se servent de la façon qu'ils jugent correcte.* »[22]

Ces valeurs peuvent forger une société à partir de sa culture, de ses traditions, de son histoire et de ses identités religieuses. Ce qui peut se traduire par une confluence entre les valeurs dites civiles ou laïques et celles fondées sur la Foi. Le souci de l'autre, la solidarité peuvent faire écho à des vocables plus empreints de religion, comme la charité ou l'amour du prochain. Ces différents termes peuvent, dans certaines circonstances, s'agréger en un seul, celui d'aide humanitaire. En particulier lors de catastrophes naturelles ou de conflits armés (déplacements de populations, destructions d'équipements tels des hôpitaux ou des écoles, etc.). Il y a alors entre Acteurs Confessionnels et Acteurs Laïques convergence et simultanément concurrence – voir ici les cas d'Haïti ou de la Palestine - pour agir au plus vite et au mieux.

Lorsque les états, et les pouvoirs politiques et économiques n'assurent pas leurs missions principielles et principales : éducation, santé, logement, équipements (énergies, eau, etc.), formation et travail, il y a soit défaillance, soit politique délibérée. Dans ces conditions la société civile va, plus ou moins, se substituer à ces déficits ou à ces négations au nom de ses propres valeurs. Ce qui explique les différents types d'interventions des ONG laïques et confessionnelles. Celles-ci se distinguant par une action plus mesurée quant aux droits des femmes pour ce qui est de la sexualité : planning familial, droit à la contraception et à l'avortement.

---

[22] A. Ogien, *Désacraliser le chiffre dans l'évaluation du secteur public,*

Mais s'affirme encore une fois la question de la distinction à faire entre des actions dont l'objectif déterminant est le développement et celles qui relèvent d'une aide, d'un secours nécessaire mais limité dans le temps et qui peuvent ne pas s'inscrire dans une stratégie de développement. Cette frontière traverse l'ensemble des ONG, Confessionnelles et Laïques.

Dans chacun des deux univers, certaines choisissent l'aide humanitaire ponctuelle afin de parer à des situations de désastre, comme Médecins sans Frontières à son origine lors de la guerre du Biafra. D'autres s'orientent manifestement vers le développement, comme le CCFD-Terre Solidaire ou le Secours islamique de France tout en affirmant leurs fondements religieux.

- **Focus sur la question du genre**

Dans les Objectifs du Millénaire du Développement définis par l'ONU, le troisième objectif est explicite : « Promouvoir l'égalité des sexes et l'autonomisation des femmes »

Ce qui est développé et concrétisé dans les propos exprimés par Jeffrey Sachs :

> « *Il faut maîtriser les taux de fécondité qui vont jusqu'à 7 – pour la population africaine -, avancer sur un planning familial, le droit à l'avortement. Il faut briser ce tabou, car notre génération ne peut plus attendre comme on le fait sur ce sujet depuis quarante ans.* »

Cet objectif de l'OMD souligne que la question du genre, et plus précisément celle concernant les femmes, ne peut être travaillée comme un moment seulement inclus dans celle de la famille. Marquer la volonté de construire l'égalité des sexes et l'autonomisation des femmes, c'est vouloir dire que les femmes sont des individus de plein exercice de leurs droits et de leurs devoirs sans aucune distinction par rapport aux hommes.

C'est un acte de justice et donc de droit envers les femmes, mais aussi envers la société et donc bénéfique pour celle-ci.

C'est ainsi qu'à Kigali (Rwanda) des femmes ont protesté à propos d'une statue reconnaissant et valorisant le rôle majeur des femmes durant le conflit de 1994. Cette statue montrait une femme portant son enfant dans le dos. La revendication visait l'image traditionnelle de la femme, mère de famille et ne considérant pas les femmes autonomes et victimes en tant qu'êtres humains des massacres.

Cependant, pour la très grande majorité des Acteurs Confessionnels, le statut des femmes est pensé en fonction de la famille et des enfants. La femme n'est perçue que comme membre de celle-ci ; dépendante de la famille conçue comme « naturelle » et d'origine dans les trois religions monothéistes.

Aussi, les processus de développement déjà engagés, ou à venir, ne peuvent faire l'économie de la problématique de l'égalité femme-homme. Ce qui appelle à dissocier la question de la famille qui a également toute sa légitimité à côté de celles des femmes, des hommes, de l'éducation, de la santé. Ce qui n'est pas toujours intégré par certains acteurs confessionnels, comme en atteste ce verbatim extrait de l'entretien avec Iteca (Haïti).

> « *Nous avons eu à soutenir d'autres organisations confessionnelles ou non qui travaillent dans le droit des femmes, notamment au Canada des organisations attaquées par les pro-vies, ou en Haïti des organisations qui défendaient les droits des femmes et étaient attaquées comme « pro avortement » par des organismes de développement.* »

Il n'est pas pensable, dans le cadre des politiques de développement, que les femmes soient cantonnées au seul rôle domestique qui nie leur autonomie et leur capacité à s'inscrire dans la société. Ce qui serait allé à l'encontre des stratégies contenues dans les O.M.D. et mises en œuvres par les différentes agences engagées dans ces politiques de développement.

Cette égalité impérative conditionne, pour une large part, la réussite des politiques de développement en ce qu'elle fait participer pleinement les femmes à la vie de la cité, que ce soit sur le plan économique, ou sur le plan politique, social, sociétal ou encore culturel. L'égalité femme-homme constitue un symptôme concret et immédiatement analysable de la situation des pays dans lesquels les ONG laïques et les Acteurs Confessionnels du Développement interviennent.

L'accès effectif à l'éducation jusqu'au supérieur et la maîtrise par elles-mêmes de leur existence, y compris dans le domaine sexuel (choix du compagnon-mari, orientation sexuelle, santé, contraception, planning familial, avortement, excision) ne pourra qu'être positif pour le développement. Les différentes formes de domination masculine sur les femmes font barrage aux développements économiques, sociaux, politiques, puisque les projets, les recommandations, les attentes, les revendications restent ignorées et ne permettent pas d'arbitrer à partir d'autres pistes que celles habituelles, si ce n'est traditionnel.

Cette question que nous avons posée frontalement aux différents acteurs confessionnels rencontrés et étudiée n'a suscité que des propos, au mieux portant sur la santé des femmes, sans l'aborder dans toutes ses dimensions. Ou, alors, à des références confessionnelles renvoyant plus à des interdits faisant entièrement obstacle à l'émancipation des femmes.

Les actions des ONGc et même celles laïques doivent être appréciées à l'aune de cette question afin d'en comprendre les objectifs et les méthodes.

Les politiques de développement qu'elles émanent des Organisations Internationales et des ONGc ou non confessionnelles ou encore de partenariats entre ces deux univers sont annoncées comme le facteur déterminant des processus de démocratisation. Aussi, il est difficile de concevoir une démocratie dans laquelle les femmes n'auraient comme droit que celui du vote, indiscutable, sans pouvoir avoir la maîtrise de leur vie, de leur corps et de leur propre développement éducatif, social, économique, civique et politique.

CONCLUSION GÉNÉRALE

Enfin, quelques mots portant sur le thème du « Développement » et sur les outils requis pour le traiter

Dans le débat présent portant sur le développement en général et sur celui proposé par les Agences de l'ONU ou de l'U.E. et par celles gouvernementales et par différents acteurs confessionnels ou non, il n'est pas possible de faire l'économie d'une réflexion sur deux questions critiques :

L'une porte sur la notion de développement ou comment contribuer au développement dans une conception « durable », ce que les Objectifs du Millénaire pour le Développement traitent. Mais, dès lors, ce débat contradictoire intense voit se confronter une logique de production indéfinie à partir d'un progrès technique résolvant tous les problèmes et surtout tous les risques avec en face, une volonté de maîtrise de la croissance, voire même allant jusqu'à la décroissance, pour un développement équilibré et équitable, afin d'éviter de possibles catastrophes humaines et naturelles.

Dès lors, les interventions en faveur du développement, de type Nord-Sud ou Sud-Sud ou même Sud-Nord – par la croissance de nations dites du Sud, Inde, Chine ou Brésil, par exemple – pourraient être interrogées quant à leurs finalités et à leurs moyens. Ceci afin de déployer des modes de développement respectueux de la nature et des sociétés humaines. Problématique travaillée par Jamie Furniss et Daniel Maïer dans leur article « *Le laïc et le religieux dans l'action humanitaire, une introduction* ». Ils la posent de manière incisive et lapidaire dans le sens où ils interrogent les changements potentiels générés par les réflexions autour du « Développement durable », c'est-à-dire en dessinant des voies renouvelées quant aux objectifs des interventions des ONG en matière de développement.

« *Si le développement est de plus en plus reconnu comme étant une « croyance occidentale », la morale humanitaire – supposée être plus fondamentale, plus primordiale, plus liée aux besoins primaires de l'être humain – serait, quant à elle, universelle. Ainsi, on peut supposer que l'essor de l'humanitaire est lié au déclin du développement. On imagine que plus la critique du développement avancera, plus le champ lexical humanitaire s'étendra.* » p. 10

Mais, la controverse est actualisée par la réflexion suivante quant au passage nécessaire par l'étape d'un développement tel que pratiqué par l'Occident :

« En effet, la solidarité internationale, l'action humanitaire et l'aide au développement, telles que nous les connaissons aujourd'hui, avec leur vocation universelle, paraissent à bien des égards comme l'aboutissement d'une « sécularisation de l'utopie missionnaire en utopie du développement »[1]

Ces questionnements sur les rythmes adaptés ou pas du développement, ou plus précisément à cette problématisation de la contribution au développement destinée à des pays et/ou des populations pauvres s'articule nécessairement à celle de la méthode appliquée pour mesurer les effets de ces interventions.

Cette mesure peut-elle être uniquement de type quantitatif, au travers d'indicateurs fiables parce qu' « objective », analysée régulièrement et comparée ? Ou, l'appréciation des interventions sur le développement ne doit-elle pas privilégier l'approche qualitative par le recueil du niveau d'attentes et de satisfactions auprès des populations visées et par leur pleine participation à l'élaboration des objectifs, des outils et des échéances mis en œuvre à partir de leurs besoins et de leurs temporalités et en privilégiant les contextes culturels respectifs et les projections quant à l'avenir de leur communauté locale et/ou de leur pays ?

« *Ce genre d'usage (du chiffre) est celui qu'essaient de promouvoir les politiques, les économistes (face aux) militants qui contestent le recours aux indicateurs de croissance fondé sur la mesure du PIB. Ce qu'ils entendent faire est de définir d'autres indicateurs permettant d'intégrer les données de bien-être des personnes, d'éducation, de santé et d'environnement qui ne sont pas prises en compte dans les chiffres de la production industrielle.* »[2]

---

[1] *a contrario, op.cit.*

[2] A. Ogien, *Désacraliser le chiffre dans l'évaluation du secteur public,* Versailles, Ed. Quae, 2013,

C'est pourquoi il serait intéressant d'interroger la notion de « parts de marché ». Peut-elle être requise en ce qui concerne les Acteurs Confessionnels qui interviennent non pas avec une stratégie de domination sur un marché, celui du caritatif, de l'aide humanitaire et du développement ? Tout en étant, il est vrai, dans une émulation afin de réaliser au mieux leurs objectifs dans les domaines de la santé, de l'éducation et de la famille, réalisant, par contre, un certain consensus pour ce qui est du statut et du rôle des femmes.

Il s'agit donc de mettre en question la notion d' « efficacité » évaluée très souvent à partir de critères définis par les pays, par les agences ou par les donateurs privés depuis des représentations qui peuvent être incomplètes ou même désynchronisées.

> « *Bref, la tentation de l'autoritarisme se profile derrière l'implacable froideur du chiffre, et avec elle l'apparition de la peur, de la résignation, de l'impuissance et de l'indifférence.* »[3]

L'enjeu étant ici la démocratie, enjeu dans lequel interviennent nécessairement les ONG et les Acteurs, confessionnels ou non, soit en se référant uniquement à des objectifs et des résultats chiffrés, mesure d'une efficacité rassurante. Ou, au contraire, pour ces mêmes agents, en développant des relations de confiance dans la durée :

> « *La confiance est également inhérente à un contexte d'incertitude. Elle intervient et devient « nécessaire » dans un échange marqué par l'incertitude.* »[4]

Les associations, les ONG et les Acteurs Confessionnels ayant alors un rôle de levier quant au développement, par une démarche qualitative qui intègre activement les populations concernées afin de répondre aux attentes les plus fondées de celles-ci.

---

[3] *op.cit.*

[4] J. Cihuelo, *La dynamique sociale de la confiance au cœur du projet,* Paris, L'Harmattan, 2008

L'HARMATTAN ITALIA
Via Degli Artisti 15; 10124 Torino
harmattan.italia@gmail.com

L'HARMATTAN HONGRIE
Könyvesbolt ; Kossuth L. u. 14-16
1053 Budapest

L'HARMATTAN KINSHASA
185, avenue Nyangwe
Commune de Lingwala
Kinshasa, R.D. Congo
(00243) 998697603 ou (00243) 999229662

L'HARMATTAN CONGO
67, av. E. P. Lumumba
Bât. – Congo Pharmacie (Bib. Nat.)
BP2874 Brazzaville
harmattan.congo@yahoo.fr

L'HARMATTAN GUINÉE
Almamya Rue KA 028, en face
du restaurant Le Cèdre
OKB agency BP 3470 Conakry
(00224) 657 20 85 08 / 664 28 91 96
harmattanguinee@yahoo.fr

L'HARMATTAN MALI
Rue 73, Porte 536, Niamakoro,
Cité Unicef, Bamako
Tél. 00 (223) 20205724 / +(223) 76378082
poudiougopaul@yahoo.fr
pp.harmattan@gmail.com

L'HARMATTAN CAMEROUN
TSINGA/FECAFOOT
BP 11486 Yaoundé
699198028/675441949
harmattancam@yahoo.com

L'HARMATTAN CÔTE D'IVOIRE
Résidence Karl / cité des arts
Abidjan-Cocody 03 BP 1588 Abidjan 03
(00225) 05 77 87 31
etien_nda@yahoo.fr

L'HARMATTAN BURKINA
Penou Achille Some
Ouagadougou
(+226) 70 26 88 27

L'HARMATTAN SÉNÉGAL
10 VDN en face Mermoz, après le pont de Fann
BP 45034 Dakar Fann
33 825 98 58 / 33 860 9858
senharmattan@gmail.com / senlibraire@gmail.com
www.harmattansenegal.com

Achevé d'imprimer par Corlet Numérique - 14110 Condé-sur-Noireau
N° d'Imprimeur : 137064 - Dépôt légal : mars 2017 - *Imprimé en France*

www.ingramcontent.com/pod-product-compliance
Lightning Source LLC
LaVergne TN
LVHW011007061026
849535LV00006B/1760